わかる！
生徒のこころと
生徒指導

前田善仁　編著

東海大学出版部

Understand! The students' hearts and student guidance.
Yoshihito Maeda
Tokai University Press, 2025
Printed in Japan
ISBN978-4-486-02207-7

【目次】

序章　良い授業と生徒指導　前田善仁……7
　第1節　「生徒指導」と「良い授業」……7
　第2節　「生徒指導」実践力……10
　第3節　教科学習支援員派遣事業から……11
　第4節　本書の特色とその活用……13

第1章　児童生徒指導の基礎　平山 祥・中島圭介……15
　第1節　校内における生徒指導体制……15
　第2節　新しい組織・新しい校務分掌……17
　第3節　未然防止……21
　第4節　生徒指導……25
　第5節　事後指導（アフターケア）……27

第2章　生徒指導と教育課程　奥村 仁……31
　第1節　教育課程の編成……31
　第2節　学級経営と生徒指導……36
　第3節　教科の指導と生徒指導……40
　第4節　道徳、総合的な学習（探究）の時間、特別活動と生徒指導……43

第3章　チーム学校による生徒指導体制　小林研一……47
　第1節　チーム学校における校内体制……47
　第2節　校則の運用と見直し……57
　第3節　懲戒と体罰、不適切な指導……59

第4章　いじめ　山川勝久……63
　第1節　いじめの基本的理解……63
　第2節　いじめの特徴とその構図……70

第3節　いじめを生み出す要因とその背景……72
第4節　いじめ問題への対策と予防……73

第5章　暴力行為　前田 遼……79

第1節　暴力行為の動向……79
第2節　「暴力行為」の定義……79
第3節　未成年の暴力行為……81
第4節　暴力行為に対する重層的支援構造……86
第5節　少年非行（暴力行為）指導の実際……89

第6章　薬物使用　前田善仁……95

第1節　薬物等の非行……95
第2節　薬物を使用してはいけない理由……96
第3節　違法薬物の取締に関する法律等……98
第4節　違法薬物以外の被害……104
第5節　少年非行（薬物等）指導の実際……108

第7章　児童虐待　吉田浩二……113

第1節　「児童虐待」の実際……113
第2節　児童虐待に関する2つの法律……115
第3節　児童虐待の原因……118
第4節　しつけと体罰……119
第5節　ヤングケアラー・外国籍児童生徒……120
第6節　学校における児童虐待の発見と対応……122
第7節　児童虐待の発見と対応の実際……124

第8章　自殺　吉田浩二……131

第1節　「自殺」の状況……131
第2節　自殺対策基本法……134
第3節　思春期の心理……136
第4節　自傷行為……137

第5節　自殺防止に取り組む……138
第6節　自殺行動が発生した場合の対応……142
第7節　事例……144

第9章　中途退学　反町聡之……149

はじめに……150
第1節　関連法規……150
第2節　理解（要因）……155
第3節　未然防止……158

第10章　不登校　高木俊樹……165

第1節　「不登校」児童生徒の実状……165
第2節　不登校児童生徒の支援に関わる考え方……171
第3節　不登校児童生徒の教育機会……175
第4節　不登校児童生徒の具体的な支援のあり方……178
第5節　関係機関との連携による支援例……179

第11章　インターネット・携帯電話　今井良男……183

第1節　インターネット・携帯電話（スマートフォン）の光と影……183
第2節　インターネット利用関連法規等……187
第3節　トラブルを未然に防ぐための教育活動……190
第4節　具体的事例とその指導……197
第5節　まとめ……201

第12章　性に関する課題（被害者にも加害者にもならないために）

中野真理……203

第1節　生徒を取り巻く性に関する諸課題……203
第2節　性犯罪・性暴力……204
第3節　学校における新たな課題への対応……206
第4節　性の多様性……209
第5節　学校における性に関する指導……212

第6節　性に関する課題の指導の実際……212

第13章　多様な背景を持つ児童生徒への生徒指導
稲垣智則……215
第1節　「アセスメント」と「見立て」……215
第2節　発達障害に関する理解と対応……216
第3節　精神疾患に関する理解と対応……230
第4節　支援を要する家庭状況……234

第14章　進路指導とキャリア教育
折霜文男……241
第1節　キャリアと教育の語源……241
第2節　進路指導……243
第3節　キャリア教育……247
第4節　学習指導要領におけるキャリア教育……253

終章　地域と一体となって解決する
前田善仁……259
第1節　「チーム学校」……259
第2節　地域との連携による「チーム学校」……261

索引……265

執筆者一覧……270

序 章
良い授業と生徒指導

第1節　「生徒指導」と「良い授業」

　私が学校の教員になったときは、ちょうど初任者研修制度が始まった頃（昭和時代の終わり頃）でした。当時の私は、初任者研修の制度について次のようなイメージを持っていました。「授業の上手なやり方や、生徒指導の方法、上手な保護者対応などの各種研修を受けてから、教壇に立つのだろう」と。けれども、実際の初任者研修は、通常の担任教員の仕事を行った上に、初任者のための研修が、授業の合間や放課後に実施される、実践しながらの研修だったのでした。そんなときに強く考えたのは、「しっかりしたマニュアルがあれば、私もすぐにベテランのような熟練した指導ができるはずだ」という考えでした。けれども、そのようなマニュアルは存在せず、困ったときに頼ったベテランの先生方からは「あと10年すればわかるよ」という、曖昧なセリフばかりでした。当時の私はそのような大きな迷いの中にいる状況でした。

　さて、本書について紹介します。若い頃の私が思い描いていた「しっかりしたマニュアル」としての意味を本書は担っているのでしょうか？　答えは「いいえ」です。では、どのような性格を本書は持っているのでしょうか？　以下に事例を交えながら説明していきたいと思います。

　教育基本法第9条に「法律に定める学校の教員は、自己の崇高な使命を深く自覚し、絶えず研究と修養に励み、その職責の遂行に努めなければならない」また、教育公務員特例法第21条には「教育公務員は、その職責を遂行するために、絶えず研究と修養に努めなければならない」と定められています。そのため、教員は普段の授業のほかに、教材研究や指導法研鑽に努めなければなりません。この「研究と修養」は具体的には、良い授業をするための研究と、良い生徒指導をするための人間磨きの修養をさしていると、考えてもいいかもしれません。もちろん、若い教師からベテランの教師にいたるほとんどの教員が、「良い授業をしたい、わかる授業をしたい、良い生徒指

導をしたい」と願っています。冒頭で語った若かりし教員だった、当時の私もそのように強く考えていました。そのため、がむしゃらに毎年、休むことなく校内研究の研究授業や、市内の理科教員で実施する研究授業を引き受け、批評をもらうようにしていました。そんな教員生活2年目の頃に、ベテランのS先生から次のような言葉をいただきました。

「前田先生、いい授業をする前に、いい学級経営があるんだよ。いい学級経営とは、いい生徒指導のことで、それができて、いい授業が見えてくるんだよ」

と、いうものでした。さらに、

「近道はないんだよ。あと10年すればわかるよ」

とも言われました。

当時の私は、「今すぐにでもいい教員になりたいのに……」と、とても不満な気持ちで助言を受けた記憶があります。その助言を受けて10年後の私は、「あの助言はとてもありがたかったなぁ」と、当時を振り返ることができます。言い換えるならば、ベテラン教員S先生のセリフは、次のようなものだったのではないかと推測できます。

「前田先生、先生は生徒指導がまだできていないから、生徒の言いたいことが聞こえていないのではないですか？ 生徒のわかりたいという気持ちが先生に届いていますか？ ほら、あそこの生徒のノートには、きちんと正解が書いてあるじゃないですか。でも、挙手して発表して笑われたりしたらどうしよう、などと生徒は考えていて、発表できなかったようですね。自由に安心して発表できる雰囲気がこのクラスには、残念ながらありません。授業研究以前に、良い学級経営と、良い生徒指導力を身に付けなさい。そうするためには、少し時間がかかると思います」

上記の意味を、当時の私に伝えても理解できないだろうと思ったS先生は、代わりに「あと10年すればわかるよ」と言ったのだと思います。10年後、いい授業の欠片がようやくわかり始め、再びS先生に授業を見てもらいました。そのときに、このような助言をいただきました。

「今日のいい授業は、いい学級経営があったればこそですね。生徒指導力が身に付いた証拠ですね。その上に教材研究が活かされて、いい授業になったのですね。勉強になりました」

実は、ベテランのS先生は「10年すればわかるよ」と言っただけではなく、「いつでもいいから、私の授業を見に来ませんか」と言って、教員生活2年

目の私に、研究授業や公開研究会でもないのに、授業を見せてくれたことがありました。S先生は他校の方だったのですが、当時の校長も「おおー！S先生の授業ですか。私も見に行きたいぐらいです。是非行ってきなさい」とすぐに許可をくれました。

　その授業は、導入の10分間だけ先生が語りかけ、疑問を提示しました。生徒からはいくつかの予測と仮説が提案されました。そこでS先生から「疑問や反論は？」と投げかけられ、生徒同士の活発な考えの交換が行われました。そこで絞り込まれた仮説について「どうやったら確かめられますか？」と発言があり、再び生徒同士で検証実験の方法が提案され、実験器具の準備にとりかかりました。主な先生のセリフは、先に記した他には「どうしてそう思ったの？」「理由は？」「対立意見は？」「結果から何がわかった？」という言葉だけでした。先生が語らない（解説しない・講義しない）授業であり、生徒が与えられた課題を自分事としてとらえて、積極的に問題解決に取り組む生徒主体の授業でした。

　このS先生の授業を当時の私が見たときには、ただただ圧倒され、「生徒主体の授業とはこういうものなんだ」と考えたことと、「なんで、すぐに解説したり教えたりしなかったのだろう……、優秀な生徒がたくさんいるクラスだな」と感じたことでした。

　振り返って、その授業を見た後に、しばらくして10年目の教員になろうとした私が気づいたことは、「S先生のクラスに優秀な生徒がたくさんいる」のではなく、「授業を受けたい、知りたいと思わせる導入の工夫」と、「普段から徹底している仮説検証型の授業パターン」や、「自由に発表でき、間違っても友人を傷つけるようなことがない生徒指導、仲が良い信頼感に満ちている学級経営」があったのだということです。これらを見抜く目が若い当時の私にはなく、10年目に近づいてようやく、気づき、改めてS先生の素晴らしい生徒指導力がわかったのでした。「10年すればわかるよ」は、本当に10年かかったのでした。

　さて、本題に戻ります。本書の目的や性格についてです。本書は全部で序章〜終章まで16の章に分かれています。章の中には、実践事例が掲載されているものもあります。前述のように、10年かけて、良い教師になるのを待ってはいられません。なぜならば、若い教師であっても目の前の生徒に、生徒指導を本気で行わなければならないからです。ベテランになるまでに出会う生徒には、練習材料として接しても良いなどと考えることはできないので

す。そのようなときに、本書を手にし、ベテランの実践例を参考に、目の前の事案に当てはめて応用してもらいたいと思います。

また、教師を目指す若い学生にとっては、本書を教科書代わりに講義を受けている姿が目に浮かびます。やがて経験する教育実習で、本物の児童生徒たちに出会うわけですが、一人ひとりの思いや悩みにぶつかる前に、基本的な知識や技能を本書で身に付けてほしいと思います。

一方、ベテランの先生方には、本書を若い先生方とは違う視点で読み進めてほしいと思います。生徒指導が必要な事案（場面）例において、ところどころに、教頭や校長の姿が見えてくるでしょう。どの事例も、管理職への報告や連絡・相談が行われています。あるいは学年集団で問題解決に取り組もうという姿勢が見えてくると思います。どうか、若い教師をリードして、上手に解決する姿（背中）を見せてやってほしいと思います。

読者それぞれの立場から、必要な情報を見つけ、活用していってほしいと思います。本書の執筆者の先生方と編集にあたった者の意図はそこにあります。

第2節　「生徒指導」実践力

この節では、良い生徒指導を実践するための、具体的な「生徒指導」の力とは何を指すのかを考えていきたいと思います。実践力とは、教員が行う教科指導を含む学校教育全般で発揮される生徒指導の力のことです。これらの力を育むことが、教員養成の認定（課程認定）を文部科学省から受けた大学教育に求められています。中央教育審議会では、平成27年12月21日の第104回総会において、「これからの学校教育を担う教員の資質能力の向上について〜学び合い、高め合う教員育成コミュニティの構築に向けて〜（答申）」を取りまとめています。その中では、教員養成系の大学や学部を中心に、教職課程の学生に学校現場において教育活動や校務、部活動などに関する支援や補助業務など学校における諸活動を体験させるための「学校インターンシップ」の導入を提言しています。このような方針のもと、これまでに多くの大学で学校インターンシップが取り組まれ、実践と研究が積み重ねられてきています。原・芦原（2006）によれば、教育実習に加え学校ボランティアの体験がある学生は、体験のない学生に比べると教職志向が強くなる傾向にあると述べられています。教育実習だけではなく、学校ボランティアも学生の教職

志向に影響を与えるという点から、教職課程を履修する学生にとって有意義な取り組みとなりうることがわかります。

しかしながら、学生自身が「有意義でした。教員にあらためてなりたいと思いました」と感想を述べ、満足が得られたとしても、その一方で、受け入れ側に負担や不満があってはいけません。どちらも満足する「学校インターンシップ」でなければならないと考えます。

そこで、筆者は受け入れ先である小中学校の教員に対して、児童生徒への教育的側面から有効・有意義であったのかを調査することにしました。以下、本論は、2016年に『東海大学課程資格教育センター論集』で発表した拙論「『生徒指導』実践力を身に付けるための教育ボランティア―学生による教科学習支援員制度をとおして『学校インターンシップ』を考える―」に、その後の推移を織り込んで再構成したものです。

第3節　教科学習支援員派遣事業から

2012年度より、神奈川県秦野市教育委員会と東海大学は連携して、「小中学校教科学習支援員派遣事業」を展開してきました。開始から今年で13年目となります。東海大学からは、市内の公立小中学校22校に対して、教職課程を履修している学生の派遣を行ってきました。2013年度の派遣学生数は、100名。2014年度は34名。2015年度は72名であり、その後は50〜60名前後の学生を毎年、派遣しています(コロナウイルス感染症が蔓延した時期を除く)。

そこで、本論では東海大学で実施されている「教科学習支援員制度」を対象とし、質問紙調査を用いて、受け入れた先の学校では、「支援に来る学生には、どのような資質能力が必要だと考えているのか」を、受け入れた学校の教職員からの回答をもって紹介していきます。分析に用いたデータは、前述の拙論によります。

調査するための指標には、**図表1**に示した1〜18の観点を用いました。この18項目は、平成18年7月の中央教育審議会(答申)「今後の教員養成・免許制度の在り方について」の別添1「教職実践演習(仮称)について」、「到達目標及び目標到達の確認指標例」を参考に筆者が作成したものです。

調査の結果、特に必要な資質だと回答したのは、「1. 教育に対する使命感や情熱を持って児童生徒と接することができる」、「6. 子どもの成長や安全、

図表1　現職教員が考える「学生に求める資質・能力」について

カテゴリー		番号	調査項目	とても必要		まあまあ必要		あまり必要ではない		まったく必要ではない	
				人数	割合(%)	人数	割合(%)	人数	割合(%)	人数	割合(%)
教科支援員として求められる事項	使命感や責任感、教育的愛情等に関する事項	1	教育に対する使命感や情熱を持って児童生徒と接することができる	74	74	26	26	0	0	0	0
		2	常に子どもから学び、共に成長しようとする姿勢が身についている	65	65	35	35	0	0	0	0
		3	高い倫理観と規範意識がある	68	68	32	32	0	0	0	0
		4	困難に立ち向かう強い意志がある	38	38	62	62	0	0	0	0
		5	自己の職責を果たすことができる	56	56	44	44	0	0	0	0
		6	子どもの成長や安全、健康を第一に考え、適切に行動できる	85	85	15	15	0	0	0	0
	社会性や対人関係能力に関する事項	7	教員としての職責や義務の自覚がある	53	53	44	44	3	3	0	0
		8	目的や状況に応じた適切な言動ができる	53	53	47	47	0	0	0	0
		9	組織の一員としての自覚がある	46	46	50	50	4	4	0	0
		10	他の教職員と協力して職務を遂行できる	65	65	33	33	2	2	0	0
		11	保護者や地域の関係者と良好な人間関係を築くことができる	27	27	38	38	35	35	0	0
	児童生徒理解や学級経営等に関する事項	12	子どもに対して公平かつ情的な態度で接することができる	85	85	15	15	0	0	0	0
		13	子どもに接し、豊かな人間的交流を行うことができる	76	76	24	24	0	0	0	0
		14	子どもの発達や心身の状況に応じて、抱える問題を理解し、適切な支援を行うことができる	40	40	60	60	0	0	0	0
		15	子どもとの間に信頼関係を築き、学級集団を把握して、規律ある支援を行うことができる	56	56	44	44	0	0	0	0
	教科・保育内容等の指導力に関する事項	16	教科書の内容を理解しているなど、学習指導の基本的事項(教科等の知識や技能など)を身に付けている	44	44	44	44	9	9	3	3
		17	板書、話し方、表情など授業の支援を行う上での基本的な表現力を身に付けている	35	35	53	53	9	9	3	3
		18	子どもの反応や学習の定着状況に応じて、授業計画や学習形態等を工夫することができる	24	24	44	44	29	29	3	3

健康を第一に考え、適切に行動できる」、「12. 子どもに対して公平かつ情的な態度で接することができる」、「13. 子どもに接し、豊かな人間的交流を行うことができる」の4つの項目でした。逆に、ボランティア学生に必ずしも必要ではないと回答したのは、「11. 保護者や地域の関係者と良好な人間関係を築くことができる」と、「18. 子どもの反応や学習の定着状況に応じて、授業計画や学習形態等を工夫することができる」でした。その次にあまり必要ではないと回答した項目は、「16. 教科書の内容を理解しているなど、学習指導の基本的事項（教科等の知識や技能など）を身に付けている」と、「17. 板書、話し方、表情など授業の支援を行う上での基本的な表現力を身に付けている」でした。

　これらの結果から判明したことは、教育実習前の段階である学生には、授業を上手に教えるためのスキルを求めているのではなく、どちらかといえば、児童生徒に人間として優しく接し、温かくその成長を促し見つめる態度や姿勢が求められているとわかりました。このことは、第1節で見てきた、「いい授業をする前に、いい学級経営があるんだよ。いい学級経営とは、いい生徒指導のことで、それができて、いい授業が見えてくるんだよ」と同じ結果であったと言えるのではないでしょうか。言い換えるなら、問題の解き方よりも、挨拶ができる人、思いやりや人の心がわかる人を求めていると言えると思います。

　学校現場の先生方も、いい授業は一朝一夕でできるものではないことが十分にわかっていて、それよりも必要なのは、児童生徒を支援する力（生徒指導力）だと指摘しているのです。

第4節　本書の特色とその活用

　第1節から第3節までで述べていることの繰り返しになりますが、この本は読めばすぐに生徒指導が上手な教師になれるマニュアル本ではありません。けれども、良い教師になりたい、良い生徒指導を行いたい、と願う人への指標や一助になるものだと言えます。本書の特色として、各章ごとに、理論と解説を前半部分に盛り込みました。また、後半には事例を通じて、実際の指導はどのように行われたのか、またそのときの配慮や、法的根拠等はどうあったのかを盛り込みました。

各章のならびは『生徒指導提要（改訂版）』に準じています。あわせて活用いただければ、より一層の理解が深められることと思います。

　教員の仕事は、詳細なマニュアルがあればできるような職種の仕事内容とは一線を画します。だからといって、ベテランの先生が初任の先生よりも、優れた指導ができているのか、といえば必ずしもそうではありません。

　その一方で、「知識やノウハウがわかっていれば、それほど苦労せずにすんだかもしれない」と言いたくなる場面はたくさんあります。本書は、そのような場面に活用していただくためのものとして読み進めていただきたいと思います。日々、良い教師になりたいと願い、精進を続ける現場教員のために、あるいはこれから教職の途に就こうと願う学生や教職を志望する方々へ、本書が少しでもお役に立つことを祈念します。

　特に、教員を目指す学生の皆さんには、本書の内容をお読みになり、教育実習への準備や実習先での体験と重ね合わせたり、改善点に繋げたりしていただけると幸いです。

　また、若い教師の方々やベテラン教員の皆様には、ご自身の体験と重ね合わせ、同意するところとアレンジして活用したいところ、さらには教育心理学の視点から再度解釈しなおしたいところなど、それぞれが確認のためにご使用いただけることを希望します。

　おわりに、本書の企画編集にご尽力され、貴重なご助言をいただいた東海大学出版部や貴重な資料や情報を提供していただいた関係者の皆さまに心から御礼申し上げます。

2025年3月　　編著者　前田善仁

【参考・引用文献】
中央教育審議会（答申）「今後の教員養成・免許制度の在り方について」平成18年7月．
　https://www.mext.go.jp/b_menu/shingi/chukyo/chukyo0/toushin/1212707.htm
原清治・芦原典子（2006）「実践的教員養成のあり方に関する研究Ⅱ―スクールボランティアと教育実習の関係から―」『佛教大学教育学部論集』第17号．

第1章 児童生徒指導の基礎

はじめに

　この章では小学校や中学校現場における、生徒指導の基礎について考えていきます。生徒指導と一言で言っても様々なものがあります。第1節では、校内における生徒指導体制についてふれていきます。第2節では、新しい組織・新しい校務分掌についてふれていきます。第3節ではトラブルが発生する前の未然防止について、第4節では実際にトラブルが発生した際の指導について、第5節では指導の後のアフターケアについて考えていくこととします。

第1節　校内における生徒指導体制

　代表的な学校運営組織及び校務分掌の一覧は図のようになっています（図表1）。主に生徒指導に関わる分掌は指導部内の生活学習部門、人権・道徳・国際担当（以下人権担当）が中心を担っています。本校では以前まで生徒指導部を設置しましたが、指導部に依存することなく学校全体で生徒指導を行っていくために、現在のような校務分掌の形となりました。人権担当と学年主任、養護教諭、生徒指導専任、管理職は週に一度の定例会議を時間割に組み込み、情報共有を図っています。指導部以外では、学校運営プロジェクト内にいじめ防止対策委員会が設置されており、人権担当の職員と学年主任、生徒指導専任、スクールカウンセラー、管理職が定期的に情報共有を行っています。この会議では、各学年から上げられた事例を共有し、いじめ認知を検討する場となっています。また、近年では特別支援教育（不登校生徒や合理的配慮が必要な生徒などを対象としている）のニーズが高まっていることから、特別支援教育委員会を設置し、個別に最適な学びの実現に向けた取組を行っています。特別支援教育コーディネーター研修を受講した職員は、校内の特別支援教育コーディネーターとして教職員と保護者の間に入り、個々に応じた支援を提案、検討する役割を担っています。

図表1　校務分掌組織図

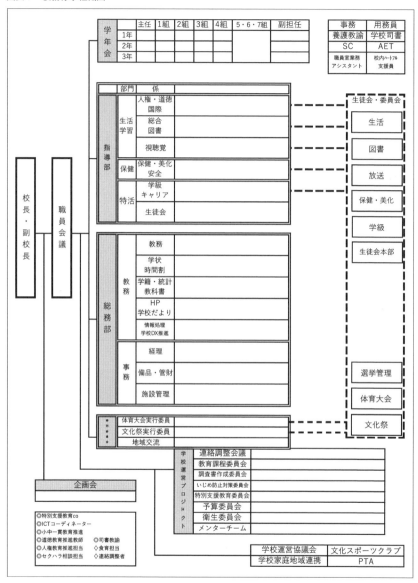

第2節　新しい組織・新しい校務分掌

2-1　いじめ防止対策委員会

　横浜市では平成25年12月に、いじめ防止対策推進法(平成25年法律第71号)第12条に則り、「横浜市いじめ防止基本方針」を策定し、いじめ防止等の取組を全市で進めてきました。しかし、東日本大震災の被災地から横浜市に転入してきた児童への深刻ないじめが発生し、教育委員会や学校が適切な対応をとらないまま、いじめ重大事態の調査開始まで1年7か月もの期間が過ぎ、当該児童・保護者の苦痛を長引かせてしまったという苦い経験があります。このことを深く反省し、新たな決意でいじめ防止の取組を進めるために、「横浜市いじめ防止基本方針」を平成29年10月に改訂しました。

　「横浜市いじめ防止基本方針(平成29年10月改定)」に則り、各学校は、当該学校の管理職、児童支援・生徒指導専任教諭、学級担任等の複数の教職員等により構成される「学校いじめ防止対策委員会」を常設し、月1回以上定期的に開催することを定めました。「学校いじめ防止対策委員会」は「企画会議」や「児童指導部会」「生徒指導部会」等、既存の組織と兼務せず、別に設置しています。また、必要に応じて、心理や福祉の専門家、弁護士、医師、警察官経験者などの外部専門家の参加を求めることもできます。

　「学校いじめ防止対策委員会」は、学校が組織的かつ実効的にいじめの問題に取り組む中核の役割を担い、具体的には、次に挙げる役割が想定されています。

(1) 未然防止
　ア　いじめの未然防止のため、いじめが起きにくい・いじめを許さない環境づくりを行う役割
　イ　学校いじめ防止対策委員会の存在及び活動を児童生徒及び保護者に周知する役割

(2) 早期発見・事案対処
　ア　いじめの相談・通報の窓口としての役割
　イ　いじめの早期発見、事案対処のため、いじめの疑いに関する情報や児童生徒の問題行動などに係る情報の収集と記録、共有を行う役割
　ウ　いじめ(「疑い」を含む)を察知した場合には、情報の迅速な共有、関係児童生徒に対するアンケート調査、聴き取り調査等により、事実関係の把握といじめであるか否かの判断を行う役割

エ　いじめを受けた児童生徒に対する支援、いじめを行った児童生徒に対する指導の体制、対応方針の決定と保護者との連携といった対応を組織的に実行する役割
(3) 取組の検証
　ア　学校いじめ防止基本方針に基づく年間計画の作成・実行・検証・修正を行う役割
　イ　学校いじめ防止基本方針における年間計画に基づき、いじめの防止に係る校内研修を企画し、計画的に実施する役割
　ウ　学校いじめ防止基本方針が当該学校の実績に即して適切に機能しているかについての点検を行い、学校いじめ防止基本方針の見直しを行う役割（PDCAサイクルの実行を含む）

2-2　「校内ハートフル」事業

　横浜市では、不登校児童生徒支援事業として、横浜教育支援センターを中心とした不登校支援を行っています。担任や児童支援専任・生徒指導専任が面談を通して、児童生徒・保護者のニーズを聴き取り、学校外の支援センターである「ハートフルスペース」や「ハートフルルーム」等の学校外の施設を通じ児童生徒の状況に応じて、社会的自立に向けた支援を行っています。

　「ハートフルスペース」は、登校はできないものの外出することができる児童生徒に対して、創作活動・スポーツ体験活動等を通し、自己肯定感と相互の信頼関係を育み、社会的自立に向けた相談・支援を行う通室型の施設です。また、児童生徒の保護者同士の情報交換会も行っています。

　「ハートフルルーム」は、登校はできないものの外出することができる児童生徒に対して、学習を中心とした集団・スポーツ体験活動等を通し、基本的生活習慣の確立、基礎学力の補充、学校生活への適応等を図り、社会的自立に向けた相談や支援を行う通室型の施設です。また、その他にもアウトリーチ型の家庭訪問による学習支援等も事業として行っています。一方で、学校に登校することはできるが、授業についていくことが難しく教室で過ごすことに抵抗がある児童生徒や、教室内での人間関係の悪化で教室に入ることが難しい児童生徒に対する支援として「校内ハートフル」事業が市内で拡充されています。

　「校内ハートフル」設置校には、校内ハートフル支援員（会計年度任用職員）が配置され、校内に「校内ハートフル」用の教室を設置し、登校できるよう

にしています。本校では生徒のニーズに合わせて、授業のリアルタイム配信を一人1台端末で閲覧したり、生徒自身の学級と校内ハートフルの教室を行ったり来たりすることで、学習の機会を保障しています。

2-3 「横浜St☆dy Navi」

　令和3年12月より、文部科学省CBTシステム（MEXCBT）の活用がスタートし、横浜市では学校向け学習eポータル「L-Gate」の活用が開始されました。「L-Gate」では、学校で配当している生徒用アカウントを用いて、全国学力状況調査を実施したり、横浜市の生活学習調査を実施したりしています。この学習eポータルの発展的な活用として、令和6年度より学習ダッシュボード「横浜 St☆dy Navi」（以下、横浜スタディナビ）を構築し、客観的なデータに基づいた児童生徒の理解や授業改善を図っています（**図表2**）。

　教職員は生徒が登校した際に、一人1台端末を起動し「L-Gate」上から健康観察を入力することで、生徒の日々の記録を教職員ダッシュボードで確認できるようになっています。自由記述欄ではAI機能を活用し、センシティブな内容が入力されていた場合はキーワードが検知された生徒の人数が教職員ダッシュボード上に表示されるようになっています。

図表2 「横浜 St☆dy Navi」の画面

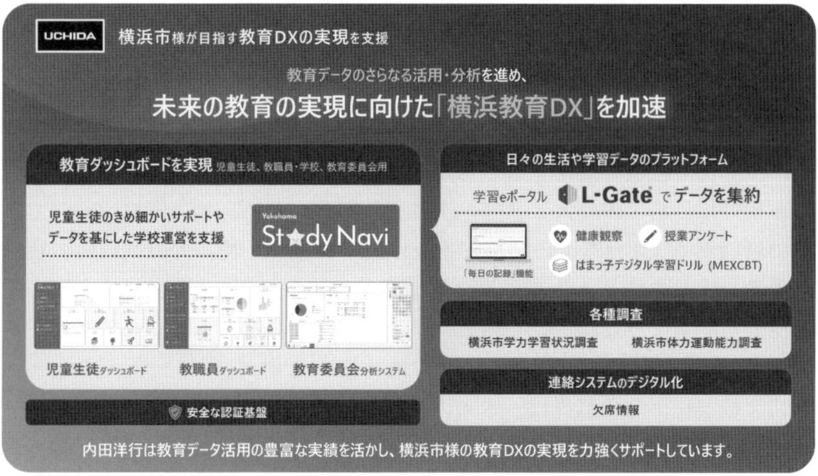

（内田洋行ホームページより引用　https://www.info.l-gate.net/news20240703_1/）

2-4　学校・家庭・地域連絡ツール「すぐーる」の活用

　横浜市では、令和6年4月より市内全小中学校で、学校・家庭・地域連絡ツール「すぐーる」を導入しました。保護者のスマートフォンにアプリケーションを導入してもらい、欠席連絡や学校や教育委員会から配布されたアンケートの回答などができるようになっています。1つのアプリケーションで最大5人分の児童生徒を登録することができるため、兄弟がいても一つのアプリケーションで完結することができます。

　また、職員間の情報共有にも活用されており、災害発生時の情報共有などで教職員も利用しています。アプリケーションに情報を送信するには、特定のURLから管理画面にアクセスする必要があり、アプリケーション上から送信することができないようになっています。

　今後、横浜市では先に示した「横浜スタディナビ」上で欠席連絡を教職員が閲覧できるようにし、プラットフォームを一体化することで利便性の向上を図ろうとしています。

2-5　教職員への研修体制(ICTコーディネーター制度)及びICT支援員

　令和4年度より、横浜市ではICTコーディネーター養成研修が中堅教諭、主幹教諭を対象に始まりました。校長より研修受講を依頼された教諭は、校内でのGIGA端末の活用、教育の情報化の推進を図っていく中心になるべくICTに関連する知識だけでなく校内マネジメントを推進していく上で必要な知識や技法を、研修を通して身につけていくようにしています。ICTコーディネーターは、授業での一人1台端末の活用だけでなく、個別最適な学びの実現に向けた特別支援教育へのアプローチ、教職員用コンピューターの利活用に至るまで幅広く対応することが求められています。

　本校では、ICTの導入に前向きな教職員が多いため、職員研修を通して多くの場面で一人1台端末の活用が推進されています。授業での利活用、特別活動や行事への活用、生徒の日常的な端末の持ち帰りなど、一人1台端末を文房具と同じような扱いになるよう、教職員も研鑽を積みながら生徒の学習をより充実したものにすべく日々取り組んでいます。

　情報機器に詳しい職員は、本来の校務分掌を抱えながら、各職員のコンピューターの整備、校内サーバーの維持・管理、各種情報端末機器の管理を行っており、教育の情報化が進む中で仕事量が大幅に増えてしまっていました。しかし、令和4年度より各校1人(週2～3日程度勤務)のICT支援員が配置され

たことにより、授業での一人1台端末の活用方法のアドバイスや、オンラインアンケートの作成、端末の修理依頼をまとめる事務作業に至るまで、今まで教職員や事務職員の中で分担して行っていた業務を、横浜市から派遣されたICT支援員に依頼することができるようになりました。

一方で、ICT支援員は教職員から依頼された業務を代行することが主たる仕事ですから、依頼業務以上に手間の掛かる、児童生徒一人ひとりへのサポートが不十分であることは否めません。そのような背景から、市内の学校でも一人1台端末の十分な活用がまだ進んでいない所も見られ、日常的な端末の利用にまで至らない学校もあるのが現状です。

第3節　未然防止

生徒指導と聞くと、児童生徒に対して叱ったり指導したりすることを連想することが多いですが、本来は何かトラブルが起きる前に予防するということが、生徒指導においては最も重要です。なぜならば実際にトラブルが起こってしまった場合、例えば児童生徒間での暴力行為や盗難行為が起こってしまった場合、当該児童生徒はもちろん、その周囲の児童生徒の学校生活が安心なものではなくなってしまいます。学校とは児童生徒が安心安全に生活を行うための場所ですから、何かトラブルが起こる前に予防するということが非常に大切になります。

第3節では、未然防止のための「環境整備」と「児童生徒理解」について考えていきます。生徒指導の大部分はこの「環境整備」と「児童生徒理解」に集約されるといえます。

3-1　環境整備

ハインリッヒの法則[*1]を知っていますか。1件の重大な事故・災害に至るには、29件の軽微な事故・災害があり、300件の事故に至らなかった"ひやり・ハッと"した事例が隠れているという考え方です。重大事故災害を防ぐには、事故・災害の発生が予測された"ひやり・ハッと"した段階での対処が大切だというわけです。生徒指導の観点で具体的に考えると、小さな落書きや公共物の破損等を見逃していくと、やがては重大な事故につながる可能性が高まりますよ、という戒めとして考えていくことができます。ここでは

学校内で注意が必要な場所をそれぞれ考えていきます。

> ＊1　米国の技師ハインリッヒ（H. W. Heinrich）の見出した医療事故などにおける経験法則。『法則の辞典』から。

○教室

　児童生徒が学校で最も多くの時間を過ごす空間であるため、常に整った環境を意識する必要があります。教室は放課後に掃除の時間もあるため、生徒に環境美化を意識させるのに良い場所となります。児童生徒自らに身の回りの環境美化の意識をもたせていきたいものです。特に机やロッカーなどの個人で使用する部分には注意が必要です。机やロッカーの中が整理されていないと盗難や紛失の原因にもなり、机の落書きや傷は児童生徒間のいじめにつながることも多いからです。よく注意し、気になる児童生徒には声をかけていく必要があります。また個人で使用する部分以外にも注意が必要な場所があります。例えば黒板は常にきれいな状態であることが望ましいです。授業の度に使用するので汚れていくものではありますが、汚れた状態が続くと休み時間中の落書きの原因となるため、黒板をきれいに消す係を設けて、黒板は授業ごとにきれいにするという習慣を定着させられると良いです。

　アメリカの犯罪学者ジョージ＝ケリングが提唱した「われ窓理論」[＊2]というものがあります。「窓ガラスを割れたままにしておくと、その建物は十分に管理されていないと思われ、ごみが捨てられ、やがて地域の環境が悪化し、凶悪な犯罪が多発するようになる、という犯罪理論」です。学校現場でもこれは重要な考え方であると感じています。黒板やロッカー、壁紙や床など常に生徒の目に入る部分を整備していくことは、生徒指導の基礎といえると思います。

> ＊2　われ窓理論とは米国の心理学者ジョージ＝ケリングが提唱した、軽犯罪を取り締まることで、犯罪全般を抑止できるとする理論。

○トイレ

　学校でトラブルが起こる前に見られるサインの1つとして、トイレのいたずらがあります。トイレには死角が多くあるため教員の目が届きにくく、生徒のたまり場になることや、そこからトラブルに発展する場合も多くあります。サインの例としては、お菓子の小袋が落ちていたり、トイレットペーパーなどの備品の減りが早かったり、落書きがあることなどがあげられます。どれも児童生徒からの隠れたSOSである場合が多いため、注意して見ていきたい場所です。最低でも一日の終わりに職員間で分担をし、トイレのチェ

ックをする習慣をつけられると良いと考えています。
〇廊下
　児童生徒にとって休み時間は、他クラスの友人と会話ができる少ない機会なため、廊下は児童生徒たちであふれかえります。その分喧嘩などのトラブルが起こる確率も高いため、廊下は注意が必要な空間です。原則として廊下には物を置かないことが望ましいです。特に喧嘩の際の凶器となるようなパイプ椅子や傘などは教室にあっても注意が必要な物となります。雨天時の傘は盗難やいたずら防止の観点からも教室内で保管しましょう。他にも学校によっては、廊下の奥や曲がり角が死角になっていることがあるため、休み時間には職員が最低でも1名つくことができると、トラブル等の早期発見や、未然に防ぐことができるはずです。

3-2　児童生徒理解

　私たち教員は自身が児童生徒であった経験もあるため、児童生徒のことを理解していると勘違いしてしまうことが多々あります。しかしながら、児童生徒は一人ひとり異なる行動原理をもっており、それを理解した風を装ってしまうと児童生徒から不信感を抱かれてしまいます。生徒指導とは児童生徒と職員の信頼関係がなければ成り立ちません。ここでは児童生徒のことを少しでも理解していくための手順について考えていきます。

〇登下校指導
　登校してくる児童生徒に笑顔で「おはよう」と挨拶をすること、下校する児童生徒を校門で見送り「また明日」と声をかけること、当たり前のことだからこそ、普遍的で学校現場では常に重要とされていることです。登下校指導は挨拶の習慣を身につけるだけでなく、児童生徒の表情から健康確認ができたり、服装の変化に早く気づくことができたりします。また、いつもは明るい表情の児童生徒が急に暗い顔で登校してくると、友人間や家庭で何かトラブルがあったのかと気にしながら声をかけることもできます。それから、児童生徒同士の人間関係の変化もこの登下校に表れることが多いです。今まで仲の良かったグループとは離れて下校する児童生徒がいたら、声をかけて話を聞いてみるのも良いでしょう。
　このように児童生徒の登下校には普段の学校生活では見えない一面が見えることがあります。大規模な学校の場合、登下校指導を職員で分担化している学校もあるようですが、本来であれば、職員全員で校門に立ち児童生徒と

コミュニケーションをとるようにすることが望ましいです。
○授業見学

　授業のない空き時間には、積極的に授業中の教室に入ってみると、様々な発見が得られます。自身の担当教科でも授業中の児童生徒の様子は観察できますが、教科が変わると児童生徒の様子が変わることもあります。児童生徒がどのような内容に関心を示すのか、グループワーク中でのリーダー性など、様々な様子が見学できることでしょう。時には授業に参加して、音楽の授業で一緒に歌ったり、美術の時間に一緒に絵を描いたりするのも面白いことです。児童生徒の近くで一緒に活動をすることが、児童生徒理解への近道です。

　授業ではありませんが、放課後の部活動についても同じことが言えるでしょう。放課後に自身の指導している部活動が休みの日には、積極的に他の部活動を見学してみると良いです。授業とはまた違った様子を見ることができます。

○休み時間

　生徒が最も楽しみにしているのが休み時間です。教員は休み時間に次の授業準備をしなければなりませんが、もし時間に余裕があるようでしたら、積極的に児童生徒と一緒に遊んだり話したりできると良いです。特に近年の児童生徒は趣味が多様化し、様々なことを知っているため、休み時間は教員が児童生徒から学ぶ時間として過ごせると、次からは児童生徒の方から話しかけてくるようになります。普段の授業では関わらない他学年の児童生徒とも関わりがもてるのも休み時間の良さです。休み時間を児童生徒理解の場として活用できると、児童生徒理解の幅が大きく広がります。

3-3　まとめ

　生徒指導の未然防止ということで「環境整備」と「児童生徒理解」について考えてきましたが、2つに共通する重要なことは、"何かトラブルが起こる前に行う"ということです。この節で上げた内容は一言でいうと、児童生徒に「寄りそう」ということです。しかしこれが何かトラブルが起こってしまった後に行われたものであったらどうでしょうか。

- 廊下で喧嘩が起きたので教員を廊下に1名配置する。
- 授業中に授業を妨害する児童生徒がいるので注意しに行く。

　これらの対応は児童生徒から見ると「寄りそう」ではなく「監視する」

と見られてしまいます。行っていることは同じでも児童生徒が受ける印象が変わってしまうわけです。児童生徒との信頼関係を築くためにも、児童生徒に寄りそい、見守る姿勢を見せていきたいものです。何かが起こる前に対策をする。はじめが肝心とはまさにこのことです。

第4節　生徒指導

　この節では実際の生徒指導の手順について考えていきます。第3節ではトラブルが起こる前に防ぐことが大切であると書きましたが、実際にトラブルが起こった場合は指導が必要です。二度と同じトラブルが起きないように、毅然とした態度で指導を行いましょう。
　学校で起こるトラブルには様々なものがありますが、今回はトラブルに加害生徒と被害生徒が存在するという設定で考えていくこととします。

4-1　被害の拡大防止
　学校でトラブルが発生した場合、まず行わなければならないことは、被害が拡大することを防ぐことです。例えば児童生徒間で暴力行為が行われている場合、直ちに教員が間に入り仲裁を行います。その際、他の児童生徒に頼んで、別の教員を呼びに行ってもらいます。生徒指導は基本的に複数人の教員で対応することが望ましいからです。瞬発力の求められる場面ですが、躊躇せずに、それ以上の被害が出ないように努める必要があります。
　ただし、これが行えるのは、トラブル現場に教員が居る場合です。多くの場合、このような児童生徒間トラブルは教員の目の届かない場所で行われることが多いため、発生後に他の児童生徒から話を聞いたり、被害の児童生徒からの訴えがあったりしてトラブルが発覚することが多いです。

4-2　報告と対策
　指導の必要なトラブルが発覚した場合、対応する教員の勤務年数や役職に関係なく、個人で対応することは避けましょう。トラブルの解決を焦らずに、まずは他の教員に報告をし、その後の指導方針と方法を検討する必要があります。具体的には、学年主任や生徒指導の教員に報告をします。当該児童生徒の身体や精神状態に異常がみとめられた場合は、養護教諭やスクールカウ

ンセラーへの報告も忘れてはなりません。今後の指導方針や方法が決まったら、トラブルの内容にもよりますが管理職への報告もこのタイミングで行えると良いでしょう。ここでは独断で行動するのではなく、チームとして行動していくことが大切です。

4-3　状況把握（聞き取り）

　今後の指導方針が決まったら、まずは関係している児童生徒に当時の状況について聞き取りを行います。ここでも教員は複数人で対応をし、同時に複数の生徒を聞き取るのではなく、児童生徒1人に対して教員は2人という形で行うのが好ましいです。例えばいじめトラブルの加害生徒が複数人いる場合、同時に聞き取りをしてしまうと、口裏を合わせられてしまい、事実を聞き取れなくなってしまうことがあるからです。必ず1人ずつ聞き取りを行い、新しい情報が出てきたら、教員間で情報を共有し事実のすり合わせを行っていく必要があります。

　聞き取りでは主に児童生徒に話を聞いていく係とメモをとる係で役割分担をし、「いつ」「誰が」「どこで」「何を」など、具体的に聞き取っていきます。基本的には被害児童生徒の聞き取りをはじめに行い、加害児童生徒との聞き取りでは、被害児童生徒から聞き取った内容とずれがないかを確認しながら行っていきます。ここで事実のすり合わせがうまくいっていないと、その後の謝罪の場で被害児童生徒が納得できない状況が生じるため、非常に重要なステップとなります。

　児童生徒が事実を正直に話すかどうかは、聞き取りを行っている教員と、その児童生徒との信頼関係の高さが最も必要となります。教員がその児童生徒のことをどれだけ理解できているか、生徒理解が生徒指導において重要であるのはこのためでもあります。

4-4　指導（謝罪）

　発生したトラブルに被害児童生徒と加害児童生徒がいる場合、被害児童生徒の気持ちが尊重されますが、指導の主な落としどころは加害児童生徒から被害児童生徒への謝罪となります。それぞれの児童生徒から聞き取った内容がおおむね一致した場合、また、被害児童生徒が加害児童生徒の謝罪を受け入れる意思を示した場合、謝罪を行う段階に入ります。

　被害児童生徒の待つ部屋に加害児童生徒を呼び、謝罪を行わせます。本来、

謝罪内容は児童生徒がその場で考えて話すものではありますが、多くの場合は児童生徒も緊張し、謝罪内容が的を射ないものとなることも多いので、事前に聞き取りを行った教員が一緒に要点をまとめてあげるなどして、謝罪文面を作成する配慮が必要でしょう。

児童生徒指導はここで終わりではなく、継続的な指導が必要ですが、この謝罪の場で被害児童生徒、加害児童生徒ともに一区切りという感覚はもたせておきたいものです。双方に言い残したことや、わだかまりがないようにして、謝罪の会を終了させます。

4-5　まとめ

児童生徒指導手順について考えてみましたが、最も重要なことはどんな児童生徒に対しても毅然とした態度で指導を行うことです。ダメなものはダメと熱意と信念をもって児童生徒に向き合えば、それが児童生徒との信頼関係を結ぶことにつながります。若い教員はまずは、おそれずに経験を積み上げていきましょう。ベテランの教員と一緒に実際の指導に入り、たくさんの指導方法・手順を学んでいくことが大切です。

第5節　事後指導(アフターケア)

この節では児童生徒指導後における対応について考えていきます。事後指導がしっかり行われていないと、トラブルの再発や児童生徒とその保護者からの不信につながりかねません。指導をして終わりではなく、その後も継続的な指導と観察を行い、より深い児童生徒理解に努めていきましょう。

5-1　保護者への連絡

児童生徒指導を行った場合、可能な限りその日のうちに保護者への連絡をしておきます。学校と家庭が連携し、児童生徒の成長を見守ることが児童生徒指導において重要だからです。近年では教員の働き方改革もあいまって、家庭訪問や保護者懇談会の廃止など、教員が保護者とコミュニケーションをとる機会が減少してきています。学校で起こった些細なことであっても、保護者へ連絡するようにすると、保護者との関係づくりの第一歩となっていきます。

児童生徒指導の報告を保護者にするときに避けなければいけないことは、保護者との対立です。保護者が学校の指導内容に納得できなかった場合や、児童生徒自身に不満が残っている場合だと、保護者に学校への不信感を与えてしまうことが多いです。しかし本来であれば教員と保護者は児童生徒のより良い成長を望むという視点で同じ方向を向いているはずです。トラブルの時系列から指導の経緯、指導の意図など細かく説明をして、学校と家庭が連携して児童生徒を見守っていける環境をつくっていけると良いでしょう。

　電話での連絡は手軽なため、学校・家庭ともに便利な手段でありますが、指導の内容によっては適さない場合もあります。特にいじめや暴力行為の被害児童生徒への家庭連絡では、教員が家庭訪問をし、顔を合わせて説明をするほうが、保護者が安心することが多いです。逆に、加害児童生徒の家庭には保護者に学校まで来ていただき、指導の報告をすることも方法の1つです。

5-2　職員への共有

　児童生徒指導を実際に行うのは、学級担任や部活動の顧問が多いですが、その後の様子を見守るのは職員全員です。継続的な指導や見守りが児童生徒や保護者を安心させるからです。そのため、児童生徒指導の後には必ず職員間での指導内容の共有を行います。学校では毎朝職員室で打ち合わせを行うため、その場で報告を行います。指導の内容によって学年内のみの共有でよいのか、学校全体で共有が必要なのかを学年主任等と吟味し、共有範囲を決めていきます。中学校では教科によって授業者が変わるため、小学校のように学級担任だけが常に生徒を見守ることはできません。様々な教員と協力し、多方面から生徒のアフターケアができるような環境づくりが大切です。

5-3　継続的な指導と再発防止

　一度の指導で問題が解決することはほとんどありません。再び同じようなトラブルが起きないように、継続的な指導を行っていくことが大切です。では、具体的に何を行っていけばよいのでしょうか。実は指導の後にその児童生徒に対して、特別なことをする必要はありません。必要なのは普段通りに接し、困った様子があれば声をかけてあげることです。つまり第3節で書いた未然防止の内容です。登下校や授業、休み時間の様子を見て気になったことがあれば声をかけます。普段から児童生徒理解を意識して行動できている学校であれば、その習慣がトラブルの再発防止とつながっていくのです。

5-4　まとめ

　児童生徒の学校生活は1年生で入学してから3年生（小学校は6年生）で卒業するまで、全て1つの流れでつながっています。児童生徒指導も同じで、指導に区切りをつくらずに、普段から継続的な指導を意識することが大切です。この3年間（小学校は6年間）を学校と保護者が連携して児童生徒の成長を見守っていくことが児童生徒指導の基礎となっていきます。

【参考】
文部科学省「生徒指導提要（改訂版）」令和4年12月．
周防美智子・片山紀子『生徒指導の記録の取り方』学事出版, 2023年．
佐橋慶彦『全図解 子どもの心を育てる学級経営アプローチ』明治図書, 2022年．

第2章
生徒指導と教育課程

はじめに〜見直された「日本型学校教育」〜

　わが国の学校教育は、従前より学習指導と生徒指導を両輪とし、知・徳・体を一体で育むことを重視した「日本型学校教育」として展開されてきました。

　令和の時代を迎え中教審答申[*1]は、コロナ禍を経て、あらためて「学校は、学習機会と学力を保障するという役割のみならず、全人的な発達・成長を保障する役割や、人と安全・安心につながることができる居場所・セーフティネットとして身体的、精神的な健康を保障するという福祉的な役割をも担っていることが再認識された」と示しました。これは、日本の学校が学習指導のみならず、様々な場面を通じて、子どもたちの状況を総合的に把握して教師が指導を行うという、従来から教師が大切にしてきた生徒指導の実践が評価されたことのあらわれとも言えます。

　こうした実践は、いわゆる問題行動の指導といった「消極的な」「後追いの」生徒指導ではなく、教育課程全体を通じて、意図的・計画的に行われてきたものです。本章では、このことに着目し、教育課程全体で生徒指導を扱うとはどういうことなのか。学級経営や教科指導についての具体的な事例も交えながら考えていくことにします。

　[*1]　「2021年1月26日中央教育審議会答申「令和の日本型学校教育」の構築を目指して〜全ての子供たちの可能性を引き出す、個別最適な学びと、協働的な学びの実現〜」

第1節　教育課程の編成

1-1　教育課程とは

　教育課程とは、「学校教育の目的や目標を達成するために、教育の内容を生徒の心身の発達に応じ、授業時数との関連において総合的に組織した学校の教育計画」のことを言います。

　教育課程の編成について、関係する規定を中学校を例に見てみましょう。

学校教育法施行規則

第72条　中学校の教育課程は，国語，社会，数学，理科，音楽，美術，保健体育，技術・家庭及び外国語の各教科，特別の教科である道徳，総合的な学習の時間並びに特別活動によって編成するものとする。

第73条　中学校の各学年における各教科，特別の教科である道徳，総合的な学習の時間及び特別活動のそれぞれの授業時数並びに各学年におけるこれらの総授業時数は，別表第二に定める授業時数を標準とする。

第74条　中学校の教育課程については，この章に定めるもののほか，教育課程の基準として文部科学大臣が別に公示する中学校学習指導要領によるものとする。

別表第二（第七十三条関係）

区分		第1学年	第2学年	第3学年
各教科の授業時数	国　　　語	140	140	105
	社　　　会	105	105	140
	数　　　学	140	105	140
	理　　　科	105	140	140
	音　　　楽	45	35	35
	美　　　術	45	35	35
	保 健 体 育	105	105	105
	技 術・家 庭	70	70	35
	外　国　語	140	140	140
特別の教科である道徳の授業時数		35	35	35
総合的な学習の時間の授業時数		50	70	70
特別活動の授業時数		35	35	35
総授業時数		1015	1015	1015

備考
　一　この表の授業時数の一単位時間は、五十分とする。
　二　特別活動の授業時数は、中学校学習指導要領で定める学級活動（学校給食に係るものを除く。）に充てるものとする。

教育課程を編成するに当たっては、学習指導要領等に決められた各教科等の標準時数を確保することは大切ですが、もっとも重視しなければいけないことは、生徒や地域の実態にもとづく学校の教育目標を設定することにあります。教職員だけでなく、保護者や地域の学校評価、学校運営協議会の意見などをもとに、その学校の生徒の強みや課題を明らかにし、課題となっている点やさらに育成したい点などを学校の教育目標として整理していきます。

　そして、前述の規定及び学習指導要領に示される目標、内容にしたがって、各教科、特別の教科道徳、総合的な学習の時間、特別活動を時間割や行事計画として配置し、年間の学校教育計画に組み立てています。こうしてできあがった教育計画が教育課程の編成と言われるものです。

1–2　教育課程と生徒指導

　教育課程の編成及び実施に当たって、学習指導要領総則では、次の(1)〜(4)のとおり、「生徒の発達を支える」という生徒指導の視点に立つことの重要性が示されています。

中学校学習指導要領　第1章　総則　第4　生徒の発達の支援
1　生徒の発達を支える指導の充実
　教育課程の編成及び実施に当たっては，次の事項に配慮するものとする。
(1) 学習や生活の基盤として，教師と生徒との信頼関係及び生徒相互のよりよい人間関係を育てるため，日頃から学級経営の充実を図ること。また，主に集団の場面で必要な指導や援助を行うガイダンスと，個々の生徒の多様な実態を踏まえ，一人一人が抱える課題に個別に対応した指導を行うカウンセリングの双方により，生徒の発達を支援すること。
(2) 生徒が，自己の存在感を実感しながら，よりよい人間関係を形成し，有意義で充実した学校生活を送る中で，現在及び将来における自己実現を図っていくことができるよう，生徒理解を深め，学習指導と関連付けながら，生徒指導の充実を図ること。
(3) 生徒が，学ぶことと自己の将来とのつながりを見通しながら，社会的・職業的自立に向けて必要な基盤となる資質・能力を身に付けていくことができるよう，特別活動を要としつつ各教科等の特質に応じて，キャリア教育の充実を図ること。その中で，生徒が自らの生き方を考え主

> 体的に進路を選択することができるよう，学校の教育活動全体を通じ，組織的かつ計画的な進路指導を行うこと。
> (4) 生徒が，基礎的・基本的な知識及び技能の習得も含め，学習内容を確実に身に付けることができるよう，生徒や学校の実態に応じ，個別学習やグループ別学習，繰り返し学習，学習内容の習熟の程度に応じた学習，生徒の興味・関心等に応じた課題学習，補充的な学習や発展的な学習などの学習活動を取り入れることや，教師間の協力による指導体制を確保することなど，指導方法や指導体制の工夫改善により，個に応じた指導の充実を図ること。その際，第3の1の(3)に示す情報手段や教材・教具の活用を図ること。

この規定に見られるように、教育課程の編成・実施は、学級経営の充実、ガイダンスとカウンセリングによる生徒支援、生徒理解と学習指導、キャリア教育の充実、個に応じた指導など、まさに生徒指導と一体となってすすめられているのです。

さらに、生徒指導の目的を達成するため、生徒一人ひとりが自己指導能力を身に付けることができるよう、教育課程の各場面において、次の4つの視点を常に意識して指導をすすめていきます。

1) 自己存在感の感受
   学校生活のあらゆる場面で「自分も一人の人間として大切にされている」という自己存在感を生徒が実感することが大切です。
2) 共感的な人間関係の育成
   自他の個性を尊重し、相手の立場に立って考え、行動できる相互扶助的で共感的な人間関係を構築することが重要です。
3) 自己決定の場の提供
   生徒が自ら考え、選択し、決定する、意見を述べるといった自己決定の場を広げることが重要です。
4) 安全・安心な風土の醸成
   生徒一人ひとりが個として尊重され、学級・ホームルームで安全かつ安心して教育を受けられるように配慮する必要があります。他者の人格や人権をおとしめる言動、いじめ、暴力行為などは決して許されるものではありません。

1–3　主体的・対話的で深い学びと生徒指導

　学校の教育活動をすすめるに当たって、学習指導要領では、主体的・対話的で深い学びの実現に向けた授業改善を通して、生徒に生きる力を育むことが強調されています。

　次の**図表1**を見てみましょう。

図表1

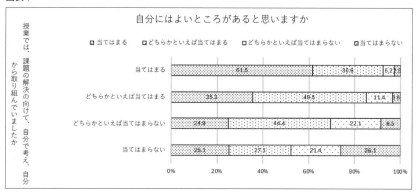

　このグラフは「令和6年度　全国学力・学習状況調査」の中学校の生徒への、「自分にはよいところがあると思いますか」という質問と、「授業では、課題の解決に向けて、自分で考え、自分から取り組んでいましたか」という質問に対する回答をクロス集計したものです。結果を見ると、「自分にはよいところがある」に肯定的な回答をした生徒ほど、授業の課題に対し、主体的に取り組んでいる割合が大変高いということがわかります。

　同じ調査の**図表2**は、「自分と違う意見について考えるのは楽しいと思いますか」という質問と、「話し合いで考えを深めたり、新たな考え方に気づいたりしますか」という質問に対する回答をクロス集計したものです。

　この質問についても「異なる意見について考えることが楽しい」に肯定的な回答をした生徒ほど、生徒間での対話的な取り組みにより自身の思考を深めている割合が高いことがわかります。

　主体的・対話的で深い学びの実現は、各授業の中で行われるだけでなく、教育活動全体の中で、自己肯定感を育むことやより良い人間関係の形成といった生徒指導の観点からのさまざまな取り組みにより、大きな効力を生み出すのです。

図表2

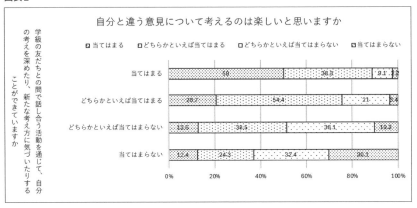

　また、反対の見方をすれば、授業において主体的・対話的で深い学びの実現をすすめることにより、生徒指導が目指す自己指導能力の育成に大いに効果があるという相関する関係が読み取れます。各教科の授業や特別活動などでの取り組みと生徒指導を別々に考えるのではなく、一体となりすすめることの意義がここにあります。

第2節　学級経営と生徒指導

　生徒たちは学校生活のほとんどを学級単位で過ごします。各教科の授業をはじめ、特別の教科道徳や総合的な学習の時間、特別活動などの教育課程内の教育活動の多くも学級を基礎単位として展開されます。生徒たちはそこで人間関係を学び、仲間とともに成長を感じあい、学級がかけがえのない居場所となっていきます。そのため、「学級はすべての教育活動の基盤となる」といわれています。さまざまな教育活動の成否は学級の状態に左右されると言っても過言ではないでしょう。
　こうした学級経営をすすめるため、その中心となる「学級担任の役割」はとても重要です。生徒指導の観点から、学級経営をすすめる上で大切なことを整理してみましょう。
1）生徒を多面的に理解すること
　生徒理解は生徒指導を行う上での土台となる大切な事項です。学級担任は

日ごろのきめ細かい観察を大事にするとともに、アンケート調査や教育相談等のさまざまな方法により生徒を多面的に理解することに努めます。個々の生徒や集団となった時の生徒たちの「小さな変化」に気づき、対応できる力を身につけましょう。特に、教室内の比較的おとなしい生徒や目立たない生徒の様子を常に気にかけておくことが大事です。

2) **望ましい生活習慣や規律を身につけさせること**

　あいさつ、時間を守ること、身だしなみを整えることなどの基本的な生活習慣に関することや、望ましい集団生活を維持していくための決まりや約束事に関することについての指導を行います。ただし、教師の一方的な指導にならないようにすること、生徒たちが自ら約束事を守ろうとする態度を育てることが大切です。

3) **学級を民主的・自主的な集団に育てること**

　学級の生徒たちが協力し合い、話し合い、さまざまな課題に対し、自分たちで解決していけるようなよりよい集団を育てましょう。そのためには係活動や行事などを通して全員のよいところが発揮できる機会を設けたり、日常的に話し合い活動を充実させたりすることが大切です。

　また、教師自身が人権感覚を磨き、一人ひとりが尊重され、差別やいじめがないかという視点で、常に学級の状態を見守っていくことを忘れてはなりません。

4) **教室の生活環境を整えること**

　教室は生徒が一日の多くの時間を過ごす場所となるため、その環境は毎日の学習活動ばかりではなく、生徒たちの人間形成にも大きな影響を与えます。掲示物やロッカーは整理されているか、床にゴミがなく、机は整頓されているかなど、細かな点に気を配るとともに、生徒たちが清掃活動をはじめ、すすんで教室環境を整えようとする態度を育てていきましょう。

5) **家庭との連携や協力を図ること**

　生徒の健やかな成長を支えるために家庭との連携はかかせません。日常的に学校であった出来事などの情報提供に努めたり、生徒の小さな変化についていつでも相談し合えたりする風通しのよい関係づくりをすすめましょう。

6) **学級事務の能率的な処理を行うこと**

　学級担任は生徒指導要録への記入など、多くの生徒の指導に関する記録や管理を担当しますが、日常のなかで学級で起きた事案についての記録と報告は、生徒指導を組織的にすすめる上で重要です。早期発見から適切な初期対

応につなげるためにも「後回し」にすることなく能率よくすすめていきましょう。

※**事例から考えましょう**
　実際の学級経営は年間指導計画にそって展開されていきますが、特に4月の出会いの時期の指導は大切です。次の事例1の、学級担任の対応について考えてみましょう。

> **【事例1】**
> 　4月、私は中学校1年生の学級担任を任されることになりました。生徒たちは、入学式の翌日から自己紹介や学級目標、学級組織づくり、教科ごとに違う先生の授業のはじまり、部活動の見学など、とても忙しい日課に追われています。さらに春の校外行事の準備もはじまりました。担任としてもやらなければならない事に追われ、ゆっくり話をする間もありません。
> 　そのような中、生徒一人ひとりの特徴や個性も次第にわかってきました。気になったのは学級の中に軽度の発達障害を持つ生徒がいることです。小学校からの申し送り事項からある程度の情報はあったものの、特定のものへのこだわりが強く、教室内でも一人で過ごしていることが多いようです。
> 　それから3週間ほどたったある日。私が教室に入った時、クスクスといった笑いや陰口など、あきらかにその生徒をバカにするような意地悪な雰囲気を感じました。
> 　なぜそんなことをするのか、放課後に数人の生徒に理由を問いただしたところ、「別に……」「俺は言ってない」などとはぐらかします。はっきりとした確証もつかめないまま、結局うやむやになってしまいました。

　この事例にある学級担任の対応で気になる点がいくつかあると思います。
　はじめに、生徒たちに学級担任としての考えや願いをしっかり伝える必要があるということです。中学校に入学したばかりの生徒たちの不安によりそいながら、このクラスをお互いに認め合い支え合える思いやりのあるクラスにしたいという担任としての思いを伝えるべきだと思います。そして、そのために生徒たちにどうあってほしいのか具体例などを示しながら、繰り返し

話していきます。そうすることで、生徒たちの中に、このクラスの中で大事にしたいこと、やってはいけないことなどがはっきりしてきます。また、他を思いやろうとする態度が醸成されていきます。このことは4月の学級開きの時期だからこその大事な点だと思います。

次に、<u>軽度の発達障害を持つ生徒への対応</u>です。特別支援教育やインクルーシブ教育への理解がすすみ、通常の学級に発達障害を持つ生徒が複数在籍し、教室内でともに学ぶことは当たり前になっています。それとともに、その生徒の特性について「個別の支援教育シート」を作成し、保護者や他の教職員とも支援内容を共有し、当該生徒および周囲の生徒への指導にあたる必要があります。その生徒の持つ特性について周囲の生徒にどの程度伝え、理解を得るかについては慎重に行うべきですが、共生社会の理念をもとに、共に助け合い認め合うことの大切さを機会あるごとに生徒に話していきたいものです。

次に、教室内で感じた雰囲気とその後の対応です。担任教師は確かにいつもとは違う違和感を感じ、対応しようとしたのですが、うまくいきませんでした。<u>学級担任には「共感的・受容的態度」と「毅然とした態度」の2つの顔が必要だ</u>と言われます。生徒たちからよく話を聞き、共感的に接し、どの生徒にも寄り添っていく姿勢が大切なことはもちろんですが、教室の中で、他を排除しようとする空気は絶対に許してはいけないことであり、それが小さな芽のうちに対処しなければいけません。このケースの場合、事例文からその場の状況を正確に把握することは困難ですが、担任教師は普段の笑顔ではなく、その場で毅然とした態度で、それはおかしい行為であると指摘するべきだったと思います。生徒たちは普段は親しみやすい先生の厳しい声を聞きハッとするでしょう。

「叱る」という行為は難しいものですが、時機を逸せず、ダメなものはダメと言うことはとても大事なことです。生徒たちは「正しく叱ってくれる先生」を信頼していくものなのです。

この事例にあるように、4月当初は本当に慌ただしい毎日です。しかし、やらなければいけないことに追われ、生徒への指導を後回しにしたり、おろそかにしたりすると、学級の状態はどんどん思わしくない方向にすすんでしまいます。さらに、今日の学校での生徒たちの抱える課題は多岐にわたり、その内容も複雑になってきています。

そのためにも、「どのような学級づくりをしたいのか」という学級経営の目標をもとに、具体的な方法や内容をあらかじめ整理しておく必要があります。また、さまざまな課題に対して、未然防止や早期発見に努めること、けっして一人で問題を抱え込むことなく、他の教職員と連携しながら組織的な対応を行うことが大切です。

第3節　教科の指導と生徒指導

　生徒たちの一日の時間のほとんどが各教科での授業であることを考えれば、授業はすべての生徒を対象とした発達支持的生徒指導の場[*2]であるといえます。ここでは生徒指導の観点をふまえ、教科の指導をすすめる上で大切なことを整理してみましょう。

1）わかる授業を行い、主体的な学習態度を育成する
　各教科の授業において「自ら考え、判断し、行動しながら問題を解決していく力」を育てることが大切です。そのためには、とかく教師の説明が中心となっていた授業を、生徒の活動を中心に置く授業展開に転換していく必要があります。「わかる」とは生徒自らの力によってつかみとっていくものなのです。

2）共に学び合うことの意義と大切さを実感させる
　授業において、互いに認め合い・励まし合い・支え合える学習集団づくりを促進していくことが大切です。小グループでの話し合いや教え合いなどを通して、生徒は自己理解を深めるとともに共感的な人間関係を育んでいきます。

3）わからなくてつらいことへの理解
　わからないまま授業がすすんでいくつらさは誰しも経験したことがあると思います。こうしたことを放置すると、次第に授業に集中できなくなり、授業エスケープなどの問題行動につながったり、ひいては不登校やドロップアウト（中途退学）などの要因になったりすることもあります。わからなくなっている生徒に共感的に接するとともに、つまずきの原因の解決に寄り添っていく姿勢が必要です。

4）授業規律を形成し、それを維持すること
　教室は誰にとっても安全・安心な居場所であるはずです。授業中の私語や

教室環境の乱れは必ず学習に影響するばかりでなく、生徒はこのぐらいは許される、この先生は全然注意しないなどの授業規律のゆるみを生み、そのままにしておくと、授業が成立しなくなります。生徒自身に学習環境を整えることへの自発的な取り組みを促すとともに、授業者として時には毅然とした態度で対応することが大切です。

※事例から考えましょう

次の事例2では新任の先生が教科の指導に熱意をもって取り組みますが、次第に生徒たちとの間に溝が深まってしまいました。どうすればよかったのでしょうか。考えてみましょう。

【事例2】

新採用教員として中学2年生を受け持つことになった私は、特に教科指導に関して情熱をもって取り組んでいた。私が担当する数学の授業では、週3時間の配当時間数では足りないぐらい、教えなければならない内容がたくさんある。私は効率よく授業をすすめるために、教科書の例題について、あらかじめ重要事項を整理したプリントを作成したり、生徒たちが覚えやすいように重要語句は色チョークで囲んだりしながら、1分でも時間が無駄にならないように授業をすすめていた。練習問題をたくさん解くことも習熟する上で欠かせないので、授業でできない部分はすべて宿題にした。そして、入試問題を研究し、「ここはテストに必ず出る」ことを強調したりした。

ところが、授業アンケートをとって生徒に授業の感想を求めたところ、私の授業は一部の数学好きの生徒からは「わかりやすい」と人気があったものの、大多数の生徒からは「これを覚えて何の役に立つのか」「授業がわからない」「数学はつまらない」といった声があがり、私はショックを受けた。次第に宿題の提出率も下がり、授業中に教科書も開かずボーッとしている生徒や居眠りをする生徒まであらわれてきた。

事例の文からは、どの程度、教師と生徒の双方向のやり取りがあったのか読み取りにくいですが、教師主導の知識理解中心の授業の印象を強く感じます。今日の授業は、主体的・対話的で深い学びの実現に向けた授業改善が求められています。知識や技能の習得はもちろん大事なことですが、学んだ知

識・技能を活用して、思考・判断・表現する力やすすんで自分の生活に生かしていこうとする態度の育成が大切です。そのためにも、生徒指導の目的である「生徒の発達を支援する」という考えに立ち、生徒自らが学習課題を設定したり、解決方法を考えたりしていけるようにサポートすることが大切です。

次に授業内容につまずきがある個々の生徒への対応です。中学生ともなれば集団の中での習熟度の差が次第にはっきりとしてきて、遅れがみられる生徒は置き去りにされがちです。つまずきの原因がどこにあるのか、場合によっては、生徒個々の発達上の理由や家庭環境、友人関係の悩みなど、生徒指導の面からアプローチしていく必要もあります。多くの生徒は授業を「わかりたい」「参加したい」「認められたい」という願いを持っています。生徒理解をもとにした授業方法の改善や個々の生徒への対応が大切です。

さらに気になるのは「ここはテストに必ず出る」という言葉です。この言葉は生徒の集中力を一時的に高める魔法の言葉のような効力がありましたが、問題はないのでしょうか。

次の図表3と図表4を見てみましょう。これは、国際数学・理科教育動向調査TIMSS[*3]の2019年調査の結果を示したものです。中学校において、「数学を勉強すると日常生活に役立つ」「数学を使うことが含まれる職業につきたい」と答えた生徒の割合は、国際平均を下回り、かなり低い状態であることがわかります。

図表3 数学を勉強すると日常生活に役立つ

図表4　数学を使うことが含まれる職業につきたい

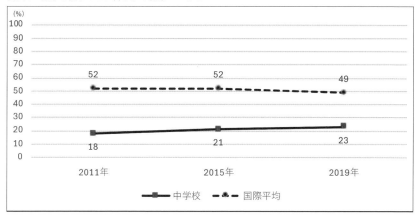

　生徒にとって大事なことは、この学習が日常生活に役立ったり、自分の将来につながったりしていることを実感することです。「テストに出るから」「成績に関係するから」という言葉ではなく、「今回学んだことは大人になった時に、こうした場面でとても役に立つよ」などの言葉かけが大事です。生徒自身が学ぶことの意義を実感できる授業づくりを常に意識していくことが大切です。

　＊2　2022年に改訂された「生徒指導提要」において示された2軸3類4層の生徒指導の支援構造のうち、すべての児童生徒を対象とした第1層に位置し、生徒指導の基盤となるもの。
　＊3　TIMSSは、国際教育到達度評価学会（IEA）が、児童生徒の算数・数学、理科の教育到達度を国際的な尺度によって測定し、児童生徒の教育上の諸要因との関係を明らかにするため、1995年から4年ごとに実施されている。

第4節　道徳、総合的な学習(探究)の時間、特別活動と生徒指導

　教育課程内の「道徳」「総合的な学習（探究）の時間」「特別活動」の各教育活動には、それぞれ固有の目標や内容がありますが、それらはすべて生徒指導の目的と密接な関係があります。ここでは、生徒指導提要の記述をもとに、その要点を整理していきます。

4–1　道徳教育と生徒指導

　道徳教育と生徒指導はいずれも児童生徒の人格のよりよい発達を目指すものであり、学校の教育活動全体を通じて行うという点で共通しており、相互に密接な関係にあります。たとえば、道徳教育で培われた道徳性が、日常生活の中で実践されることにより確かなものになり、自己実現につながったり、逆に日常生活の中で望ましい生活態度を身につけたりすることにより、道徳性を養うことにつながります。したがって、道徳教育で培われた道徳性を、生きる力として日常の生活場面に具現化できるよう支援することが生徒指導の大切な働きとなります。

　今日、「いじめ」をはじめとして生徒指導上の課題が複雑化、深刻化しており、教育現場では、どうしても課題対応に追われることになりがちです。しかし、このような対処療法としての生徒指導だけでは、生徒の健全な成長を図るという教育本来の機能を十分に果たすことができません。道徳科を要とする道徳教育と生徒指導、両者の相互の関係をさらに一歩進めて、道徳科の授業の一層の指導改善を図り、確かな道徳性の育成に支えられた発達支持的生徒指導の充実が求められています。

4–2　総合的な学習(探究)の時間と生徒指導

　総合的な学習(探究)の時間においては、他の教科等以上に、知識や技能を自ら求めていく姿勢が重視されている点や、主体的・協働的に探究に取り組むとともに互いのよさを生かしながら、積極的に社会に参画しようとする態度を養う点など、生徒指導の定義にある「社会の中で自分らしく生きることができる存在へと児童生徒が、自発的・主体的に成長や発達する過程を支える」ことと通ずるものがあります。総合的な学習(探究)の時間を充実させることが、生徒指導の目標に直接又は間接に寄与することになると言えます。

　探究のプロセスを意識した学習活動において、教員には、生徒一人ひとりが持つ本来の力を引き出し、伸ばすように適切に支援することが必要になります。生徒の主体性が発揮されている場面では生徒が自ら変容していく姿を見守り、学習活動が停滞したり迷ったりしている場面では、その状況に応じて、適切に働きかけることが重要です。これらの指導は、発達支持的生徒指導に他なりません。総合的な学習(探求)の時間を充実させることは、その目標を達成するに留まらず、自己指導能力の育成にもつながり、ひいては生徒指導の充実を図ることにもつながると言えます。

4–3　特別活動と生徒指導

　特別活動は、学級・ホームルーム活動、生徒会活動、学校行事の3つの内容から構成されており、それぞれ集団活動を通して、「人間関係形成」「社会参画」「自己実現」の3つの資質能力の育成を目指しており、次の視点から生徒指導の目的に直接迫る学習活動であると言えます。

①所属する集団を、自分たちの力によって円滑に運営することを学ぶ
②集団生活の中でよりよい人間関係を築き、それぞれが個性や自己の能力を生かし、互いの人格を尊重し合って生きることの大切さを学ぶ
③集団としての連帯意識を高め、集団や社会の形成者としての望ましい態度や行動の在り方を学ぶ

　特に「いじめ」「不登校」等といった生徒指導上の課題に対して、未然防止等も踏まえ、生徒一人ひとりを尊重し、互いのよさや可能性を発揮し、生かし、伸ばし合うなど、よりよく成長し合えるような集団活動を展開することが求められているのです。

【参考・引用文献】
文部科学省（2022）「生徒指導提要」．
文部科学省（2010）「生徒指導提要」．
文部科学省（2017）「中学校学習指導要領解説　総則編」．
国立教育政策研究所（2024）「令和6年度　全国学力・学習状況調査　報告書・調査結果資料」．

第3章
チーム学校による生徒指導体制

　令和4年に改訂された生徒指導提要では、生徒指導を進めるにあたって「チームとしての学校」の重要性が強調されています。本章では、筆者が校長職を務める相模原市立公立中学校の実践をもとに、学校がチームとして、どのように教育活動を進めているのか具体的に述べていきたいと思います。

第1節　チーム学校における校内体制

　いじめや不登校、貧困など、生徒を取り巻く問題や課題が複雑化・多様化する中、「チームとしての学校の在り方と今後の改善方針について」が中央教育審議会により答申されました（平成27年12月）。「チームとしての学校」が求められる背景としては、次の3点が挙げられています。
　①新しい時代に求められる資質・能力を育む教育課程を実現するための体制整備
　②児童生徒が抱える複雑化・多様化した問題や課題を解決するための体制整備
　③子どもと向き合う時間の確保等（業務の適正化）のための体制整備
　これらの課題を解決するには、教師一人一人や学校だけで対応することは難しく、学校のマネジメント機能の強化と地域社会との連携が求められています。生徒の健全な成長や発達を保障し、生徒自身が自己実現を図るためには、教師一人一人が専門性を発揮するとともに、専門スタッフをはじめ、地域社会の様々な人たちが学校の教育活動に参画し、教師と協働・分担を図り、チーム一丸となって生徒を支えていくことが必要です。

1–1　校内体制の構築
　各学校には、学校運営における校務を、すべての教職員が協力体制のもとに役割分担した組織（校務分掌）があります。本校では教務部、指導部、管理部と大きく3つのグループにわかれ、その中でも生徒の育成に直接かかわる

図表1　本校校務分掌図

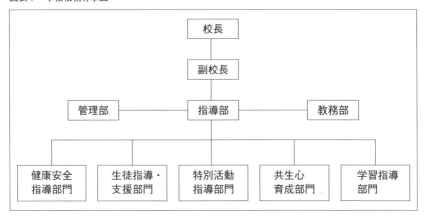

　指導部は、さらに学習指導部門、共生心育成部門、特別活動指導部門、生徒指導・支援部門、健康安全指導部門の5部門からなっています。それぞれの部門は、教師一人一人が持てる力を発揮し、生徒や生徒を取り巻く実態に応じて1年間を見通した指導計画を立て実践するとともに業務の効率化にも努めています。

　新しい時代に向けて子どもたちに必要な資質・能力を育成するためには、学校での学びと実生活や社会生活とを関連させ、自らが学ぶことに対する意義や意味を見いだすことが重要です。生徒自らが学ぶことに対する意義や意味を見いだすためには、すべての教育活動を通して、この学びやこの活動が将来このようなことに役立つということや、このような場面で必要な力になるという有用性を感じ取ることが大切です。そのために、本校が教育活動を進める上で、重点としているのは「キャリア教育の推進」と「校内研究の充実」です。

1）キャリア教育の推進

　生徒自身が自己実現を図るためには、社会的・職業的自立に向けた資質・能力を育てることが必要です。本校では、特に特別活動指導部門と共生心育成部門が中心となって、小学校や地域と連携したキャリア教育の推進を図っています。

　中学校区にある2校の小学校とは「小中一貫の日」や「小中連携教育推進会議」など定期的な集まりを通して連携を深め、本市が求める「共に認め合い現在と未来を創る人」の姿を、9年間の見通しを持つ中で育てようとして

います。そのために中学校では地域の方や関係機関の協力を得て、1年次の福祉講話や福祉体験講座、2年次の職場体験や平和講話、3年次の進路学習会や心や体の健康にかかる講演会などを実施しています。生徒自らが主体的に進路を選択し、将来社会で自己実現ができるよう積極的にキャリア教育の推進を図っています。

2) 校内研究の充実

校内研究とは、学校の教育課題の解決を図るために教師が協働で取り組む研究活動であり、研究を通して教師一人一人が指導力の向上を図ることを目的としています。本校の校内研究では「つながる力を意識した教科指導」をテーマに、キャリア教育における人間関係形成・社会形成能力を意識した教科指導を展開しています。具体的には「課題解決の仕方がわからない生徒につながる力」「生徒が自分自身で教員やクラスメイトにつながる力」「周りの生徒たちがわからない生徒につながる力」の3つの「つながる力（共に生きる力）」を、教科指導を通して身に付けさせる授業実践を行っています。そのためには教師自身も従来の一斉型の授業からの脱却が必要となっています。

3) 生徒たちと向き合う時間の確保

生徒が抱える問題や課題の複雑化・多様化が進むにつれ、教師には生徒一人一人に向き合うための十分な時間の確保と気持ちの余裕が必要になっています。本校では教師の負担感が大きいとされる部活動について、本市が示す部活動指針（朝練習はなし、平日は3日間2時間程度、土日はどちらか1日3時間程度）とともに独自に2学期・3学期の活動時刻を最長16時45分までとし、完全下校を17時としました。さらに、部活動技術指導者など地域の方の協力をはじめ、教師の事務仕事の補助をするスクールサポートスタッフの活用や、留守番電話の設定、ICTの積極的な活用などを行い、生徒と向き合う時間や保護者との面談やその準備、さらに教師間の情報共有の時間の確保などにつなげています。

4) 地域社会や関係機関との連携

時代とともに子どもたちの多様化が進み、生徒一人一人が抱える困難や課題と向き合い、解決をするためには、教職員間はもちろん地域社会の人たちや関係機関との連携や分担が重要です。

本校では、民生委員・児童委員の方に毎月2回「朝のあいさつ運動」に来ていただき、朝8時から生徒の登校が終わるまで、正門・裏門・西門に分かれ、生徒とあいさつを交わしながら見守りをお願いしています。小学生の頃

に関わりのあった家庭の生徒や気になった生徒への「おはよう」「元気だった？」「今日は暑くなるからね」などの温かい声かけは、一日の始まりに安心感を与えてくれます。さらに、民生委員・児童委員の方とは情報交換を行う中で、学校ではできないような家庭の見守りや訪問などの協力をいただいています。

また、地域で開かれる「安全・安心まちづくり推進協議会」や「青少年健全育成協議会」などの会合では、校長や生徒指導主任が参加して、学校や生徒の様子を積極的に伝える機会にしています。会合のメンバーである地域の方には話を聞いて、気になることを一緒に考えたり、校外や休日の見守りを行ったり、地域へ戻った子どもの支援や見守りをしていただいています。

さらに、現在は、かつてのような校内暴力や器物破損といった生徒による問題行動は見られなくなりましたが、深夜徘徊や喫煙など非行はなくなっていません。繰り返される生徒の触法行為については毅然とした姿勢で臨み、教育委員会の生徒指導担当課へ相談するとともに、ケースによっては健全育成や犯罪の未然防止の観点から警察とも連携し生徒や保護者に対して指導をしてもらうこともあります。

1-2　生徒指導体制

生徒指導は、「生徒が社会の中で自分らしく生きることができる存在へと自発的・主体的に成長や発達する過程を支える教育活動」と定義されています。ですから教育課程の内外を問わず、全職員がすべての教育活動を通して生徒を支えていく必要があります。そのためには組織的・体系的に取り組むための、生徒指導主任を中心とした生徒指導の組織が機能しなければなりません。

本校では毎年4月の初めに、生徒指導・支援部門が中心となり、生徒指導・支援の研修会を開催し、指導の方針と基準を確認して共通理解を図るところから一年をスタートします。また、前年度までの反省を活かし、生徒の実態に合わせた改善点を盛り込んだ「指導の重点」を全教職員で確認し、同一歩調で指導にあたるようにしています。

1）生徒指導会議の役割

毎週行われる生徒指導会議では、様々な情報の共有とともに、生徒指導全般にわたる、企画・運営やきまり・ルールの検討なども行うことから、会議のメンバーは、生徒指導・支援部門長、支援教育コーディネーター、各学年

の生徒指導担当とともに管理職も参加しています。

後述する学校のきまりとルールについては、社会通念上合理的なものであるか、生徒・保護者に説明できるものになっているか、常に見直しを行う必要があり、生徒指導会議は重要な役割を担っています。

2）生徒理解と校内研修

教師によって指導にズレが生じないよう、方針やきまり・ルールについての共通認識を深め、一貫性のある指導を心がけています。あわせて生徒理解に努め、問題が起きたときには、原因探しのみをするのではなく、問題の本質や背景を探り、問題の根本的な解決を図ることを大切にしています。

毎年4月の初めに、方針ときまりやルールの共通認識を図るとともに、生徒理解のために、生徒一人一人にかかる配慮事項を確認することも欠かすことのできない大切なことです。特に新入生については、保護者から提出された、生徒一人一人の教育的ニーズにあった支援を行うための「個別支援シート」の内容をよく理解しておく必要があります。あわせて、生徒に寄り添った指導・支援が進められるよう、その技法や人権にかかる校内研修を年間を通して計画的に実施しています。

　　※研修会の例
　　2024年3月「人権尊重の視点に立った学校づくり・子どもの人権」
　　2024年4月「生徒への適切な接し方」
　　2024年8月「やる気を引き出す魔法の言葉・ペップトーク」

3）特別活動指導部門との連携

生徒が、主体的に学校生活を営み、目の前にある課題を正しく判断して解決できるようにするためには、自らがルール作りや見直しに参画して、その根拠や影響を考えさせる経験が重要です。そのために本校では、生徒の主体性の育成に重きを置き、きまりやルールの見直しを行う際には、生徒指導・支援部門だけで検討するのではなく、学級活動や生徒会活動を担当する特別活動指導部門との連携を図りながら進めています。

1-3　生徒指導と教育相談

生徒指導と教育相談（教育支援）は、ともに生徒の健全な成長を促し、社会的な自己実現を図っていくという部分では目的は一緒です。また、教育相談（教育支援）は生徒指導の1つの大きな役割を担っているので、それぞれが垣根を越え一体化させて進めていく必要があることを全職員で認識することを

大切にしています。

1) 相談指導体制

　教育相談では、個々の生徒自身の成長への気づきを促し、その望ましい在り方を助言することが大切です。その方法として、全校生徒を対象とした個別の「定期相談」と、教師があらゆる機会を捉え、生徒が困難を抱え悩んだときに素早く相談するように促す「チャンス相談」を行っています。

　また、専用の相談室には週2回スクールカウンセラーが来校し、相談したい生徒は学級担任を通して申し込んだり、休み時間や放課後に直接相談室を訪ねたりして、スクールカウンセラーにつながり、悩みを相談することができます。

2) 教育相談(定期相談)

　本校では、学級担任による教育相談を毎学期に1回、年間3回実施しています。充実した教育相談にするために、事前に「教育相談アンケート」を実施し、準備をしっかりと行ってから臨みます。教育相談は学級担任が基本ですが、生徒から担任以外の先生に相談したいという要望があれば全職員が誰でも対応できるようにしています。

　アンケートの内容は、生活、学習・進路、家庭生活に項目をわけ、いじめや教師の気になる指導などについても回答できるよう設問を設けています。またアンケートはノートPC（一人1台の学習端末）を活用して実施し、朝読書の時間を使って回答することになっていますが、家庭にノートPCを持ち帰った機会に周りの友達を気にすることなく回答することもできるようにしています。

　この「教育相談アンケート」の他にも、2か月に1度実施する「生活アンケート」があり、いじめの早期発見、不登校の未然防止に役立てています。

1-4　校内支援体制

　支援が必要な生徒や不登校生徒が増える一方で、教職経験の少ない若い先生も増え、学級担任が課題を一人で抱え一人で解決することは難しくなっています。そのような状況の中、あらたな対策として、校内支援体制の整備を進めてきました。

1) 生徒支援会議

　近年、家庭環境支援や学習支援、発達に関する課題など、生徒支援にかかる課題が多くなってきており、生徒支援も生徒指導と一体となり組織的に対

応することが求められています。
　本校では、生徒指導会議とは別に生徒支援会議の時間を設定していますが、両会議とも生徒指導・支援部門長がチーフを務め、共通の会議資料により生徒の情報交換や個別事案の解決に向けてのカンファレンスを行っています。
　生徒支援会議のメンバーは、生徒指導・支援部門長、支援教育コーディネーター、教育相談担当、各学年の生徒支援担当、特別支援学級主任、不登校支援ルーム担任、スクールカウンセラー、スクールソーシャルワーカー、管理職など幅広い人たちで構成しています。

2) 支援教育支援員の活用
　本市では、個別の学習支援が必要な生徒に対して別室や授業の中で生徒の隣について個別に支援を行う支援教育支援員が全校に配置されています。
　本校での支援教育支援員の活用は、支援教育コーディネーターが中心となり次の通りに進められています。
　①学習に困難を感じている生徒本人、あるいは教科担当教員からの申し出
　②生徒支援会議での検討
　③生徒本人と保護者の了解
　④職員会議での、全職員の共通理解
　⑤支援教育コーディネーターが時間割を調整し、支援教育支援員に支援計画を提出
　⑥週1・2回程度、1日1時間程度、個別指導を実施
　⑦個別支援の終了は、学級担任、教科担当、生徒指導・支援部門、支援教育支援員で検討
　支援教育支援員による個別の学習支援は、学習を苦手としている生徒にとって、大きな支援と自信につながっています。

3) 不登校支援ルーム(STEPルーム)の運営
　本校では、登校をためらいがちな生徒に対して、通常登校のきっかけや学校とのつながりを保つことを目的に、不登校支援ルーム(STEPルーム)を校内に設置しています。本校のSTEPルームの運営は、市のモデル校としての指定を受け、加配された会計年度職員を担任として配置し、開室中は職員の常駐が可能になりました。また、開室中は学習指導にあたる教師がもう1名加わり、毎時間2名体制で運営にあたっています。
　本校での、STEPルームの運営は生徒指導・支援部門長(兼:登校支援担当)を中心に次の通りに進められています。

①開室時間
- 平日8時50分〜　朝の会から昼食時間終了まで（午前中3校時）
- 月曜日、水曜日は5校時の総合的な学習の時間や学級活動に参加する生徒のために4校時まで開室
- 生徒の状況に応じて、登校する曜日や時間が設定できる

②職員体制
- STEPルームの担任（会計年度職員を専属配置）
- 学習支援教員（教員1名が毎時間、学習指導）
　※登校支援担当職員は1日1時間、学習指導にあたるとともに、STEPルーム運営の確認と改善を行う

③支援の体制
- 個別学習と集団での学習や様々な活動ができるよう、机の配置を工夫する
- 個別学習や集団に入れない生徒のためにパーテーションやカーテンなどの仕切りを設置する
- 出欠席の状況は、職員専用の掲示板を見て確認できるシステムになっているので、学級担任や教科担当が必要なときにSTEPルームに行って生徒に会うことができる

④通室までの流れ
- 登校支援担当職員、学年職員が通室が必要な生徒についての状況を整理し、生徒支援会議またはケース会議にて通室の判断を行う
- 職員会議で通室生徒の共通理解を行う
- 生徒と保護者は登校支援担当職員、支援教育コーディネーター、STEPルーム担任と教室の見学や面談を実施する
- 本人の通室したいという意思を確認して通室を開始する

⑤その他
- 生徒一人一人に応じた支援計画を作成し、学年職員や支援会議で情報共有を図り、保護者との面談を実施する
- 支援教育コーディネーターを中心に他機関との連携する（教育委員会設置の適応指導教室やサポートルームなど）

4）ケース会議と専門機関との連携

　校内での支援や解決が難しい事案では、外部の専門機関と連携を図り管理職も入ってケース会議を開きます。情報は個人情報を含み、また一元的に管

理する必要があるので、外部との窓口は生徒指導・支援部門長か支援教育コーディネーターが務めます。会議に参加するスクールカウンセラーをはじめ、教育委員会担当職員、市役所の福祉担当職員、児童相談所、警察など、それぞれの機関が専門性を生かし、また守秘義務を負っているので、協働して解決にあたります。

ただし、関わる機関が多くなれば参加者や会議日の調整などに時間がかかります。スムーズな解決につなげるためには、ケース会議の出席者の人選や、ケースによってどの機関が中心となって進行するのか、どの機関がいつまでに何をしておくのかなど、しっかりと役割や期間の確認をしながら進める必要があります。

1–5　危機管理体制

学校は、安心で安全なところでなければなりませんが、事件・事故・災害など潜在的な危険で満ちています。例えば、生徒間暴力、窓ガラスの落下、交通事故、実験中の火災、食中毒、不審者侵入、地震など様々な危険が考えられます。学校はこれらの危険に対して、未然の防止とともに、万が一起きてしまったときに備える必要があります。

1）学校危機の未然の防止

危機管理については、全教職員で研修や訓練を通して安全への備えと意識を高め、市が作成している「学校安全の手引」とともに、学校が作成した危機管理マニュアルを共通理解しておく必要があります。本校では、学校における危機管理・防犯マニュアルを作成し、これを基に健康安全指導部門が中心になって保健、防災、食育にかかる具体的なマニュアルや避難訓練の要項等を作成します。具体的には、「防災安全計画」「危機管理マニュアル（不審者）」「ストーブの使用について」「事故発生時の措置（保健関係）」「アレルギーへの対応」「熱中症対策」「避難経路図」など、想定される危険に対して、それぞれに対策・対応が図られるようにフローチャート等を用いてわかりやすく示されています。これらのマニュアルは、毎年4月の最初の職員会議の中で全職員で確認します。

2）避難訓練

本校では、生徒が参加する訓練を、年5回実施しています。地震や火災を想定した避難訓練を2回、小中合同の保護者引き渡し訓練を1回、災害や事件発生時の集団下校訓練を2回実施し、万が一に備え安全に避難する方法の

確認や危機意識の向上を図っています。特に避難訓練では、1回目に避難経路の確認と避難完了後の点呼や報告方法の確認、2回目はより実践的に、地震発生時刻を一部の教員しか知らない状況や放送機器が使えない状況などの想定で実施し、緊急時の生徒と教職員の臨機応変な対応訓練と危機意識の向上につなげています。

3）台風や積雪への対応

　台風や積雪による学校や生徒の安全への影響とその対応は、近年の極端な天候不順から判断が難しく、毎年の課題となっています。災害の影響が夜中に出るのか、日中の授業中なのか、登下校中にあたるのか、様々なケースが考えられます。それにより登校時刻を変更するのか、授業を切り上げ下校させるのか、保護者・家庭への連絡をどのようにするのか、学校は様々な判断をしなければなりません。

　最終的には、生徒の安全とともに施設の被害状況なども含め、天候を見極めながら総合的に判断します。家庭への連絡方法は、学校のホームページなどを通じて、できる限り事前に生徒や保護者に伝えておくと安心です。また、近隣の小学校に兄弟姉妹が通っている生徒もいるので、判断にあたっては、小学校とも協議をして決定します。

　いずれにしても台風や積雪の影響は地形や環境によって大きくかわってくるので、学校ごとに事前に対応を考えておく必要があります。

4）安全点検

　校内の各教室、施設には防火責任者が決まっています。防火責任者は毎学期に1回、床に捲れはないか、天井から照明器具は落下しないかなど、点検表に基づき安全点検を実施します。安全点検の業務は管理部が担当し、集約した危険箇所の有無は副校長に報告されます。修繕が必要な場合は、ただちに学校技能員に依頼し修繕にあたりますが、難しいケースの場合は教育委員会の担当課に連絡して、迅速に対応してもらいます。

　また、毎月グラウンドと体育館のサッカーゴールやバスケットゴールといった教具の点検を行い、体育の授業や部活動が安全に行えるよう確認作業をしています。さらに管理職は常に校内を回って授業や生徒の様子を観察しながら、校舎内外の施設の点検を行い、学校安全に細心の注意を払っています。

5）教職員の研修

　未然防止に全力で取り組んでいたとしても、学校での事故・事件・災害は起きてしまう場合があります。万が一起きてしまったときには、迅速に対応

し被害を最小限にとどめる必要があります。そのために本校では、アレルギーに対応するためエピペンの使い方、不審者に対応するために刺股の使い方、心配蘇生法・AEDの使い方などの教職員研修を計画的に行っています。また、事故の発生とともに、迅速な対応が図られないことは、子どもの生命に関わるとともに保護者や地域からの信頼を落としかねません。そのためにも落ち着いて迅速な対応が図られるよう、計画的な研修や訓練の実施は欠かせません。

第2節　校則の運用と見直し

生徒指導提要には、「校則に基づく指導を行うに当たっては、校則を守らせることばかりにこだわることなく、何のために設けたきまりであるのか、教職員がその背景や理由についても理解しつつ、生徒が自分事としてその意味を理解して自主的に校則を守るように指導していくことが重要である」と示されています。ここでは、校則の見直しに関する本校の取り組みを紹介していきましょう。

2-1　大沢中学校の校則

本校の校則には、学校が定めた「学校のきまり（大沢中の1日）」と生徒会が作り上げた「私たちの約束」という2つの規則があります。「学校のきまり」（大沢中の1日）」については、生徒指導提要の改訂を見据え、規則が社会通念上合理的なものか、保護者や生徒に対して説明できるかという視点をもとに、教職員によって見直しを図ってきました。

例えば頭髪のツーブロックについて、以前は禁止事項としていましたが、社会の中でツーブロックが一般的になっていることから禁止の表記を令和3年度に削除しました。その他、LGBTQへの配慮から、標準服の男女の規定をなくしたり、女子のリボンの着用を選択制にしたりと時代にあった見直しを行いました。

2-2　「私たちの約束」について

「私たちの約束」には「防寒着の着用は登下校時のみにしよう」「飲み物の中味は、水・お茶・スポーツドリンクにしよう」と、「〜しよう」という約

束が19項目ほど書かれています。この約束の前文には「この約束は大沢中生の皆さんが仲良く、楽しく、豊かに生活できるように生徒の手で作られたものです」と書かれていて、これまで生徒会によって守られてきました。

「私たちの約束」は、毎年4月に生徒会本部が作成したマニュアルに沿って学級委員が学級活動の時間に読み上げ、全校生徒が確認しています。最初に「なぜ約束やルールがなくてはならないか」という話し合いを4人1組で行うところから始め、あわせて「私たちの約束は、生徒の手で作られた約束です。ですから生徒会の一員である皆さんもこの約束を変えることができます」という説明が行われます。これによって生徒は、自分たちの手で、よりよいルール作りと学校生活を見直すことができることを意識して、今後の学校生活を意欲的に過ごすことができます。

1）「私たちの約束」の見直しについて

令和4年度に生徒会本部の生徒から、「私たちの約束」の内容を見直したり改訂が必要な場合は全校生徒から意見を聞いたり、自分たちで決定したいという意見が出されました。これを受け、関係する特別活動部門、生徒指導・支援部門、企画会議の職員で話し合い、生徒に考えさせ判断を任せられる規則であれば、積極的に考えさせていこうという結論になりました。生徒には、規則の中には生徒が見直しを考えてよい規則と、命に関わるような守らなければならない規則があることを伝え、寄せられた要望の1つ1つについて全校生徒で取り上げるかどうかは、先生方と一緒に考えていくことにしました。

さらに生徒の主体性や自治意識を高めるためには、意図的に校則の見直しに関わらせ話し合いをさせることも大切であると考え、毎年、生徒から寄せられた要望のうち適切な題材を1つ取り上げさせ、話し合わせていこうということになりました。

これまでに、水筒の中身、防寒着の種類、外時計の設置、委員会名の改訂など、実際に生徒総会で取り上げ見直しについての話し合いが行われてきました。改訂が承認されたもの、されなかったものがありますが、全校生徒を巻き込んだ話し合いは生徒総会を盛り上げるとともに自治意識の向上にもつながりました。

2）改訂された「靴下の色」

これまで靴下の色は、「学校のきまり」「私たちの約束」とも「白、黒、紺、灰色を基調としたもの」という規則でしたが、家で履いている靴下には色の

指定がない、家で履く靴下を学校に履いてこられないなど生徒からの声が毎年あがっていました。このことについて、令和5年度の生徒会本部は、ぜひ、全校生徒から意見を聞き、生徒総会で取り上げてみたいという要望をあげてきました。規則見直しの手順に従い、特別活動部門、生徒指導・支援部門から、企画会議、職員会議と提案があがり話し合われた結果、教職員側も靴下の色の指定をなくすことで生徒指導上困ることはなく、家庭も助かるだろうという結論になりました。

　令和5年度の生徒総会では、生徒たちから「靴下で風紀が乱れることはないと思う」「TPOを意識すれば色は何でもいいと思う」など見直しに前向きな意見が多く出されました。

　令和6年度に入り靴下の色のきまりの見直しが始まりました。生徒会本部から示された改訂案「靴下の色の制限はなくしますが、場に応じた着こなしは必要であるので、儀式などの公式の場では白や黒を履きましょう」について、まず生徒総会の前の評議会と各学級で行われたミニ総会の場で話し合われました。評議会、ミニ総会の話し合いでは反対の意見はほとんどなく、生徒総会では、拍手多数で承認されました。見直された結果は「生徒会だより」によって全校生徒に伝えられ、自分たちで規則を改訂したという自負と、改訂した規則は自分たちで守ろうとする気風が強く感じられました。生徒たちはこの経験を通して、きまり・ルールに意味があることや、主体的にきまり・ルールを守ることが大切であることを学びました。

　生徒会本部は、これまでも自分たちでルール作りをして、全校生徒への呼びかけを行ってきました。平成27年度には「携帯電話の使い方」について、1日2時間30分まで、勉強中はスマホゲーム禁止などを全校生徒へ呼びかけました。また、今回あらたに「タブレットルール」という独自のルールを作り、「学習に関係ないことには使用しない」「情報をSNSに投稿するのはやめよう」などのルールを生徒会の電子掲示板に載せるなどして、全校生徒への呼びかけをしています。「靴下の色」の見直しは、さらなる生徒の主体性の伸長につながるものになりました。

第3節　懲戒と体罰、不適切な指導

　体罰は、法律（学校教育法第11条）で「教員は、教育上必要があると認める

ときは、生徒に懲戒を加えることができる。ただし体罰を加えることはできない」と明確に禁止されています。また、教育的にも人権的にも絶対に行ってはならない行為です。それもかかわらず、体罰は今もなお発生している現状があります。体罰をなくすためには、体罰について教師一人一人が正しく理解しなければなりません。

3-1 懲戒と体罰の違い
　懲戒とは、子どもに対して教育上必要があるときに、叱責したり処罰したりすることであり、身体に対する侵害や肉体的苦痛を与える行為は体罰に該当します。
1）懲戒の例
- 立ち歩いている生徒を叱って席に着かせる
- 授業中、教室内で起立させる
- 放課後、教室に残留させる
- 学習課題や清掃活動を課す　　など。

2）体罰の例
- 反抗的な言動をした生徒の頬を平手打ちした
- 注意をしたが聞かなかったため、持っていたボールペンを投げつけ生徒に当てた
- トイレに行きたいと訴えてきたが、教室から出ることを許さなかった
- 宿題を忘れた生徒に対して教室の後方で正座をさせて授業を受けさせたなど。

3-2 体罰による影響
1）子どもへの影響
　体罰による指導は、生徒の心に大きな傷を残し、正常な倫理観を養うことはできず、むしろ力による解決への志向を助長すると言われています。表面的には怖さや煩わしさなどから指導に従うそぶりを見せますが、内面的には不満や恨み、反発心や無関心などを持つようになり、教育的な効果はまったく期待できません。

2）周囲への影響
　学校がこれまで積み上げてきた保護者や地域との信頼を一気に落とし、正常な教育活動が進められなくなります。その後、信頼を回復するためには多

大なエネルギーと時間が必要となります。また、教職員間の人間関係にも不信感が生まれ、ギクシャクとしたものになることがあります。

3-3 体罰がおこる原因とセルフチェック

「子どもとの信頼関係があるのでこの程度は大丈夫」といった体罰に対する認識の甘さや、「この行為は必要な指導であり体罰ではない」といった体罰を厳しい指導として正当化してしまうことなどが指摘されています。その他にも、自分の感情をコントロールできない、自信過剰になって同僚からの助言を聴く姿勢に欠けるなども考えられます。

教師は常に、子どもたちの成長を促すための指導をしているかをセルフチェックする必要があります。「生徒のためにやってあげているという意識が強くないか」「生徒と同じ目の高さでものが見えているか」「その場の感情で指導にあたっていないか」など、自分自身の指導を振り返ることが大切です。

3-4 不適切な指導

近年、自分が叱られていなくても、友達が叱られている様子を見て、怖くなり学校に来られなくなってしまったという事例が報告されています。特に部活動では、顧問による「勝たせたい」「勝たなければならない」といった一方的な思い込みから、部活動本来のねらいから外れ、勝つことだけに目標が向けられ、顧問が感情的になり、行き過ぎた指導や不適切な指導につながるケースが見受けられています。不適切な指導の例としては次のようなものが考えられます。

- 大声で怒鳴る、ものを蹴るなどの威圧的な行為
- 「帰れ」「必要ない」「じゃまだ」など、技術指導とは関係ない、人格を否定する言葉がけ
- 他の生徒に見せしめる、あるいは連帯責任を負わせるかのようにミーティング中に叱責する
- 部室など不安や圧迫感を感じる場所で指導する
- 指導後に部室に一人にする、一人で帰らせる、保護者に報告しないなど、適切なフォローを行わない

など、肉体的な苦痛を与える行為でなくても、大声での叱責や友達の前での指導などは、生徒のストレスや不安を高め、精神的に追い詰める行為につながります。

3–5　体罰や不適切な指導の防止

　体罰や不適切な指導の未然防止には、体罰や不祥事は絶対にしてはいけないという風土や土壌をつくり上げることが重要です。そのためには風通しのよい職場の環境づくりが最も大切です。日頃から何でも話し合える職員集団を築き、気になる同僚の言動に「それはいけないよ」「それはおかしいよ」と、声に出して言い合えることが最も効果のある未然防止です。管理職による管理・監督や未然防止に向けた教職員研修とともに、日頃から同僚性を高めておくことが大切です。

　また、本校では生徒から聞き取りをしたり指導したりする際、次のことに注意をして指導を行うことになっています。

- 複数の教員で対応すること
- 他生徒の目の前を避け、落ち着いて話ができる場所を選ぶこと
- 行為のみではなくその背景をしっかり聞き出すこと
- 何がいけなかったかを粘り強く考えさせること
- 指導後は生徒を一人にせず様子を観察すること
- 保護者に指導の内容をその日に伝えること

　併せて、記録をとることや管理職への報告と、その後の教育委員会への報告も忘れてはなりません。

　問題となる行為に対しては毅然とした姿勢で対応することも必要ですが、当該生徒に対しては威圧的な指導にならないよう、教育相談の視点を忘れずに指導にあたっています。一人一人の教師が、教師としての使命感を持つとともに、教職員間の同僚性を大切にしていきながら生徒指導にあたることを忘れてはなりません。

【参考・引用文献】
「チームとしての学校の在り方と今後の改善方針について」(平成27年12月21日，中央教育審議会答申).
「体罰の禁止及び児童生徒理解に基づく指導の徹底について」(平成25年3月13日，文部科学省初等中等局長通知).
「生徒指導提要」(令和4年12月，文部科学省).

第4章 いじめ

第1節 いじめの基本的理解

　日本の教育界で最重要課題の一つとなっているのが「いじめ問題」です。不登校と同様に、「いじめ」は特定の学校や家庭、地域の特別な児童生徒にだけ起こるものではなく、どの学校でも、どの児童生徒にも起こるものであることをまず認識しておくことが大切です。いじめは、社会的な正義に反する重大な人権侵害であり、児童生徒の生命または身体に重大な危険を生じさせうる問題です。すべての学校は、この課題に最優先で取り組む決意をもって、家庭や地域社会、関係諸機関とも連携して「いじめ問題」の克服に向けて取り組むことが重要です。

1-1　「いじめ」の定義の変遷

　学校における「いじめ」の定義については、これまでいくつかの変遷を経て今日の「いじめられる側」を主体とした定義に至っています。順を追ってその内容について確認してみましょう。

1）2005（平成17）年度までの「いじめの定義Ⅰ」

> 　自分より弱い者に対して一方的に身体的・心理的な攻撃を継続的に加え相手が深刻な苦痛を感じているもの。

　みなさんがいじめの当事者（被害者あるいは加害者）、または教員という立場だったとして、この定義Ⅰについて考えてみましょう。
　当時の定義では、いじめと判断する根拠としては、以下の三つが考えられます。
　①自分より弱い者に対して攻撃していること
　②一方的にそして継続的に攻撃していること

③相手が深刻な苦痛を感じるまで攻撃していること

しかし攻撃されている生徒によっては、自分が弱いとは認めたくない場合や相手が対等の力関係の場合、一方的ではなく自分も少しは言い返したり、反撃した場合、さらには継続的ではなく今回初めて攻撃された場合など、学校生活においては様々なトラブルが日常的に起こっています。このような場合、当事者を含めた生徒たちは、これは「いじめ」であると勇気をもって訴えたり、いじめかもしれないと認識したりできるでしょうか。何よりも教員は自信をもっていじめと判断できるでしょうか。むしろ上記①～③をすべて満たすようないじめ行為は非常にまれな例であると言ってもいいでしょう。

各教育委員会が毎年実施する「いじめ調査」においても、当時の学校としては、定義Ⅰと照らし合わせ、「これはいじめとは認知できない」と判断し、その結果、認知件数(当時は発生件数)として報告していない例が相当数あったと推定できます。そして、一番の被害者である攻撃を受けていた生徒は「自分はいじめを受けている」という声を出しにくかったであろうし、その声を上げられなかったのです。

2) 2006(平成18)～2012(平成24)年度までの「いじめの定義Ⅱ」

> 当該児童生徒が、一定の人間関係にある者から、心理的・物理的な攻撃を受けたことにより、精神的な苦痛を感じているもの。

いじめによる自殺者が増加するなど、学校におけるいじめが深刻な社会問題となる中、文部科学省(以下、文科省)は2006(平成18)年10月にいじめの事実を特定することより、いじめられる側の立場を重視し、相手が苦痛を感じていれば、その行為はすべていじめである、という新たないじめの定義を盛り込んだ「いじめ問題への取組への徹底について」を通知しました。その結果、この年(2006年度)から一気にいじめの認知件数が前年比で約3倍近くに増加するという現象が起きたのです。全国の学校現場では、生徒同士のふざけっこやお互い様のような場合でも、本人が「いじめ」を受けたと大げさに訴えることが続出すると心配されましたが、これまでのように本人が「いじめを訴えることができなかった環境」であった学校や家庭において、大改革となったのです。

当初は、学校も混乱しましたが、当事者等の事情をよく聴くことにより問

題解決できる事案がほとんどであり、徐々に定着してきたようです。これは、教員の体罰が「いかなる理由があろうと体罰は許されない」という文科省通知(2013年3月)のあと、教師をわざと挑発するような混乱の時期もありましたが、現在は、その考え方も定着し、教員が体罰に頼らない指導法を実践することにより徐々に落ち着いてきたことと類似しています。また文科省は、この通知の中で次のような具体的な例も示して指導の徹底を行っています。
　①子ども同士の地位の上下関係を問わない
　②必ずしも繰り返し継続している場合と限らない
　③精神的な苦痛であればその強弱を問わない

3) 2013(平成25)年6月からの「いじめの定義Ⅲ」

> この法律において「いじめ」とは、児童(生徒)等に対して、当該児童等が在籍する学校に在籍している等当該児童等と一定の人間関係にある他の児童等が行う心理的又は物理的な影響を与える行為(インターネットを通じて行われるものを含む。)であって、当該行為の対象となった児童等が心身の苦痛を感じているものをいうこととした。

2013(平成25)年6月28日にいじめ防止対策推進法が公布され、同法第2条にいじめの定義が明記され現在に至っています。特にインターネット上のいじめの増加にも対応している点が大きな特徴です。

1-2 「いじめ」の態様とその現状

国が2013年10月に「いじめの防止等のための基本的な方針」で示した「いじめの態様」は、以下のように細かく8項目が示されています。具体的には、
　①冷やかしやからかい、悪口や脅し文句、嫌なことを言われる
　②仲間はずれ、集団による無視をされる
　③軽くぶつかられたり、遊ぶふりをして叩かれたり、蹴られたりする
　④ひどくぶつかられたり、叩かれたり、蹴られたりする
　⑤金品をたかられる
　⑥金品を隠されたり、盗まれたり、壊されたり、捨てられたりする
　⑦嫌なことや恥ずかしいこと、危険なことをされたり、させられたりする

⑧パソコンや携帯電話等で、誹謗中傷や嫌なことをさせられる　等です。

　2022（令和4）年度の文科省による小・中・高・特別支援学校を対象としたいじめ調査では、認知件数約68万件のうち、最多の57%をしめていたのが、上記8項目の中の「冷やかしやからかい、悪口や脅し文句、嫌なことを言われる」という形態でした。続いて23%が③の「軽くぶつかられたり、遊ぶふりをして叩かれたり、蹴られたりする」という結果となっています。実は、こうした「いじめ行為」はそのほとんどが犯罪行為として刑法に抵触する可能性もある行為なのです。

　しかし注目すべきは、上記8項目中3番目に多かったのが12%、約8万件認知された「仲間はずれ、集団による無視をされる」という行為です。この「集団による仲間はずれや無視」という行為は暴力を伴わない態様でもあり、学校が「いじめ行為」として認知する判断が甘くなる危険性も秘めています。なぜならば、いじめている側にしてみれば、「仲間はずれや無視はしたけど、何もしていないことがなぜ悪いの？」「いじめるつもりはなかった」という意識や言い逃れ、罪悪感の希薄さ、さらにこの②の態様のみ、刑罰法規に正面から抵触しにくい唯一のいじめ行為であるとも言えるからです。学校としては、この文科省が示した8項目の「いじめ」態様について、生徒一人一人はもちろん、その保護者、地域住民にも周知徹底する必要があります。

1-3　いじめによる主な児童生徒の自殺事件

1）1986（昭和61）年2月

　日本の学校で起きた初のいじめ自殺事件として社会的に注目された。東京都中野区立中学校の2年男子生徒が、上級生や同級生グループから「ジュースやお菓子を買ってこい」（パシリ）や校庭中央で大声で歌うことを強要されたり、インクで顔にヒゲを描かれるなどのいじめを受けていた。ある朝登校すると自分の机の上に花とミカンに突き刺した数本の火のついた線香、色紙が置かれていた。その色紙には、「〇〇君さようなら」などと書かれた同級生からの寄せ書き、そしてその中には4人の教員の名前も含まれていた。いわゆる「葬式ごっこ事件」である。その後、生徒は父親の故郷である盛岡駅ビル地下のショッピングセンターのトイレ内において「このままでは生き地獄になっちゃうよ。たのむからもうこんなことはやめてくれ」という遺書を残し、首つり自殺。

2) 1994(平成6)年11月

　愛知県西尾市立中学校2年男子生徒が10人以上の同級生から100万円を超える恐喝事件を受け、その苦しさに耐えかねて自殺。この事件を契機に政府が社会問題として認識し、翌年からスクールカウンセラーの設置が予算化された。

3) 2006(平成18)年10月

　福岡県築前町立中学校2年男子生徒が「いじめられもう生きていけない」と遺書を残して自宅倉庫で自殺。いじめは元担任の"からかい"から始まり、同級生たちからの執拗ないじめに発展した。自殺した生徒の母親は2007年2月に生徒の実名を公表し、いじめの根絶を訴えた。

4) 2006(平成18)年11月

　新潟県村上市立中学校2年男子生徒が何度もいじめの被害を受け、女子生徒がいる前でズボンを脱がされたその日に自殺。次々と連鎖的に中学生が自殺することを受け、マスコミは報道を控える状況となった。

5) 2010(平成22)年10月

　群馬県桐生市立小学校6年女子児童が、親に転校させてほしいと伝えていたが、中学入学まで我慢せざるを得ない状況とも重なり、自宅自室で編みかけのマフラーで首をつって自殺。この学級では、運動会直後から給食の時間に児童らは担任の許可なく勝手に仲良しグループをつくって食べるようになり、女児は一人で給食を食べていた。また、母親が外国人で人種差別的な発言を受けていたことや校外学習に参加した際「こんな時にだけ来るのか」と友人に言われるなどのいじめを受けていた。

6) 2011(平成23)年10月

　滋賀県大津市立中学校2年男子生徒が、同級生の男子生徒らから自殺の練習を強要される等のいじめを受け、自宅マンション(14階)から飛び降り自殺をした。対応が後手にまわり、学校、市教委が責任を追及された。この事案では、被害者家族が同級生3人とその保護者、市を相手取り、約7720万円の損害賠償請求訴訟を大津地裁に提訴。警察も学校・市教委を家宅捜査。文科省は、いじめによる自殺があった場合、外部の第三者委員会で検証することができるとの通達を出していたが、この学校では設置していなかった。この後も、全国で子どもの自殺が起こる。この事件が「いじめ防止対策推進法」を生む契機となる。

7) 2013（平成25）年4月

　神奈川県湯河原町立中学校2年男子生徒が同じ部活動の生徒から「死ね」「きもい」などの暴言や「平手で殴られる」などのいじめを1年以上にわたって受け、4月10日自宅で首をつって自殺。特に自殺直前に執拗ないじめを受けていた。町教育委員会が設置した第三者委員会は2014年「自殺は同級生によるいじめの結果」「出口の見えない先行き不安から自死に至ることは十分に推測しうる」と認定した。

1-4　いじめ事案から学校の現状を考える

　上記1-3の7事案の中には、担任を含む教員のからかいや不適切な言動がいじめを起こすきっかけやその原因となった例や学校や教育委員会の対応に問題があり、事態を悪化させてしまった例も少なくありません。これらの悲惨ないじめの実例から、学校のこれまでの現状とこれからの担任を中心とした教師としての役割や対応について考えてみましょう。

　1-3-1)は、教員がいじめに関わったその最たる事案といえます。自殺のきっかけとなった葬式ごっこの「お別れの色紙」には、担任教師を含む4人の教師の名が連ねられており、教師が間接的にいじめに関わっていました。事件から30年後、その4人の教師の一人はNHKの取材に対し、重い口を開き「軽い気持ちだった。生徒たちに頼まれて、何となくふわって書いただけで、深く考えることはしなかった」と述べています。このあと1年間でいじめ自殺者が全国で9人にも及んでいます。

　1-3-5)の事案では、給食時に一人で食べている女児や勝手に好きなグループで食べ始めた学級の児童たちに対して、担任としてどのような対応が必要だったのでしょうか。女児はこの3日後に自死しています。担任の適切な対応や指導がなされていれば、事態は変わっていたと悔やまれる事案です。

　1-3-6)の事案は、1-2で記載したいじめの態様をすべて網羅するような壮絶ないじめの実態が明らかになりました。2015年11月に群馬大学で第16回日本生徒指導学会が開催され、筆者も参加しました。この事案について、第三者委員も務めた京都教育大の桶谷守氏は、第三者委員会の事情聴取に2人が応じ、自殺の練習等のやったことをすべて認めたが、最後に泣きながら「でも……いじめてはいない」と答えたことに衝撃を受けたと発言しています。調査報告書によると被害生徒は、同級生らから手足をはちまきで縛られ

口に粘着テープの暴行、自殺の練習や万引きの強要、恐喝、自室を集団で荒らされ、財布を盗まれたり私物を壊されたりという壮絶ないじめを受けていたことが明らかになっています。

いじめの定義は、1-1-2)で示したように2006年10月に「いじめの定義Ⅱ」となり、すでに全国の学校において徹底されているはずでした。この事件は、2011年10月に起こっていますので、加害生徒たちには「いじめの定義Ⅱ」が全く伝わっていないし、わかっていない状態といわざるを得ません。学校は、教師たちは、いったい何を指導していたのかと糾弾されても仕方がないような状況といえます。

筆者もこの事案について「これだけのいじめがあったのに、学校、そして担任教師たちは、なぜこの悲惨ないじめに気づかなかったのか？」と質問をしました。第三者委員会の調査では、学校がいじめに気づけなかった最大の要因は「学校は最後まで被害生徒の家庭に問題があるという認識を払拭できなかったこと」という回答がありました。

具体的には、学校としては「あの家庭は本人も不良グループの仲間で問題があるし、悪さをするから父親も暴力を振るうだろうし、家庭にも問題がありそうなので、仕方がない」という認識だった。実は自殺の数日前も担任は生徒に「最近のお父さんはどうだ？」と尋ねたところ、被害生徒は「昨日も親父から叩かれた」と答えていた。しかし、後に調査委員会がこの日の出来事を調べた結果、生徒が父親の財布のキャッシュカードを持ち出そうとしてポケットにしまった。夕食後に本人が立ち上がった時に、ポケットから父親のキャッシュカードが落ち、父親が本人を問い詰めたが本人は「知らない」としらを切ったため、激怒した父親は側にあったクイックロール（掃除用具）で本人の足を叩いた。この理由を本人は担任に告げずにただ「また叩かれた」とだけ答えています。被害者はたびたび金品の強要も受けていたので、加害者に渡すために父親のキャッシュカードを抜き取ったと推測されます。

第三者委員会は、この時、担任教師が「なぜお父さんに叩かれたのか？」など、その理由を詳しく聴き取るような対応をし、被害生徒を注意深く観察していればいじめを認識できたはずであり、生徒の自死には至らなかった可能性があるという見解を述べています。すべてが同じとは、決して思いませんが、取り上げた3件や1-3-4)などは、担任教師らがもう少し子どもたちを注意深く見守りながら、適切な対応をしていたら間違いなく自殺は防げたのではないかと思わざるを得ません。

第2節　いじめの特徴とその構図

学校は、子どもたちが集団で安心して生活できる場所であるはずです。社会や保護者にとっても子どもたちが学校で楽しく安全に生活できる場所であることを願っています。この第2節では、今日的ないじめの特徴とそのいじめの構図について学んでいきます。

2-1　今日的な「いじめ」の特徴

①一人の児童生徒に対し、集団でいじめを行う（複数というより集団）
②周囲から見えにくいコミュニケーションを使った心理的な仲間外し
③暴力を伴わないいじめ（仲間はずれ・無視・陰口・からかい等）の増加
④いじめている側の罪の意識が極めて薄い
⑤SNSを介したインターネット上の誹謗・中傷の増加

2-2「いじめ」の構図

図表1　いじめの四層構造

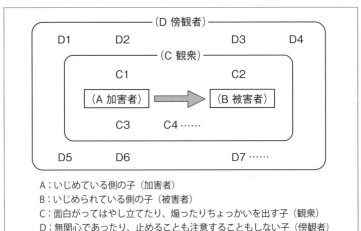

A：いじめている側の子（加害者）
B：いじめられている側の子（被害者）
C：面白がってはやし立てたり、煽ったりちょっかいを出す子（観衆）
D：無関心であったり、止めることも注意することもしない子（傍観者）

（森田洋司 1985）

いじめの構図としては、**図表1**で示した「いじめの四層構造」を例にとると、「加害者」(いじめる側)と「被害者」(いじめられる側)という単純な二者関係だけで成立しているのではなく、そのごく近くではやし立てたり面白がったり、加害者側に加わったりするような存在の「観衆」、さらにその周辺で無関心を装って関わりたくない、止めることも注意することもしない(できない)、見て見ぬふりをするなど、結果的に暗黙の了解を与えている「傍観者」という四者の存在によって成り立つという特徴があります。また、「観衆」や「傍観者」の中には、「次は自分がいじめられるのではないか」という不安や恐怖からそうした行動や立場をとる場合も考えられます。

2-3　いじめの加害者と被害者の特徴

①加害者(A)は、いじめていることの中に面白さを求める気持ちが強く、相手の抵抗がないといじめにさらに冷酷性が加わってきます。特に中学生では、特定の生徒に集中し長期にわたって続く傾向があり、被害者を孤立させ不登校や自殺にまで追い込む場合もあるのです。

②いじめの対象となるような生徒の特徴としては、学級集団の動きに同調しにくい生徒や動作が遅くなりがちな生徒、清潔感に欠けている生徒、気の弱そうな生徒である場合が多い傾向があります。

③また、いじめの被害にあっている生徒(被害者B)は、いじめられているとを「自分が悪いから、だめだから」や「教師や親に言いつける(チクる)と卑怯と思われる」など、「自分がいじめにあっていると思われたくないし、思いたくない」という自尊心もあり、家族に対して「心配をかけたくないし、申し訳ない」と考えるような生徒も多いという特徴があります。

以上のことから、いじめの被害にあっている生徒は、自分が所属している集団から拒否されることを認める屈辱感や更なるいじめを誘引する事等への恐怖感から自分がいじめにあっている事実を親にも教師にも打ち明けられず、むしろ隠そうとすることが多いと考えられます。当然加害生徒たちは、それにつけ込んで、執拗ないじめを繰り返すような状況にも発展していきます。その結果、外部から見えにくいことが少なくないのです。

2-4　学級集団といじめの構図

　学級集団をこのいじめの構図に当てはめて考えると、普段は理性があり、いじめという行動に移さない「いじめごころ」をもった生徒たちも、つい「そうだそうだ」「あいつは前にもみんなに迷惑をかけた」とか、誰かが口に出した瞬間にいじめごころを抱いていた生徒がいきなり豹変し、加害者や観衆になる場合も少なくありません。百歩譲って傍観者にもすぐに変身します。

　思春期や反抗期を迎えた中学生たちにとっては、それはいけないことだと正々堂々と言えるような正義の味方になることは、至難の業なのです。すなわち誰もがいじめの加害者になりうるし、もしかしたら被害者になる可能性もあるのではないでしょうか。この防波堤となるのが学級の中の多くの生徒たちなのです。

第3節　いじめを生み出す要因とその背景

　いじめはどうして起こるのでしょうか？　例えば皆さんは、班別行動で、同じ班のある生徒がいつも集合時刻に遅れたり、もたもたして集団行動を乱したり、あるいは、体育祭の全員リレーである生徒がもたついてバトンを落として一気に抜かれたり、感染症が流行している時期に「マスクをしていない友達」に自分の近くでくしゃみをされたりしたら……こういう時（皆さんの中にはそうでない人もいるし、個人差はありますが）多くの人は、もしかしたら「ちょっと意地悪したくなったり、文句の一つも言いたくなったり、蹴飛ばしたくなる」というような気持ちになることもあるかもしれません。この気持ちが「いじめごころ」というものです。

　筆者ももちろんもっていると自覚していますが、みなさんも同じような気持ちになったことがあるかもしれません。筆者も、40年以上中学生を見てきて感じるのですが、「いじめごころ」を抱いたとしても、そのほとんどの生徒は実際に「蹴飛ばす」ことや「いじめ」という行動には出ません。その理由は、心に思ったり、考えるだけでやめるのは、理性があるからです。しかし、生徒の中には、これを我慢できずに行動に移してしまう人もいるのです。それがきっかけとなり、いわゆる集団によるいじめに発展していく場合が多いのです。

3-1　学校に要因や背景がある場合
①教師が職員室等に閉じこもりがちで、生徒との日常的な触れ合いや会話の機会が少なく、積極的に生徒の中に入っていく努力をしていない。
②学級内や部活動等、日々の学校生活の中で、生徒が心を許して気軽に教師に相談できる機会や窓口の設置などの環境が十分でない。
③道徳や特別活動等での生徒の人間関係を育てるための指導が十分でない。
④教師のいじめられている生徒への気づき(感覚)が鈍い。
⑤特に部活動指導等において、教師主導型の指導が強すぎる場合、生徒の自主性や創造性が生かされず、ストレスのたまった生徒はそのうっ憤晴らしのために立場の弱い生徒にいじめの矛先を向ける。

3-2　家庭に要因や背景がある場合
①両親の不和等、家庭内の人間(家族)関係や親の養育態度に問題があり、そこから生じる不満、不安、ストレスが原因となる。
②幼少時からしつけが身に付いておらず、他人を思いやる気持ちや自律・規範意識が十分に育っていない。
③保護者の多忙化により、家庭で子どもの面倒を十分に見ることができなかったり、あるいは育児を放棄したりするような、児童虐待などの増加。
④少子化の影響もあり、幼少時から習い事、塾通いが多く、子どもが集団での遊びや活動をほとんど経験していない。

3-3　社会に要因や背景がある場合
①市場主義優先で自分だけの幸福を求め、勝ち組・負け組の出る格差社会が進行する経済優先の世の中の風潮。
②子どもの貧困率の拡大や小・中・高校生の自殺者数の増加。
③インターネット社会の匿名性や拡散性が、ネットいじめ等の人間関係等に及ぼす負の影響。

第4節　いじめ問題への対策と予防

いじめの定義Ⅱが通知された2006(平成18)年10月19日、文部科学省主催

都道府県・指定都市担当課長緊急会議配布資料『学校におけるいじめ問題に関する基本的認識と取組のポイント』(下記の4-1) が報告されました。また、2011 (平成23) 年に発生したいじめ自殺 (1-3-6) が契機となり、「いじめ防止対策推進法」(下記の4-2) が20013 (平成25) 年6月28日に国会で可決・成立しています。この法律の制定は、このいじめ問題がもはや学校における対応だけでは解決が困難であり、極めて深刻な状況であるという表れでもあり、社会全体でその対策と予防を進めていく決意表明でもあるのです。第4節では、このいじめ問題についての対策及びその予防について学んでいきます。

4-1　いじめ問題に対する学校及び家庭の基本的認識

①「いじめられる側」にも問題があるのではないかという意見があるが、「いじめられる側」への責任転嫁は絶対にあってはならない。「いじめる側」が悪いという認識にたち、毅然とした態度で臨むことが必要である。社会で許されない行為は子どもでも許されない。

②いじめは外からは見えにくい形で行われるので、子どもが発する危険信号、小さなサインをあらゆる機会をとおして敏感に捉えることが必要である。

③いじめは立場の弱いもの、異質なものを攻撃、排除する傾向に根ざして発生することが多いので、特に学校では教師の指導姿勢や、言動などに大きな関わりをもっている場合があることに留意する必要がある。

④いじめ問題は、親や教師が責任を転嫁し合い、対応に実効性を欠くきらいがあったが、最も大切なことは、関係者が一体となって問題に取り組み、早急な解決を図ることである。

⑤各家庭において、家庭の教育的役割の重要性を再認識することが強く求められる。

4-2　いじめ防止対策推進法と学校の対応

そもそも学校にとってのこの「推進法」の意義は、これまでの個々の教員の「個人的な判断や対応」に依存した体制から、複数の教員が関わった「学校としての判断や対応」の体制へとシフトすることをはっきりと定めた点だといえます。

条文の中に、いじめの定義Ⅲ (1-1-3) やいじめ防止対策の基本理念、いじめの禁止、そして国、地方公共団体、学校の設置者である各教育委員会及び

学校、さらには保護者の責務についても明記しています。具体的には、「保護者は、子の教育について第一義的責任を有するものであって、その保護する児童生徒がいじめを行うことのないよう、当該児童生徒に対し、規範意識を養うための指導その他の必要な指導を行うよう努めるものとする」という文言が第9条1項に保護者の責務として明文化されたことは大きな特徴といえます。

学校の設置者である教育委員会及び学校が講ずべき基本的施策として、①道徳教育の充実、②早期発見のための措置、③相談体制の整備、④インターネットを通じて行われるいじめに対する対策の推進を定めること。また、国及び地方公共団体が講ずべき基本施策としては、⑤いじめの防止等の対策に従事する人材の確保等、⑥調査研究の推進、⑦啓発活動について等、具体的に定めています。

- 学校は、いじめ防止等に関する措置を実効的に行うため、複数の教職員、心理、福祉等の専門家その他の関係者により構成される組織を置くこと。
- 個別のいじめに対して、学校が講ずべき措置として、①いじめの事実確認、②いじめを受けた児童生徒又はその保護者に対する支援、③いじめを行った児童生徒に対する指導又はその保護者に対する助言について定めるとともに、いじめが犯罪行為として取り扱われるべきであると認める時の所轄警察署との連携についても定めること。
- 懲戒、出席停止制度の適切な運用等、その他いじめ防止等に関する措置を定めること。

いじめの重大事態への対処についても明記され、後に定められた「いじめの重大事態の調査に関するガイドライン」では、いじめの事実関係を明確にするために学校の調査だけでなく、第三者委員会（学校関係者以外の学識経験者、弁護士、医師、臨床心理士、社会福祉士等で構成される調査組織）の調査やさらには保護者からの要望を受けての調査も可能となるなど、いじめの全容解明と再発防止につながるような仕組みになったことも大きな特徴といえます。

4-3　学校におけるいじめの早期発見への手立て

いじめは、教師の目につきにくい場所や時間帯に巧妙に遊びやふざけあい等のコミュニケーションを装って行われたりする等、教員が気づかない場面も多い。教師はそうしたいじめの実態を十分に認識し、生徒の些細な兆候で

あっても、いじめではないかという疑いをもって観察することも必要です。

　全校生徒を対象としたアンケートや教育相談を定期的に実施することも効果的です。そのためにも、教員は日頃から生徒との信頼関係を築くための工夫と努力が必要不可欠となります。

　担任だけに任せきりにせず、教員同士が互いに協力、連携をとりながら担任の目の届かないところで起こるような「いじめ」を多面的な情報を突き合わせて把握する体制を構築することが重要です。

　学校や保護者、地域が一体となり、子どもたちのどのような小さな変化も見逃さないような学校内外における見守り体制を整えることが必要です。学校と家庭、地域が連携して、適切な情報交換を行いながら地域全体で生徒を見守り育てていくような体制づくりが重要となります。

4-4　いじめ防止をめざした学級経営

　学級集団を第2節でも示した誰もがもっている「いじめごころ」や「いじめの構図」に当てはめて考えると、学級の一人一人がどのように被害者と加害者を含む当事者生徒の関係を捉え、各自がどのような関わり方や態度をとるべきか等を指導することは学級担任として、いじめを生まない学級集団づくりのためには大切な視点です。

1) 学級担任としての役割

　学校における生徒の人間関係づくりの土台となるものは、学級集団です。学級担任として「いじめは、人として絶対に許されない行為」という意識を学級の生徒たちにいかに徹底させるかが重要になります。学級担任は、生徒たちに「いじめは絶対に許さないし、生徒を守り抜く」という決意を4月当初から明確に示すことが生徒を安心させ、意識を高めることにもなります。さらにいじめ防止のためには、生徒一人一人の規範意識を道徳教育や特別活動等の集団活動をとおして、育てていくことが学級担任の大切な役割なのです。

2) いじめを生まない学級経営

　学級担任としては、第2節でも示したような「いじめの構図」を学級内において形成させないことが重要になります。そのためには、学級の一人一人がどのように被害者と加害者を含む当事者生徒の関係を捉え、各自がどのような関わり方や態度をとるべきか等を指導することもいじめを生まない学級集団づくりとしては大切な視点です。学級担任として、こうしたいじめの構

図を学級内において形成させないためには、特に「傍観者」という存在やそうした態度や立場になるような児童生徒を生み出さないような配慮や指導が必要です。そのためには、学級づくりにおいて、学級全体にいじめを許容しない、許さないという雰囲気を学級内に徐々に形成していくことが極めて重要です。学級担任には、あらゆる学校教育活動を通していじめ防止に対する生徒の意識を高めながら、学級内からいじめを抑止するような「仲裁者」やいじめを告発するような「相談者」や「協力者」が多数現れるような学級経営が期待されます。

4-5 いじめ問題に対する学校組織体制のあり方

1) 校長のリーダーシップ

いじめへの対応は、関係生徒の担任だけに任せたり一部の教員や特定の教職だけが抱え込んだりしないように、校長を中心に学校の全教職員がチームとして組織的に機能させる必要があります。

2) いじめ防止基本方針の策定と組織等の設置

学校はいじめ防止のため、「学校いじめ防止基本方針」を策定し、「○○中学校いじめ対策委員会」のようないじめ対策組織を設置し、その組織を中核として全教職員が一致協力してその推進にあたるようにします。またその内容についても、学校の実態に合わせながら時には見直し改善することも必要です。

3) 学校における「いじめ対策組織」を機能させる

学校いじめ対策組織を有効に機能させるために、いじめの事案内容によってその構成メンバーや人員配置をどう工夫し編成するかを適切に判断することも大切です。いじめ事案への対応については、組織のメンバーを中心に学校全体で情報を共有しながら、基本的な方針と対応策をすべての教職員に示し、学校として共通理解を図りながら組織的かつ、迅速に対応することが極めて重要なのです。

4) 関係保護者との連携と情報共有について

筆者もこれまで、中学校現場や某市の「いじめ問題専門調査会」の調査委員として長年活動してきた経験から感じることは、学校で発生した多くのいじめ事案において、学校と保護者との間に思いの行き違いや言葉の捉え方の違いや誤解等が非常に多く確認されていることです。そうした行き違いや齟齬を未然に防ぎ、学校と保護者が信頼感を深めてより良い連携関係を保つた

第4章 いじめ

めには、どうしたらよいでしょうか。

①発生した事案については、これまでの経緯やその内容について、時系列での正確な記録を必ず残しておくことが基本であり非常に重要になります。

②いじめ事案に関わる生徒等の聴き取り方法や内容については、担任だけに任せず、校内対策組織で事前に検討し、組織的に対応することが重要です。

③保護者との話し合いの方法として、電話よりも家庭訪問もしくは保護者が来校して対面で直接話し合う方法がより効果的です。

④担任・学校と保護者間で(重要な)伝達や話し合いをする場合は、担任一人だけではなく複数の教員で対応することが基本であり重要です。

⑤また話し合いをより効果的で有意義にするためにも、日程や話し合い時間等も予め適切な設定をすることも大切です。

⑥保護者が求めている情報等については、担任や窓口となった教員が即答できなかったり、回答に迷ったりする状況もあります。それらを防ぐためにも、保護者には現時点での情報として「伝えるべき情報」と「まだ検討中もしくは対応中の内容」等を学校として明確にしながら、保護者にも丁寧に説明し、理解を求めていくことも大切です。

【参考文献等】

文部科学省(2017)『中学校学習指導要領 解説 総則編』東山書房.
文部科学省(2022)『生徒指導提要』東洋館出版社.
文部科学省「いじめ防止対策推進法の公布について(通知)」2013年6月28日.
文部科学大臣決定「いじめ防止等のための基本的な方針」2013年10月11日.
文部科学省『いじめの重大事態の調査に関するガイドライン』2017年3月.
文部科学省調査研究協力者会議『子どもに伝えたい自殺予防』2014年7月.
文部科学省初等中等教育局児童生徒課『令和4年度 児童生徒の問題行動・不登校等生徒指導上の諸課題に関する調査結果について』2023年10月4日.
森田洋司編著(1985)『「いじめ」集団の構造に関する社会学的研究』(文部省科学研究費補助金研究成果報告書) 大阪市立大学研究室.
NHKテレビ「事件の涙 34年越しの宿題」2020年3月2日放送.
桶谷守(2015)「第16回日本生徒指導学会シンポジウム」2015年11月群馬大学.
文部科学省国立政策研究所(2021)『生徒指導リーフ増刊号 いじめのない学校づくり3』生徒指導・進路指導研究センター.
文部科学省(2006)「いじめ問題への取組への徹底について(通知)」.
https://www.mext.go.jp/a_menu/shotou/seitoshidou/06102402/001.htm. (2024.08.30参照)

第5章 暴力行為

第1節　暴力行為の動向

　文部科学省が発表した、令和4年度「児童生徒の問題行動・不登校等生徒指導上の諸課題に関する調査」の結果から、暴力行為の件数について見てみましょう。

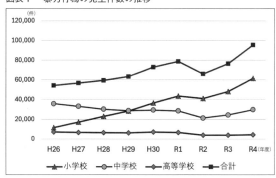

図表1　暴力行為の発生件数の推移

（令和4年度「児童生徒の問題行動・不登校等生徒指導上の諸課題に関する調査」から筆者作成）

　図表1に示された通り、暴力行為の件数は、高等学校以外は増加傾向にあることがわかります。令和4年度の実数は、小学校は6万1544件、中学校は2万9699件、高等学校は4272件でした。では、この暴力行為は誰が誰に対して行ったものなのでしょうか。

第2節　「暴力行為」の定義

　文部科学省が、昭和57年度から「校内暴力」の状況について調査をしています。調査の際には、どんな行為が暴力行為に該当するのかを定義してい

ます。まずは、昭和57年度から平成8年度までの定義を見てみましょう。

> 校内暴力とは、学校生活に起因して起こった暴力行為をいい、対教師暴力、生徒間暴力、学校の施設・設備等の器物損壊の三形態がある。

次に、平成9年度以降の定義を見てみましょう。「校内暴力」という言葉から「暴力行為」という言葉に変化していることに気づくと思います。その他にどこが変わったのでしょうか。

> 「暴力行為」とは、「自校の児童生徒が、故意に有形力（目に見える物理的な力）を加える行為」をいい、被暴力行為の対象によって、「対教師暴力」（教師に限らず、用務員等の学校職員も含む）、「生徒間暴力」（何らかの人間関係がある児童生徒同士に限る）、「対人暴力」（対教師暴力、生徒間暴力の対象者を除く）、学校の施設・設備等の「器物損壊」の四形態に分ける。

平成9年度以降は、「故意に有形力（目に見える物理的な力）を加える行為」と明示し、対象者も「対教師（学校職員含む）」「生徒同士」「対人暴力（教師、生徒間以外）」と詳細に示しています。具体的な事例も紹介されていますので、そのうちのいくつかを見てみましょう。

① 〈対教師暴力〉の例
- 教師の胸ぐらをつかむ
- 養護教諭めがけて椅子を投げつけた
- 定期的に来校する教育相談員を殴った

② 〈生徒間暴力〉の例
- 同じ学校の生徒同士が喧嘩となり、双方が相手を殴った
- 高等学校在籍の生徒2名が、中学校時の後輩で、中学校在籍の生徒に対して暴行を加えた
- 双方が顔見知りで別々の学校に在籍する生徒同士が口論となり、暴行を加えた

③ 〈対人暴力〉の例
- 偶然通りかかった他校の見知らぬ生徒と口論になり、暴行を加えた
- 金品を奪おうと計画し、金品を奪う際に通行人にけがを負わせた
- 学校行事に来賓として招かれた地域住民を足蹴りにした

④〈器物損壊〉の例
- トイレのドアを故意に壊した
- 補修を要する落書きをした
- 学校で飼育している動物を故意に傷つけた
- 学校備品(カーテン、掃除道具等)を故意に壊した

具体的な事例とともに、対教師暴力、生徒間暴力、対人暴力、器物損壊の4つに「暴力行為」がわけられていることがわかりました。次の節では、「暴力行為」を行った生徒はどのように注意をされたり、処分を受けたり、反省し更生したりしていくのでしょうか。このことを紹介していきます。

第3節　未成年の暴力行為

図表2は、令和4年度の調査で浮かび上がった、全国の小・中・高等学校で実施された、加害生徒への措置の状況です。この図表からわかることは、小中学校は義務教育期間なので、高等学校に比べて退学・転学が少なく、停学の措置は取られていないことがわかります。また、出席停止の措置は、全国で5人の事例だけであることがわかります。授業の妨害や暴力行為があったとしても、加害生徒の学習する権利を奪うことになる「出席停止」の措置は、命じる事に問題があるようです。

図表2　加害児童生徒に対する学校の措置状況　　　　　　　　　　　　(人)

	小学校			中学校			高等学校		
	国立	公立	私立	国立	公立	私立	国立	公立	私立
懲戒退学	0	***	0	0	0	5	0	0	27
退学・転学	0	13	20	0	20	49	0	149	86
停学	***	***	***	***	***	***	0	497	481
出席停止	***	1	***	***	4	***	***	***	***
自宅学習・自宅謹慎	***	***	***	***	***	***	0	1,132	368
訓告	1	1	17	0	2	165	0	145	162
加害児童生徒数	1	15	37	0	26	219	0	1,923	1,124

(令和4年度「児童生徒の問題行動・不登校等生徒指導上の諸課題に関する調査」から筆者作成)

図表3　学年別加害児童生徒数　　　　　　　　　　　　　　　　　　　　（人）

	小学校			中学校			高等学校		
	国立	公立	私立	国立	公立	私立	国立	公立	私立
1年（人）	142	6,374	53	86	12,418	524	2	1,572	649
2年（人）	120	7,534	64	64	9,037	371	1,572	1,160	560
3年（人）	122	7,467	52	29	5,194	193	649	687	294
4年（人）	130	7,575	75	***	***	***	***	***	***
5年（人）	127	8,111	54	***	***	***	***	***	***
6年（人）	109	7,373	57	***	***	***	***	***	***
合計（人）	750	44,434	355	179	26,649	1,088	2,223	1,720	983

（令和4年度「児童生徒の問題行動・不登校等生徒指導上の諸課題に関する調査」から筆者作成）

　図表3は、令和4年度の調査から「学年別加害児童生徒数」が示されています。圧倒的に件数が多いのは、公立中学校の1年生で1万2418人でした。その一方で、公立小学校における加害生徒数は、どの学年も同様に多く、おおよそ6300〜8100人です。小学校における指導が、中学校へつながっていることを考えると、発達年齢にあった対人関係の構築について、しっかりと教員が理解したうえで、日々の指導に生かしていくことが重要であることを示唆しているのではないでしょうか。

　例えば、暴力行為未然防止教育などを外部講師をお招きして実施することも有効な手立ての1つでしょう。どの地域にも保護司さんがいらっしゃるはずです。そのような方をお招きして、排除するのではなく困り感を共有して、お互いに助け合う地域社会を構築していくことを理解する必要があります。あるいは、警察署や少年サポートセンターの職員をゲストティチャーとしてお招きして、暴力行為の未然防止について考えていくという必要もあります。

　さて、学校現場の先生方から、次のような会話を耳にしたことが何度かあります。そのことから、未成年の非行行為と逮捕について考えて見たいと思います。以下の会話は、若い採用されたばかりの教員2人（S先生とL先生）と、ベテランのM先生のものです。

　S先生：「授業中にスマホをいじっていたので、少しきつく注意したらR

君は、『うるせぇクソババァ』と言ってきたのよ」
L先生：「それで負けずに注意してあげたの？」
S先生：「そこは毅然と、注意したわ。でも『なんだと』って言って胸ぐらをつかんで黒板に押し付けられたの」
L先生：「わー！　こわいわね……それでどうしたの？」
S先生：「なんとか腕をおしのけて、隣の教室にいるM先生に助けを求めたの……」
M先生：「はい、そうですね。すぐに、止めに入って、R君を別室に連れて行きましたよ。そのあと教頭と校長に相談をして、教師に対する暴力行為は警察に連絡をすると決めていたでしょう。だから警察に連絡を入れて、今は事情聴取をうけているはずですよ」
L先生：「このあと、R君は少年院にいくのかな？　S先生は、もう怖い思いはしなくてもいいのよね？」
M先生：「いえいえ、R君は明日も変わらず、今日と同じように登校してきますよ」
S先生：「え！　R君は逮捕されたのではないのですか？」
M先生：「R君は未成年ですし、事情聴取されたのち反省をうながされて帰宅するので、明日もきちんと登校してきますよ！」
S＆L先生：「…………」

　上記の会話のように、この文章を読んでいる方も、警察に連れていかれたら、すぐには学校に出て来られないだろうとか、何日か後には少年院に送致されるのだろうなどと考えていたと思います。S先生とL先生もそのように考えていたことと思います。では、未成年の生徒と非行行為による警察の介入について、わかりやすく解説をしていきましょう。

　14歳未満の未成年の子どもであれば、成人に対して行われるような、逮捕という措置は取られません。
　では、暴力行為が行われた場合、どのような措置が取られるのでしょうか。まず、暴力行為は、刑法208条に定められている暴行罪で、「他人に対する不法な有形力の行使」に該当します。具体的には、喧嘩などで他人を殴ったり、蹴ったりする行為のほか、髪を切る、水をかける、石を投げるなどの行為も「暴行」とみなされる場合があります。
　なお、暴行罪は、「暴行を加えても被害者がケガを負わなかった」場合の

み成立します。ケガを負わせてしまった場合は「傷害」罪となりますし、死亡をさせてしまった場合は「傷害致死」罪となります。この場合、「ケガをさせるつもりではなかった」と弁明しても認められません。

　14歳以上の未成年者が暴行罪にあたる行為をしたケースでは、基本的に成人と同じように、暴行罪として逮捕されます。未成年者ですから、逮捕にあたっては考慮される要素がありますが、刑事事件として捜査を受ける点に変わりはありません。子ども同士の喧嘩だから……では済まされないことが理解できると思います。

　14歳以上の未成年者が、刑法犯に該当する事件の「被疑者」となったときは、「少年事件」として捜査の対象となります。しかし少年事件では、捜査は行われますが、原則的には加害者となった子どもの更生を主目的とした対策が取られていきます。

　つまり、殺人などの凶悪事件ではない限り、最終的に刑罰が下されることはほとんどないと考えてよいでしょう。ただし、「処分」という形で、家庭裁判所の裁判官によって、当事者が更生するために最も効果的な結論が下されることになります。

　校内で暴力行為が行われた場合、被害者の安全を確保したあとは、「暴行が加えられた証拠」の保全が真っ先に行われることになります。傷害の場合は、病院に行き治療をし、診断書を取ればよいのですが、暴行罪の場合は、目撃者の証言と被害者の証言などの状況証拠をもとに認定されることがほとんどです。学校においては、複数の証言を個別に聞き取り調査をして、状況証拠を保存することになります。

　未成年でも暴行罪で逮捕される場合がまれにあります。その場合、逮捕後にどのようなプロセスを経て、日常生活に戻れるのでしょうか。逮捕の場合は、犯行中や犯行直後に「現行犯逮捕」されるか、犯行の後日、証拠がそろえられてから逮捕状が提示されて「通常逮捕」されます。逮捕後は、原則として保護者でも面会が禁じられます。接見が許されるのは弁護士だけとなります。

　その後、一般的には家庭裁判所へ送致されます。家庭裁判所では、「審判不開始」と判断されれば、その時点で日常に戻れます。「審判」が行われる必要があると判断されれば、裁判官と調査官、弁護士が協力し合って、本人にとって最も良い道を考え「処分」します。処分は以下の5つがあります。

- 不処分（非行事実がない、もしくは保護処分を検討する必要がないと判断）

- 保護処分決定（少年院・児童支援施設・児童養護施設などに送致すること。少年院送致の場合は、身柄は引き続き拘束されるが、その他施設では開放施設で生活する）
- 都道府県または児童相談所長送致（18歳未満の子どもが対象。家庭環境に問題があると判断された際などに受ける判断）
- 保護観察処分（月に1、2回保護司と面談を行いつつ、通常の生活へ戻る）
- 検察官送致（逆送）（殺人など刑事事件として起訴して、罪を裁く必要があると判断。前科がつく可能性がある）

このように、14歳未満の未成年者と、14歳以上の未成年者とでは、扱いが違ってくることに注意が必要です。そこで、検察庁のホームページから「少年事件について」という頁を紹介したいと思います。

> 少年とは，20歳に満たない者を意味し、家庭裁判所の審判に付される非行のある少年は、(1) 犯罪少年（14歳以上で罪を犯した少年）、(2) 触法少年（14歳未満で(1)に該当する行為を行った少年—14歳未満の少年については刑事責任を問わない）、(3) ぐ犯少年（保護者の正当な監督に服しない性癖があるなど、その性格又は環境に照らして、将来、罪を犯し、又は刑罰法令に触れる行為をするおそれがあると認められる少年）に区別されます。

刑法でいう「少年」は20歳未満の者をさすこと。また14歳を境に刑事責任が問われるか否かの境目になっていることなど、学校現場で生徒指導を行う教職員にとって、知っていなければならない法律があります。このことに関連して、文部科学省から発行されている『生徒指導提要』には生徒指導を実施するにあたっての考え方が示されています。

> 児童生徒の起こす暴力行為の背景には、その児童生徒を取り巻く家庭、学校、社会環境などの様々な要因があります。したがって、それらの要因を多面的かつ客観的に理解した上で指導を行わなければなりません。また、むやみに指導を行うのではなく、児童生徒の自己指導能力を育て、児童生徒が自らの行為を反省し、以後同様な行為を繰り返さないような視点に立った働きかけを行うことが重要です。このような発達支持的生徒指導を進めていくためには、一人一人の教職員に深い児童生徒理解力が求められるとともに、学校全体で育成を目指す児童生徒像や指導の考え方を共有し、関係機関との適切な連携の下、全校的な指導体制

> を構築することが必要です。　　　　（『生徒指導提要』143頁から引用）

　暴力行為の背景には様々な要因があり、担任・学年だけではそれらの要因を多目的かつ客観的に理解するには限界があります。また、教職員も児童生徒と同じように今現在に至るまで様々な経験をしてきているため、多様な指導観をもっているはずです。
　したがって、児童生徒の行動にある裏側（背景や要因）に配慮せず、しゃくし定規な指導にならないためにも、学校全体で育むべき児童生徒像や指導のアプローチ方法等を共有し、教職員全員が同じ目標に向かい、協力して指導に当たることが必要です。また、SC（スクールカウンセラー）やSSW（スクールソーシャルワーカー）、SSS（スクールサポートスタッフ）などの専門スタッフと連携した指導体制も状況によって必要になります。その他、関係諸機関との連携・協力体制を構築することも必要です。

第4節　暴力行為に対する重層的支援構造

　文部科学省から示された令和4年12月版『生徒指導提要』には、146頁に「暴力行為に関する生徒指導の重層的支援構造」が書かれています。この図（図表4）を解説しながら、学校全体で長期にわたる計画的な生徒指導体制および、「暴力行為」をさせない、生徒自身が「自己指導力」を身に付けさせる指導について考えてみたいと思います。
　図表4の真ん中を見てください。円柱が4つ重なっています。この部分を「生徒指導の4層構造」といいます。一番下から「第1層④発達支持的生徒指導」、「第2層③課題未然防止教育」「第3層②課題予防的生徒指導」「第4層①困難課題対応的生徒指導」と位置付けられています。

- 「第1層④発達支持的生徒指導」
　　特定の課題を意識することなく、全ての児童生徒を対象に、学校教育の目標の実現に向けて、教育課程内外の全ての教育活動において進められる生徒指導の基盤となるものです。
- 「第2層③課題未然防止教育」
　　全ての児童生徒を対象に、生徒指導の諸課題の未然防止をねらいとし

図表4　生徒指導の重層的支援構造

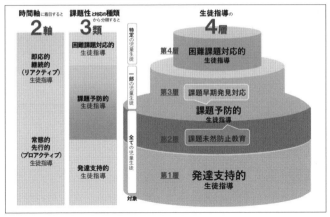

（東京都教育庁HPから筆者改編）

た、意図的・組織的・系統的な教育プログラムを実施します。
- 「第3層②課題予防的生徒指導」
　課題の予兆行動が見られたり、問題行動のリスクが高まったりするなど、気になる一部の児童生徒を対象に、深刻な問題に発展しないように、初期の段階で諸課題を発見し、対応します。
- 「第4層①困難課題対応的生徒指導」
　いじめ、不登校、少年非行、児童虐待など特別な指導・援助を必要とする特定の児童生徒を対象に、校内の教職員だけでなく、校外の教育委員会等、警察、病院、児童相談所、NPO等の関係機関との連携・協働による課題対応を行います。

この4層構造による生徒指導を、「暴力行為」の場面に適用させると、次のような考え方ができます。
- 第1層　発達支持的生徒指導の考え方
　暴力の背景には、自分の気持ちをうまく表現できずに衝動的な行動をとってしまうことなどの問題があると考えられます。そのため、自分の言いたいことを暴力や暴言ではなく、おだやかな言葉で伝えられるようにすることを大事にしていくことが大切になります。
　児童生徒同士の日々の挨拶や、児童生徒への教職員からの日々の声かけ、そこから発展する対話など、意図的に人と関わる場を設定する学級活

動やHR活動などが必要になります。

- **第2層　課題未然防止教育の考え方**

　暴力行為や刃物携帯行為を軽く考えて、「こんなことになるとは思わなかった」と後悔することのないよう、児童生徒だけでなく、できることであれば保護者の方にも、警察の方に講話をしていただきます。

　ゲストティーチャーとして警察の少年係の方に講話をしていただいたことがあります。実際の現場で起きていること、地域としてどんな傾向があるのかをお話ししていただきましたが、実際に対応している人の具体的な話には現実味がありました。

- **第3層　課題予防的生徒指導（課題早期発見対応）の考え方**

　児童生徒の前兆行動を早期に発見し対応することが、暴力防止において重要です。児童生徒の発達面はもちろん、学習面、進路面、健康面、心理面、社会面（交友面）、家庭面などを多面的に見ていく必要があります。教員一人でアセスメントを行うには限界がありますので、SCやSSWなどと連携してチームで対応していきます。

- **第4層　困難課題対応的生徒指導の考え方**

　暴力行為が発生した場合、第一に暴力行為の被害を受けた児童生徒等の手当てと周囲の児童生徒等の安全確保を行います。状況によっては、救急や警察にすぐに通報します。

　暴力行為に及んだ児童生徒が興奮していて、他の児童生徒等に更に危害を加えそうな場合には、他の児童生徒等を安全な場所に避難させます。対応について早急に管理職に指示を仰ぎ、保健室での手当て、暴力行為に及んだ児童生徒・被害を受けた児童生徒等・目撃した児童生徒等からの聞き取り、関係する保護者への連絡、暴力行為の現場の保全と記録を行います。

　このように暴力行為の未然防止、逸脱行動の早期発見、早期対応、暴力行為が発生した場合の対応の4層構造を考えておくことで、今まで以上に児童生徒に配慮をしながら行動に移すことができるようになります。

　また、生徒指導提要を読むと、チーム学校というのは、学校の中だけではなく、様々な関係機関等との連携体制をとることも必要だということを学ぶことができます。

　様々な背景をもつ児童生徒が増えていく中で、どのように対応していくかを教職員だけでなく様々な機関と連携をとりながら多面的に見ていくことが

重要です。
　地域ごとに各機関とのつながり方は変わってくるはずですので、まずは一番身近な職場の先輩たちに話を聞き、学びを深めていく必要があります。

第5節　少年非行(暴力行為)指導の実際

5-1　対教師暴力の実際
登場人物と背景
本人：A男(中学校3年・男子)、　家族構成：父、母、兄(高校2年)、
担任：教員10年目

　A男は中学3年生でバスケットボール部に所属している。中学校入学時から、校内の基本的なきまりを守れずにいた。例えば、スマートフォンの使用、頭髪の染色、大声による授業妨害、器物損壊、脅迫などである。その都度、生徒指導主事を中心に対応を検討し、学校全体で指導を行ってきている。
　1年時には短気な性格が災いし、自身に不都合なことがあると、クラスメイトに強い口調で詰め寄る様子や、物を投げつける行為が何度も繰り返された。2年生に進級してからも同じような行為が繰り返し見られ、その頻度も増加していった。その中で、今回の事案が部活動中に発生した。
　部活動の練習中に、A男が、体育館にやってきた。耳にピアスを付け、上半身が裸の状態で練習に参加をしてきたため、顧問の教員が注意をした。
　顧問　「A男、そんな格好で部活に参加されては困る。きちんとTシャツ
　　　　　でもいいから着てこい」
　A男　「それなら、俺のユニフォームを部室から取ってこい」
　顧問　「A男、それを言うのなら、ユニフォームを取ってきて下さいって
　　　　　言いなさい」
とA男に注意をしつつ、部室にユニフォームを取りに行こうとしたところ、A男が逆上し、部室内に入った顧問を正面から突き飛ばし、さらに複数回顔や胸・腹などを殴る暴力行為を行った。その行為を見た他の部員が、職員室の教員に助けを求めに行った。複数の教員が駆け付け、A男を引き離して落ち着くように説得する。しかし、A男は自分を押さえつける手を振り払い、顧問への暴力行為をやめようとはしなかった。そのため教員が複数人で取り

第5章　暴力行為　　89

押さえた。その際、A男は取り押さえようとした教員にも暴力行為を行った。その後、教員らが粘り強く説得をし続けたところ、ようやくA男は落ち着き、生徒指導室に移動させることができた。

この後、管理職が中心になり、複数の教員で役割を決めて対応を行った。
①A男への状況聞き取り
②目撃していたバスケットボール部員への個別での状況聞き取り
③養護教諭を中心に、暴力行為を受けた顧問のケガの確認及び、病院での受診対応
④以上の①〜③の内容をもとに今後の対応の検討

①A男の状況聞き取りの結果
　A男は、顧問の教員の発言に対して腹を立てて暴力行為を行ったことを認めた。その一方で、暴力行為を行ったことへの反省の様子は見られなかった。
②目撃証言
　部活動を中止し、部員に個別に聞き取りをして、第三者の目線から目撃証言の正確な記録をとった。
③養護教諭を中心にケガの状況を確認
　顧問の状況については、全身で複数の打撲を確認。写真を撮り状態を記録した。また、病院で受診し診断書をとった。
④今後の対応
　情報をまとめ、教育委員会へ事故報告。生徒指導委員会を開き、情報共有後に対応を考えた。教員が大きくケガをしていることを考慮し、後日、警察に被害届を出すことを決めた。また、顧問の教員については、A男を刺激しないように配慮し、接触時のトラブルを回避するために、複数の教員が必ず同伴するように決めた。また、今回の事象で受けたメンタルヘルスを管理職を中心にサポートしていくことになった。

その後、保護者に来校してもらい、生徒指導主事と管理職が中心になり、今回の事象について直接説明を行い、警察に被害届を提出することを伝え、暴力は許されない行為であることを保護者に伝えた。その話の中で、A男本人の言い分はまだあるが、自分が行った暴力行為についてのある部分は反省

しているとの謝罪があった。
　それ以後、保護者とは何度も面談を重ね、学校生活のルールの確認や、今後同じことが発生しないように、学校の対応方法に理解をしてもらうことともに、家庭からも協力してもらうように、話し合いを続けている。

　今回の事象ではその後、暴力行為を見たバスケットボール部員が「顧問の先生のケガは大丈夫か」「バスケ部はこのまま部活動が続けていけるのか」「あのときＡ男の暴力行為をとめられたら……」と精神的ショックを受けた生徒が複数いたことがわかった。それぞれ個別に教育相談の実施やスクールカウンセラーによる心のケアを行う体制をつくり実施した。バスケットボール部の活動についてはミーティングを行い、暴力行為についてはどんな状況であっても許されないことや、今後部活内で起こった場合はどのように対応するか部員に説明を行い、安心して部活動ができるよう取り組んでいる。

5-2　生徒間暴力の実際
　登場人物と背景
　本人：Ｂ男（中学校1年・男子）、　家族構成：父、母、妹（小学生）、
　友人：Ｃ男（同級生）、担任：教員5年目

　Ｂ男は、ADHD（注意欠陥多動性障害）傾向が見られ、衝動的に行動をとってしまい、周囲の友人とトラブルを起こす回数が多い生徒である。部活動はサッカー部に所属している。サッカーは小学生のころから地元のクラブで習っていて上手にプレーすることで定評がある。成績は下位に属し、おしゃべりや集中できないことにその原因があると見られている。今回の事案は、仲の良い友人とのトラブルが原因であった。
　Ｂ男は、休み時間中に教室内で複数の友人と会話を楽しんでいた。その会話の中で、Ｃ男が友人らに提供した話題がトラブルの原因となった。実は、Ｃ男が話した内容は、Ｂ男が秘密にしてほしいとＣ男に頼んでいた事柄だったのだ。Ｃ男に秘密の内容を暴露されてしまったＢ男は怒って、Ｃ男に馬乗りになり顔面を複数回殴り、髪を引っ張るなどの行為を行った。教室内で見ていた生徒が職員室に教員を呼びに行った。複数の教員が駆け付け、興奮状態のＢ男に対して、「今すぐ、暴力をやめてＣ男から離れなさい」と指示をしたが、暴力行為をやめなかったので、複数の教員でＢ男を取り押さえてや

めさせた。
　すぐにB男を別室に誘導し、クールダウンさせることにした。次に、学年の職員で手分けをして、事態の収拾に努めることにした。真っ先に対応したのは、ケガをしている様子のC男を保健室に連れて行き、応急処置をしてもらうことだった。残りの職員は、B男からの聞き取りと、目撃した生徒からの聞き取りを進めることにした。

　①被害生徒(C男)の安全確保
　　C男を保健室に連れていき応急処置を養護教諭にしてもらう。その際、養護教諭はC男が顔面および頭部を複数回殴られていることを考慮し、病院への受診を要望した。保護者に連絡し病院を受診させることにする。保護者が自家用車で迎えに来るまでの間、C男からトラブルになった経緯について聞き取りを行った。その後、迎えに来た保護者へ、ケガの様子とケガをしたときの状況を伝えた。詳細については、目撃生徒の情報も併せて、詳細な報告を明日に伝えることとし、病院に行ってもらった。
　②加害生徒(B男)からの聞き取り及び指導
　　B男を別室に連れて行き、クールダウンを実施。落ち着いてきたところで、事情を聞いていった。背景にいじめが存在しないかを確認したが、いじめの事案ではなかった。原因はC男がB男の秘密を周りの友人に漏らしてしまったことが嫌で、話をとめるつもりで殴ってしまったとのことだった。B男はC男に謝罪し、仲直りをしたいという気持ちがあることを話してくれた。
　③被害者(C男)からの聞き取り及び指導
　　C男は、B男が秘密にしてほしいと頼まれていたことを軽い気持ちで周りにいる友人に話をしてしまったこと、そのことでB男を傷つけてしまったことがきっかけであると教員へ話した。
　④状況を見ていた生徒への聞き取り
　　複数人が今回の事案を見ていたので、それぞれ個別に聞き取りを実施し、状況把握に間違いがないか記録した。
　⑤生徒指導主事と管理職への報告
　　生徒間暴力が起きた時点で、すぐに報告をした。詳細については事情を聞き取ってから行うことを確認している。まずは生徒の安全確保を

優先事項とすることを助言してもらっている。
　おおまかな聞き取りが終了した時点で、緊急に生徒指導委員会を開催する。今後の対応を学校全体で共有するために実施されたものである。
　本案件が発生した中学校では、生徒指導事案が起こった際は事象の程度にかかわらず、職員全体がgoogleのチャットルームで情報共有を行っている。学年に関係なく、生徒指導に学校全体で取り組む体制が取られている。また、事故の程度が大きい場合は休み時間等に全教員が職員室に集まり、共有を直接行うことにしている。

　今回の事案は、男児B男に反省の様子と謝罪の意思があり、C男もB男からの謝罪を受け入れ、自分も直接話をしたいという意思があった。
　そこで、まずは生徒同士で謝罪をさせ、相手を殴る前に、どんなことをすればよかったのか、他にどんな方法があったのかを深く考えさせた。
　その後、B男の保護者に学校に来てもらい、今回の事案の経緯を詳細に伝え、C男の保護者へB男と同伴で、直接謝罪してもらう方法をとることを決めた。
　B男親子に直接謝罪をさせる背景には、謝罪のほかに治療費等の請求などが含まれるケースがあるからである。本案件は、医師の診断では特に心配がないとのことだったので、治療費も慰謝料も請求はしないと、C男の保護者から報告を受けた。
　謝罪も終わった時点で、担任から管理職と生徒指導主事へ本事案の報告が行われた。あわせて教育委員会へ「状況報告書」（「事故報告書」という名称が一般的かもしれない）が提出された。
　一方で、ADHD傾向でB男本人が強い困り感をもっていることがわかったので、家庭訪問を通じて保護者へ、スクールカウンセラーの利用について提案をし、理解を得たうえで相談を開始している。このほかに、SST（ソーシャルスキルトレーニング）を学年ごとに実施し、他者とのかかわり方について学ばせている。

　対教師暴力の事例では、第4節で述べたように、重層的支援構造の第4層に該当する指導が、実際の場面に適応されていることがわかります。
　また、生徒間暴力の事例では、対象の生徒にADHD傾向が見られ、困り感をもっていることが事前に把握できていた事例です。課題の予兆行動がたび

たび見られていたわけですから、専門家や専門機関に早期に連絡したり、相談をして的確な助言指導をあおいでおきたい事例であったことがわかります。

【参考文献】
文部科学省『生徒指導提要（令和4年12月）』
文部科学省『高等学校学習指導要領（平成30年告示）』
文部科学省『高等学校学習指導要領（平成30年告示）解説 総則編』
文部科学省『中学校学習指導要領（平成29年告示）』
文部科学省『中学校学習指導要領（平成29年告示）解説 総則編』
文部科学省『小学校学習指導要領（平成29年告示）』
文部科学省『小学校学習指導要領（平成29年告示）解説 総則編』
学校管理運営法令研究会編著（2018）『第六次全訂 新学校管理読本』第一法規.

第6章

薬物使用

第1節　薬物等の非行

　2015年11月、とてもショッキングな新聞記事を目にしました。タイトルは、「『大麻吸った』小6男児が衝撃の告白　京都の小学校教師に　府警、児相への通告検討」(産経新聞)というものでした。昨今、薬物の被害・乱用が若年齢層に広がってきているというウワサは耳に届いてはおりましたが、まさか小学生にまでとは驚きでした。京都府警によると、「京都市内の小学校の教師が10月中旬、小学6年の男児の様子が不審だったことから問い詰めたところ、男児は『たばこを吸っていた』とした上で、『大麻を吸ったこともある』と説明した」との内容でした。この事件の真相は、男児の兄(高校生)の部屋から大麻草が見つかったとして、兄が大麻取締法違反の疑いで逮捕されたというもので、弟である小学6年生が使用したかどうかは、その時点では不明であるとの内容でした。

　そこで、この事件が氷山の一角なのか、あるいは薬物等の汚染が、本当に

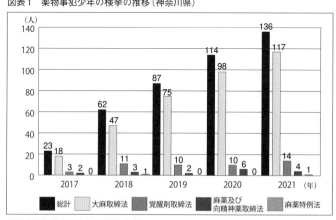

図表1　薬物事犯少年の検挙の推移(神奈川県)

(「神奈川県警察HPから筆者作成)

図表2　薬物事犯少年の検挙の推移（全国）

	2017	2018	2019	2020	2021
総計	395	541	722	1008	1112
大麻取締法	292	422	595	853	955
覚醒剤取締法	91	95	92	96	114
麻薬取締法				59	
麻薬特例法	12	24	35		43

（『令和5年犯罪白書』から筆者作成）

青少年に広がってきているのかを調べることにしました。調べ方は、各都道府県の警察が公開している「薬物事犯少年の検挙の推移」などのタイトルで、Web検索をする方法です。まずは、神奈川県における薬物事犯少年の人数について調べてみました。その結果が**図表1**です。さらに、全国においても同様の傾向が見られるのかどうかも、調べてみました。調べ方はWeb検索で「犯罪白書」などで検索する方法です。その結果が**図表2**です。ただし、データの扱い方（統計方法）が少し違っている箇所があるので注意が必要です（**図表1**では、麻薬の検挙数を「麻薬及び向精神薬取締法」及び「麻薬特例法」から計測しています。**図表2**では、麻薬の検挙数を「麻薬取締法」から計測しています）。

　いずれにしても、大麻・覚醒剤・麻薬の総計を比較しても、年々検挙数が増えてきていることがわかります。その中でも大麻の検挙数が突出して増えていることがわかります。このことから、薬物事犯の検挙数は全国的にも、同様に増えてきていて、生徒指導の重要（喫緊）な課題であることがわかりました。

第2節　薬物を使用してはいけない理由

　なぜ薬物を使用してはいけないのかを見ていきましょう。警視庁のホームページから、見ていきます。一般に薬物とよばれるものは、「粉末や液状、錠剤などがあり、形状も様々です。呼び方や種類もたくさんあります。身体、

精神に与える影響や、中毒の症状もそれぞれ違います」としています。主な種類として、次のものが挙げられます(括弧内の呼称は、別の呼び方や、薬物の形状等を示しています)。

- 覚醒剤
  幻覚や妄想が現れ、中毒性精神病になりやすい。使用をやめても再燃(フラッシュバック)することがある。大量に摂取すると死に至る。(隠語：シャブ、スピード、S（エス）、アイス、クリスタルなど)
- 大麻(マリファナ)
  知覚を変化させ、恐慌状態(いわゆるパニック)を引き起こすこともある。乱用を続けると、学習能力の低下、記憶障害、人格変化を起こす。(隠語：マリファナ、ハッパ、野菜、草、THC、ガンジャ、ハシシ、ジョイント、グラス、ウィードなど)
- コカイン
  幻覚や妄想が現れる。大量に摂取すると全身痙攣を起こすほか、死に至る。(隠語：C（シー）、コーク、スノー、クラック、チャーリーなど)
- MDMA
  知覚を変化させ幻覚が現れることがある。大量に摂取すると高体温になり、死に至る。(隠語：エクスタシー、バツ、タマなど)
- LSD
  強力な幻覚剤であり、極めて微量でも使用すると幻覚症状が表れ、気分が高揚し、不眠状態が続き、体温・心拍数の上昇、頻脈や散瞳等の症状が出てくる。その幻覚症状が原因で精神錯乱や異常興奮になる。
  (隠語：ペーパー、タブレットなど)
- 危険ドラッグ
  麻薬などに類似した有害で危険な物質を含んでおり、呼吸困難や異常行動を起こしたり、死に至ったりすることもある。
- 向精神薬
  睡眠薬、精神安定剤など医療用として用いられているが、乱用されると精神及び身体へ障害を与える。また、依存により、思考、感覚及び行動に異常をきたす。
- 有機溶剤(シンナーなど)
  情緒不安定、無気力となり、幻覚や妄想が現れて、薬物精神病になり、大量に摂取すると呼吸困難となり、死に至る。(隠語：アンパンなど)

(厚生労働省HP「薬物乱用防止に関する情報」のページ参照)

インターネットが発達した現在では、違法薬物売買の多くはSNSを利用して行われており、誰でも簡単にアクセスできてしまうのが現状です。
　違法薬物の売買行為は犯罪であるため、基本的に隠語や絵文字が使われています。例えば、「手押し（対面販売のこと）」「野菜（大麻のこと）」「アイス（覚醒剤のこと）」などは違法薬物販売に関する隠語の一例です。
　販売する側は利益を得るのが目的ですから、値段や質、サービスなど売るための様々なアピールを工夫しています。その中に「合法」薬物であると謳っているものもあります。最近では「大麻グミ」なども、売り手側から「違法ではありません」と堂々と主張している様子がテレビで報道されていたことは記憶に新しいと思います。覚醒剤や大麻に化学構造を似せて作られた物質などには、たとえ未規制であったとしても同等又はそれ以上の危険がある物質もあります。また、違法成分が含まれるものもあります。含有成分は見た目で判別できませんから、「合法」の文字だけで安全と判断するのは非常に危険であり、軽く考えてはいけません。
　インターネットは匿名性の高いものですが、捜査の手は及びます。販売者が検挙された場合、当然購入者の捜査は行われますし、その逆も然りです。違法薬物をインターネットで購入しようとする時点で、あなたに「何としてでも手に入れたい」という気持ちがあるということです。様々なリスクを負いながらも「薬物を入手したい」という気持ちを抑えられないのは、「薬物依存」に向かっている表れかもしれません。一度立ち止まって考えてみましょう。
　（警視庁　https://www.keishicho.metro.tokyo.lg.jp/kurashi/drug/drug/drug.html 2024.1.5検索）

第3節　違法薬物の取締に関する法律等

　覚醒剤をはじめとする薬物の乱用は、乱用者本人の精神や身体の健康を害するだけではなく、薬物乱用による交通事故や薬物に起因する犯罪など、社会全体に悪影響を及ぼすことから、国民の健康と安全を守り、健全な社会の実現のため、法律で厳しく規制されています。
　第3節では、厚生労働省が作成した、大学生向けの啓発パンフレット「学生のみなさんへ　薬物のこと大麻のこと誤解していると危険です！」から見ていきたいと思います。

3-1 薬物が体に及ぼす影響

　私たちの脳は、すごいスピードで情報を処理し、心と身体をコントロールする優れた仕組みを持っています。しかし、薬物を乱用すると脳の仕組みにダメージを与え、乱用が続けられるなかで様々な障害を引き起こします。そして、一度ダメージを与えられた脳は、薬物を使う前の状態には戻らなくなってしまいます。特に成長期にある青少年の脳は成人に比べて影響を受けやすいため、注意が必要です。

　また、薬物は依存性が高く、薬物を、繰り返し使わずにはいられなくなり、薬物をやめたくても自分の意志ではやめられなくなってしまうという特徴があります。

　さらに、使用を繰り返しているうちに、それまでの量では効かなくなり、薬物の使用量が増えるという特徴もあります。このように、自分の意志でコントロールできなくなり、依存性と使用量が増えていく特徴が示されています。

　NHKの番組「バリバラ」(2019年7月放送)に出演した芸能人、田代まさし氏が自己の経験から次のように語っていました。

田代氏：捕まる度に、ファンをがっかりさせた。家族に心配をかけた。二度とやってはいけないと、強い意志を持つ。それなのに、目の前にクスリを出されたり、つらいことが起きると、大切なモノよりもクスリの魔力が勝っちゃうんだ。
精神科医の松本俊彦氏：(薬物の依存症は)自分でコントロールできない。クスリを使ったことがない人が自分の感覚で、「気を引き締めてとか、強い意志を持って」というのは無理なこと。
出演している女子高校生(3人)：クスリを使っている人は、幻聴や幻覚が見えたりしているというイメージ。
田代氏：クスリをやっても症状は普通。ただ、何日も眠らないので、クスリが切れると、ただ眠いだけ。
精神科医の松本俊彦氏：普通の依存症の人は、幻聴や幻覚は見えない。あのような症状にならないので、使い続けられる。
出演している女子高校生(3人)：テレビや学校の保健の授業とかで、薬物を使うと幻聴や暴れたりするということを聞いた。だからそういうイメージを持っている。

精神科医の松本俊彦氏：学校の教育では、子どもたちに最初の一回をやらせないためには、それくらい脅した方がいいという考えがあって、そのように教育されている。ほとんどの薬物依存症の人には出ない症状を、殊更に盛った症状が出るように伝えられている。

そして、最後に

田代氏：僕は若いころにシンナーを吸ってたけど、時が来たらやめられたんで覚醒剤も同じようにやめられると強く思ってた。でも、全然やめられなかった。犯罪だってわかっていたけど、こんなにやめられない病気にかかるとは思っていなかった。

上記のように、いつでもやめられると思って、軽い気持ちで始めたが、依存性が高くやめられないことを告白していました。田代氏は自分の経験を番組で話すことによって、少しでも抑止効果が出ればいいという思いで語っていました。

3-2　薬物に関する犯罪行為は法律で厳しく処罰される

- 所持
  覚醒剤、大麻、コカインやMDMA等の麻薬、向精神薬*、あへん、指定薬物を持っていること。(*譲渡目的の所持の場合)
- 使用・施用
  覚醒剤、大麻、コカインやMDMA等の麻薬、向精神薬、あへん、指定薬物を自己の身体に摂取したり、他人の身体に摂取させたりすること。
- 譲渡・譲受
  覚醒剤、大麻、コカインやMDMA等の麻薬、向精神薬、あへん、指定薬物*を売ったり買ったり、無償であげたりもらったりすること。(*譲渡の場合)
- 輸入・輸出
  覚醒剤、大麻、コカインやMDMA等の麻薬、向精神薬、あへん、指定薬物*を日本から持ち出したり、日本に持ち込んだりすること。(*輸入の場合)
- 製造
  覚醒剤、コカインやMDMA等の麻薬、向精神薬、指定薬物を作ること。

- 栽培
  大麻草、麻薬原料植物、けしを育てること。
- その他の犯罪
  睡眠薬などのクスリを飲み物や食べ物に混ぜて相手の意識を朦朧とさせ、抵抗できない相手に対し、性暴力を振るう事件が増えています。向精神薬等を相手に飲ませ、相手が抵抗できない状態で性暴力を振るうことは刑法の処罰の対象となります。

　上記のように、自分が使用してしまった場合だけではなく、所持していただけでも罰則が設けられていることに気づいて欲しいと思います。また、使用せず、知人から知人に受け渡しするだけでも犯罪行為になります。たとえ、それが無料であっても同様の犯罪になります。
　では、具体的な法律を見ていきましょう。

- 大麻取締法

　大麻取締法は、大麻の用途を学術研究及び繊維・種子の採取だけに限定し、大麻の取扱いを免許制とし、免許を有しない者による大麻の取扱いを禁止するとともに、違反行為を規定して罰則を設けた法律です。
　(繊維及び種子の採取又は研究目的の場合に限り大麻草の栽培を認める内容の大麻取締規則(昭和22年厚生・農林省令第1号)により、麻薬から独立して大麻の規制が行われるようになり、23年、同規則が廃止され、大麻取締法が制定されました(昭和23年7月施行)。大麻取締法の重要な改正としては、昭和28年法律第15号による改正により、大麻の定義が「大麻草及びその製品」と改められ、大麻草の種子は規制の対象外とされたこと(昭和28年4月施行)、昭和38年法律第108号による改正により、大麻から製造された医薬品の施用を受けることを禁止する規定の新設及び罰則の法定刑が引き上げられたこと(昭和38年7月施行)、平成2年法律第33号による改正により、大麻の栽培・輸出入・譲渡し・譲受け・所持等についての営利犯加重処罰規定及び未遂罪の処罰規定、栽培・輸出入についての予備罪の処罰規定、資金等提供罪、周旋罪等が新設されたこと(平成2年8月施行)、平成3年法律第93号による改正により、大麻の定義規定の明確化、資金等提供の処罰範囲の拡大、大麻の運搬の用に供した車両等への没収範囲の拡大、国外犯処罰規定の新設等が行われたこと(平成4年7月施行)などがあります。)

- 覚醒剤取締法

　覚醒剤取締法は、覚醒剤の乱用による保健衛生上の危害を防止するため、覚醒剤及び覚醒剤原料の輸出入・所持・製造・譲渡し・譲受け・使用に関して必要な取締りを行うことを目的とする法律です。

　(昭和26年、覚醒剤取締法が制定され(昭和26年7月施行)、覚醒剤の用途を医療及び学術研究のみとし、覚醒剤を取り扱うことができる者を限定して、それ以外の者による取扱いを禁止し、違反行為に対する罰則を設けました。重要な改正としては、罰則全般にわたって法定刑が引き上げられ、輸入・輸出・製造についての予備罪、資金等提供罪、周旋罪等が新設される一方、常習犯の規定が削除されたこと(昭和48年11月施行)などがある。なお、最終改正は、令和元年法律第63号による改正であり、一部の覚醒剤原料が医薬品として疾病の治療の目的で用いられていることに鑑み、厚生労働大臣の許可を受けた場合には、医薬品である覚醒剤原料を自己の疾病の治療の目的で携帯して輸出入することが可能となるなどの改正がなされるとともに、覚醒剤の表記が「覚せい剤」から「覚醒剤」に、法律の題名も「覚せい剤取締法」から「覚醒剤取締法」に改められました(令和2年4月施行)。)

- 麻薬取締法

　麻薬取締法は、麻薬及び向精神薬の輸出入、製造、譲渡し等について必要な取締りを行うとともに、麻薬中毒者について必要な医療を行うなどの措置を講ずることなどにより、麻薬及び向精神薬の乱用による保健衛生上の危害を防止し、もって公共の福祉の増進を図ることを目的とする法律です。

　(麻薬及びあへんの取締法令として麻薬取締法が制定された(昭和23年7月施行)。平成2年、「麻薬及び向精神薬取締法」に題名変更)。同法は、麻薬を同法別表に列挙する物と限定した上、麻薬の用途を医療及び学術研究だけに限定し、麻薬取扱いを全て免許制として、免許を有しない者による取扱いを原則として禁止しました。違反行為に対しては、ジアセチルモルヒネ(ヘロイン)とその他の麻薬とに区分した上で、営利性、常習性の有無等により法定刑を区別した罰則が設けられました。)

- あへん法

　あへん法は、医療及び学術研究の用に供するあへんの供給の適正を図るため、国があへんの輸出入、収納及び売渡しを行い、あわせて、けしの栽培及びあへん・けしがらの譲渡し、譲受け、所持等について必要な取締りを行うことを目的とする法律です。

　(あへんは、昭和23年制定の旧麻薬取締法により規制され、けしの栽培等が禁止されると

ともに、輸入も厳重に制限されました。しかし、その結果、医療用の麻薬の製造に支障を来すようになったことや「けしの栽培並びにあへんの生産、国際取引、卸取引及び使用の制限及び取締に関する議定書」(28年6月署名。昭和38年条約第10号)の批准に備えるために、あへんの輸入、輸出、買取及び売渡等の権能を国に専属させるための国内法整備が必要となったことなどからあへんの規制を麻薬一般の規制から分離することとされ、29年、あへん法が制定されました(昭和29年法律第71号。昭和29年5月施行)。あへん法の重要な改正としては、平成3年法律第93号による改正により、営利の目的による違反行為等を中心とする罰金刑の上限の引上げ、資金等提供罪の範囲の拡大、あへん・けしがらの運搬の用に供した車両等への没収範囲拡大、国外犯処罰規定の新設等が行われたこと(平成4年7月施行)などがあります。)

- **毒劇法**

毒劇法は、毒物及び劇物について、保健衛生上の見地から必要な取締りを行うことを目的とする法律です。

(毒物及び劇物については、昭和22年に毒物劇物営業取締法(昭和22年法律第206号)が制定され(昭和23年1月施行)、25年に毒劇法が制定されましたが(昭和25年12月施行)、制定当初は、シンナー等有機溶剤の乱用を規制する規定はありませんでした。毒劇法の重要な改正としては、昭和47年法律第103号による改正により、急増するシンナー等有機溶剤の乱用に対処するために、興奮、幻覚又は麻酔の作用を有する毒物又は劇物(これらを含有する物を含む。)であって政令で定めるものを、みだりに摂取し、吸入し又はこれらの目的で所持することを禁止し、これらの行為及びその情を知って販売又は授与する行為について罰則を設けたこと(昭和47年8月施行)、昭和57年法律第90号による改正により、シンナー等有機溶剤乱用者の増加と悪質化に対処するために、摂取・吸入・所持行為についての罰則の法定刑を引き上げたこと(昭和57年10月施行)などがあります。)

- **医薬品医療機器等法**

医薬品医療機器等法は、医薬品等の品質・有効性・安全性の確保等のために必要な規制を行うとともに、指定薬物の規制に関する措置を講ずることなどにより、保健衛生の向上を図ることを目的とする法律で、昭和35年に制定されました(平成26年11月25日以前の題名は「薬事法」)。

(医薬品医療機器等法の重要な改正としては、平成25年法律第103号による改正により、いわゆる危険ドラッグに関して、指定薬物による保健衛生上の危害を防止するため、それまで指定薬物の製造・輸入・販売等目的による貯蔵等に限られていた処罰対象行為が単純所持・

使用等にも拡大されたこと（平成26年4月施行）などがあります。なお、危険ドラッグ対策に関しては、同年1月からは、より効果的な監視・取締りを図るため、新たな包括指定により指定薬物の対象が拡大された上、水際対策の強化を図るため、平成27年法律第10号による関税法（昭和29年法律第61号）の改正により、同法においても、指定薬物の輸入が新たに禁止されました（平成27年4月施行）。令和2年8月7日現在、医薬品医療機器等法の別表及び厚生労働省令により合計2375物質が指定薬物として規制されています。）

- 犯罪捜査のための通信傍受に関する法律

　薬物の所持、使用等を直接規制するものではありませんが、薬物犯罪の捜査に関係する法律として、犯罪捜査のための通信傍受に関する法律（平成11年法律第137号）があります。

　（同法は、組織的な犯罪が平穏かつ健全な社会生活を著しく害していることに鑑み、通信の秘密を不当に侵害することなく事案の真相の的確な解明に資するよう、平成11年8月に制定されました（平成12年8月施行）。同法により、検察官又は司法警察員は、対象犯罪が行われたと疑うに足りる十分な理由がある場合であって、当該犯罪が数人の共謀によるものであると疑うに足りる状況があるときなどにおいて、犯罪の実行、準備又は証拠隠滅等の事後措置に関する謀議、指示等を内容とする通信が行われると疑うに足りる状況があり、かつ、他の方法によっては、犯人を特定し、又は犯行の状況若しくは内容を明らかにすることが著しく困難であるときに、裁判官が発付する傍受令状に基づき、現に行われている他人間の通信について、その内容を知るため、当該通信の当事者のいずれの同意も得ないでこれを傍受することができるとされています。）

第4節　違法薬物以外の被害

　2023年3月「第2回医薬品の販売制度に関する検討会」が厚生労働省において開催されました。この会議は、近年進んでいるオンラインを通じた医薬品等の販売を推進する影響で、国民と医薬品を取り巻く状況が変化してきており、一般医薬品の濫用等の安全性に関する課題が生じていることを背景に、開催されています。

　いわゆる一般医薬品のオーバードーズ[*1]が、若者の間で深刻な問題となっていることから、厚生労働省は、同年12月に、乱用のおそれのある医薬品の適正な販売を薬局やドラッグストアなどに周知するよう都道府県などに通知

しました。

　時を同じくして、朝日新聞デジタルの記事2023年12月17日では、「『トー横』*2で小学生ら29人一斉補導」の見出しで、12月初旬〜中旬の週末に一斉補導を実施し、小学生を含む29人の未成年を補導したとしています。通称トー横に集まった目的は、市販薬を過剰に摂取する「オーバードーズ」が目的であるとし、咳止め薬などを違法に売買した疑いもあるとしています。これらの行為は健康上のリスクはもとより、犯罪へ巻き込まれかねない危険性があると問題視されています。

　*1　オーバードーズとは『デジタル大辞泉』(小学館)によれば「薬や麻薬を過剰摂取すること。過剰摂取によって病気になったり障害が残ったりすること。また、致死量までの大量摂取のこと。OD。」
　*2　「トー横」とは、新宿東宝ビルの前の広場を指す。

4-1　オーバードーズが引き起こす健康被害

乱用の対象となっている市販薬の例として、次のものがあります。

1. 鎮咳去痰薬(咳止め)　　2. 総合感冒薬(風邪薬)
3. 解熱鎮痛薬(痛み止め)　4. 鎮静薬
5. 抗アレルギー薬　　　　6. 眠気防止薬(カフェイン製剤)

　これらの市販薬は、いずれも処方箋は不要で、薬剤師による対面販売も必須ではなく、インターネット利用による購入も可能とされています。つまり、ネットを利用しての購入は、誰でもできるということになります。

　このような濫用する行為が増えてきていることを受けて、厚生労働省は、2023年12月19日、濫用のおそれのある医薬品の適正な販売を薬局やドラッグストアなどに周知するよう都道府県などに通知しました。この通知の目的は、未成年者の不適切な市販薬の使用(ここでは、オーバードーズを指す)を未然に防ぐため、ドラッグストアや薬局において販売する際には、「薬の飲み方で困っていることはありませんか？」や、「依存症から回復する方法がありますよ」などと、共感的な姿勢で声をかけ、オーバードーズにならないようにする願いが見えてきます。いわゆる「ゲートキーパー」*3の役割をドラッグストアや薬局の薬剤師や登録販売者に担ってもらいたい願いも見えてきます。

　このように、厚生労働省が問題視する薬物の乱用。どれほどの数の未成年者が使用しているのでしょうか。国立精神・神経医療研究センターによって2021年に「薬物使用と生活に関する全国高校生調査」が行われていましたので、そこから見ていきましょう。調査対象は、全国からランダムに選ばれ

図表3　高校生の市販薬乱用の経験率

薬物	経験率(%)
市販薬乱用	1.60
大麻	0.18
有機溶剤	0.15
MDMA	0.1

(「薬物使用と生活に関する全国高校生調査2021」から筆者作成)

た全日制高校80校(想定生徒数4万4789人)です。

図表3から読み取れることは、大麻などの違法薬物よりも、圧倒的に市販薬乱用(オーバードーズ)の経験率が高いことがわかります。ランダムに調査した4万4789名のうち716名(1.6%)が経験していると回答したことがわかります。この数字は無視できる数字ではありません。では、なぜオーバードーズをしてしまうのでしょうか？　次の節では、調査から浮かび上がった生徒の心情を見てみましょう。

　　＊3　ゲートキーパーとは『現代用語の基礎知識』(自由国民社)によれば、「人の悩みに気づき、声をかけ、話を聞く人。心の番人。GK。」

4-2　オーバードーズを経験した理由

嶋根卓也氏は、雑誌『教育と医学』2014年12月号で、「青少年はなぜ薬物に手を出すのか」を執筆し、その中で次のように紹介しています。

- 気持ちよくなりたい
- パフォーマンスを上げたい
- みんな使っているから
- 気分を変えたい

上記4つが、薬物を使用する主な理由だとしています。

また、先に紹介した「第2回医薬品の販売制度に関する検討会」の席上で、オーバードーズを経験した高校生の例が紹介されています。

【17歳の女性(通信高校生)のAさんの事例】
- 薬物乱用歴：市販薬(ブロン、レスタミン)、大麻、有機溶剤、MDMA、LSD
- 薬物関連問題の重症度(DAST-20)：17点(集中治療を要する重度)

- 小学校3年生のとき、両親が離婚。それをきっかけに、母親は昼夜問わず仕事をするようになり、この頃からAさんおよび妹に身体的虐待がはじまる。顔に痣を作り登校するとき、「遊んでいて壁にぶつかったと言え」と母親に言われた。そのため、虐待を疑われたことはなかった。
- 中学校に入り、虐待はさらにエスカレート。精神を安定させるために、リストカット、家出、喫煙、飲酒をするようになった。
- 16歳で、家出をしたときに、友人から「イヤなことが忘れられる」「ぐっすり眠れる」と市販薬（ブロン、レスタミン）のODを教わる。ODすると、幻覚（水色のコバエ）が見えるようになった。

16歳の頃、友人から「変わった煙草があるよ」と勧められたのが、大麻だった。頭がフワフワする感じは、友人からもらった精神安定剤（市販薬のこと）と同じだった。市販薬や大麻は私の精神安定剤。精神安定剤が必要なのは、ママとの関係がとても悪いからだ。私は、本当は寂しがり屋で、ママが好きなのに、仲良くしたいのに、上手くいかない。薬物を使い、何も考えられない状態を作らないと眠れない。

これがないと、精神安定ができない、楽しみたいし、頼りたい。でも、やめたい気持ちもあり、精神科とダルク[*4]に行った。そこで見つけた絵本（F-CAN）を見て「ここならやめられるかもしれない」と思い紹介されたのが、少年サポートセンターだった。

事例紹介：森 治美（福岡県県警少年サポートセンター）

＊4　ダルク（DARC）とはDrug Addiction Rehabilitation Centerの略。薬物をやめたい人のサポートとケアをするリハビリ施設。

　上記文章からわかることは、嶋根が紹介している、薬物に手を出した4つの理由のうち「気分を変えたい」に該当するのではないでしょうか。大好きな母親との人間関係に悩みを持ち、「上手くいかない」ことから、「何も考えられない状態を作らないと眠れない」ようになったと言っています。そうしてやむにやまれず、ODをしたり、精神安定剤を使用したりしていることがわかります。この事例を紹介した福岡県警少年サポートセンターの森さんは、薬物をやめたい人が集う「ダルク」を紹介しています。このように、未

成年の生徒たちを逮捕して取り締まることよりも、その後どうするのかを考えさせ、支えていることに私は感心しました。

第3節で紹介した芸能人、田代まさし氏もダルクに通い、薬物依存から離脱するために利用しているそうです。

では、次の節からは、実際の生徒指導の場において、学校がどのように関わっていけばよいのかを、事例を通して考えてみたいと思います。

第5節　少年非行(薬物等)指導の実際

登場人物と背景
本人：A子(中学校2年・女子)、　家族構成：父、母、兄(高校2年)、
友人：B子、　担任：教員12年目

　A子は中学校に入学当初から、校内の先輩や近隣の中学校の生徒との付き合いが多く見られる生徒であった。また、小学校の生徒指導担当教諭からの申し送り事項から、補導対象になったことや非行行為もたびたび見られた生徒であることを把握していた。そのため、学校全体で注意深く観察が必要な生徒だと認識はされていた。

　中学校に入学後も、教室内でクラスメイトとトラブルになり何度も指導する場面があった。その都度、教員と会話を通じてその場面ごとの良し悪しの振り返りをさせ、反省をうながしてきた。

　A子を指導する際には、複数の教員で実施するようにした。また、時には、スクールカウンセラーにも対応への助言をしてもらったり、直接面談を行ってもらったりもした。

　薬物に関する前兆は、A子が1年生の2学期になって急に、授業中に薬物の名前を大声で言ったり、乾燥大麻の加工の仕方などを教員やクラスメイトに話す場面が出てきたからであった。さらに、自分のスマホで大麻を吸っている人の動画を見ていたり、机や教科書の落書きにも薬物や喫煙に関わるものが見られたりした。持ち物の中にライターも確認されたため、その都度、預かった後に保護者に返すことが繰り返された。

　そんな中、一部の生徒の中で大麻に関わるような会話が見られるようになった。

5月①日

　中学校2年生のA子と担任が個人面談の中で、**身に付けているアクセサリー**[1]が頻繁に変わっていることに気づく。A子に「**とてもカッコいい**[2]ネックレスだね。値段はどれくらい？」と聞くと、A子は「5000円」と答える。「**そのお金はどうしたの？**[3]」と聞くと、A子は「隣町中学校のB子に自分のマンガ本を売ったお金で買った」と答えた。

　A子の家庭は裕福ではなかったので、お金の出どころが心配になった。そこで、担任は**勤務校の管理職及び生徒指導主事に報告**[4]し、B子の所属する**隣町中学校に連絡**[5]を行い、事実関係を把握するように努めた。その時点では、A子とB子は友人関係であることは確認できたが、金銭のやりとりの事実はなく、5000円の出所は不明であった。

5月②日

　授業中にA子が自分の財布から5000円を出し、近くの生徒に見せびらかしていたので、休み時間中に**別室に呼んで**[6]「ずいぶん、高額なお金を持ってきたね。あなたのお小遣いなの？」と聞くと、少し聞かれるのが嫌な様子で曖昧に返答。前回のネックレスの件と今回の5000円の2つの件で、**保護者へ連絡**[7]した。保護者は「最近、そんな額のお小遣いは渡していません。家庭内の金品がなくなっている様子も見られません」ということだったので、家庭とともに観察をしていく約束をした。

5月③日

　午後の授業の始まりから、A子がイライラしている様子が見られた。授業中に、いきなり大声で叫び出したり、クラスメイトのイスを数回蹴り飛ばしたりした。担任はすぐに教室から廊下にA子を連れ出して気持ちが落ち着くまで、**空き教室で過ごす**[8]のはどうかと提案し、**別教員に引き継ごう**[9]とした。

　その際に、A子から**タバコらしき臭い**[10]がしたため、管理職及び学年生徒指導担当、養護教諭に連絡し喫煙の可能性があることも報告した。放課後になってから、**管理職や養護教諭立ち合いのもと**[11]、授業中にあった事象を本人と振り返りながら、なぜ大声を出したりイスを蹴ったりしたのか聞いた。A子は「イライラしてた。今は平気。イスを蹴ったりしてみんなを驚かせて悪かった。ごめん」と反省。担任は、「何か自分にとって嫌なことや気持

が落ち着かなくなることがあったのか」と聞くが「わからない」と返答。また、喫煙に関しても「やっていない」と認めなかった。別件で放課後、女子トイレの個室から**不審な臭い**[12]がしたため管理職は薬物の可能性もあると判断し、警察署少年課(スクールサポーター[13])に情報提供を行った。

　この異臭の原因が、Ａ子であるかどうかは定かではないが、大声で叫んだり、イスを蹴り飛ばしたりしたことと関連性が高いのではないかと推測された。学年の対応として、休み時間中も含めて必ず教員がＡ子の観察を行うことに決めた。

5月④日
　朝、登校直後からＡ子はイライラしている様子。1限の授業中、Ａ子は廊下に置いている給食台に寝そべりながら奇声を何度も繰り返して発する。そのときのＡ子の様子は、**手が冷たく、息切れが起き**[14]、通常とは明らかに違う様子が見られた。複数の教員で落ち着かせようと対応をしたが、なかなか落ち着かない。

　しばらくしてＡ子が会話ができる程度に落ち着いたところで、担任と空き教室で面談をした。興奮した態度の理由について聞くことにした。Ａ子によると、「いつも遊んでいる**先輩**が、**警察に一時保護された**[15]」とのこと。そのことで、自分も「先輩と同じように警察につかまってしまうかもしれない」と不安な気持ちでいることがわかった。担任は「何か警察に呼ばれるようなことで心当たりがあるの？」と聞くと、「いや、ないけど」と小さく答え、それ以上聞き出すことはできなかった。

　担任は保護者に連絡をし、放課後に来校してもらった。母親の話では、家庭においても時々イライラしている様子は見られるとのこと。けれど、会話ができないほどの興奮状態になった姿は見たことはないとのことだった。

　「最近になって、部屋で喫煙をすることもなくなり、不審な様子は見られないので、今回どうしてこのような興奮状態になったのか、不安です」という様子である。担任は、継続してＡ子の様子を見守っていくことをお願いするとともに、**学校の指導方針を説明**[16]して理解してもらった。

6月⑤日
　Ａ子は普段の会話の中で、「死んでもいい」などと自殺をほのめかす発言が多くなる。窓の外に身を乗り出すような行動も見られる。保護者に学校生

活の中で危険な行動が多くなっていることを伝えるとともに、**精神科の受診**[17]をうながした。受診の結果からは原因について特定される事実はなかったことを母親から聞いた。

そこで、校内生徒指導委員会を開催し、A子については、危険行為が見られた際は1階カウンセリングルームにつれていき、SC[18]の協力の下、精神状態が落ち着くまで様子を見ていく対応を決めた。

6月⑥日
　保護者がA子の部屋を掃除する際に、葉の破片が入った小袋を発見する。不審に思った保護者はすぐに警察に持っていき鑑定してもらうことにした。警察はその際に、A子については、母親の強い希望から一時保護を行わずに、自宅で観察をしていくことを決めた。こうした処置についての情報提供を**警察署少年課の職員から受けた**[19]。

6月⑦日
　6月に保護者から警察署に提供された植物片が大麻だという鑑定結果が保護者に伝えられる。本人及び家族全員が事情聴取を受ける。

7月⑧日
　学校に警察署少年課職員が来校。A子を警察署へ直接連れていく。また、A子の家には家宅捜索が実施される。警察の事情聴取に対し本人は薬物使用をほのめかす言葉があり、尿検査を含めた薬物検査が実施された。検査結果からは薬物使用の痕跡は認められなかった（薬物使用の場合、短期的な使用の場合は、尿や毛髪にその痕跡が残されていない場合もあるとのことである）。しかし、引き続き、警察署での聞き取りや家庭、児童相談所[20]と定期的な面談を実施することを条件に通常通り学校に登校することになった。

　学校の対応として、A子を犯罪行為から守るために、登下校は保護者同伴、休み時間中は上級生との関わりを減らす目的で、学年フロアのみで生活をさせ、健全な友人関係の構築を促すこと、休み時間や放課後に放課後学習会を実施して学力保障を実施し、学習意欲向上から生活改善を図ることになった。

9月⑨日
　他市において、大麻を密売目的で所持していたとして、少年グループが摘

第6章　薬物使用　　111

発された。この地域を含め、県内では警察による補導活動が強化されることになった。報道番組MBS NEWSによると、その年に大麻事件にかかわった少年は約130人が補導されたとのことである。

10月⑩日

　A子は、**事件について深く反省**[21]をし、その後は真面目に学習をして、服装や身だしなみも改善をし、進学高校に合格をし、充実した高校生活をものにしている。

　　1：普段からの観察から生徒の変化に気づく。
　　2：生徒の気分を害さないように配慮しながら、情報を聞き出す。
　　3：購入したお金の出所を把握する。
　　4：上司あるいは生徒指導担当に報告・相談する。
　　5：他校との連携。
　　6：個別の配慮。
　　7：保護者との連携（生徒との関係性を維持するために、根拠のない注意などしないように協力を依頼）。
　　8：別教室でクールダウンをさせる。
　　9：授業を継続するために、他の教員へ引き継ぐ。
　10：顔色や臭いなどで変化に気づく。
　11：管理職、養護教諭と担任との連携。
　12：異臭については、養護教諭や管理職に報告し、事件性がある場合は、外部機関との連携も考慮する。
　13：警察官OBが、学校からの要請に応じて警察から派遣され、巡回・相談・安全確保の活動を行う制度。
　14：身体症状の把握。
　15：交友関係の把握。
　16：学校の指導方針と保護者の考えの確認。
　17：専門機関受診のすすめ。
　18：SC（スクールカウンセラー）との連携。
　19：学校警察連絡制度（学校と警察の間で、緊密な連携を図るために、協定を締結する等により、相互に児童生徒の個人情報を提供し、非行防止等を図ることを目的とする制度）。
　20：児童相談所（子どもに関する家庭その他からの相談のうち、専門的な知識及び技術を必要とするものに応ずること。また、子ども及びその家庭につき、必要な調査並びに医学的、心理学的、教育学的、社会学的及び精神保健上の判定を行うこと。等を実施する機関〈厚生労働省HPから〉）。
　21：校内指導体制は、生徒を切り捨てるのではなく、生徒の「困り感」に応じて指導をするものである。この場合、服装や生活習慣のみならず、根底には勉強がわからないという悩みを根気強く指導する姿勢が必要であった。

第7章

児童虐待

第1節　「児童虐待」の実際

　「児童虐待」を学ぶことは、生徒指導を行う上で欠かせない内容といえます。それは生徒指導上の課題がある生徒が生育していく過程において、虐待を受けた経験が多く見られていることによります。一つの例として、法務省の法務総合研究所の調査報告（令和3年）において、少年院入院者の男子約4割、女子の約6割が保護者等からの被虐待経験があると報告されています[1]。また、生徒指導上の課題がない児童生徒であっても、子どもの頃にいたずらや失敗をしたことで保護者やきょうだいから叩かれた、またはひどく傷つく言葉を投げかけられたという経験は少なからず見られます。これらは児童虐待に該当し子どもの成長に何らかの影響が生じることもあるのです。

　第1節では、就学の有無に関係なく子ども（主に18歳以下）の児童虐待の概要について見ていきます。

　図表1は、児童相談所における虐待相談対応（児童相談所が相談を受け、援助方針会議により指導や措置等を行った）件数を表したものです。

図表1　児童相談所における児童虐待相談対応件数の推移

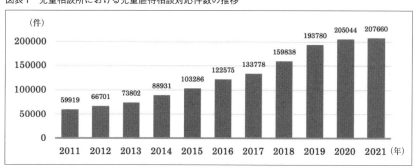

（子ども家庭庁HPから筆者作成）

図表2　児童虐待の相談種別件数の推移

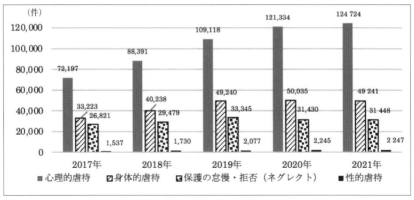

(厚生労働省HP「令和3年度 福祉行政報告例の概況」から筆者作成)

　図表2は、同様の調査において、児童虐待の種別を表したものです。最も多いものは心理的虐待が約6割を占め、続いて身体的虐待、ネグレクト、性的虐待と続きます。種別の内訳に大きな変化は見られませんが、どの種別も増加の傾向にあります。なお児童虐待の定義と種別は次節で説明します。
　「令和3年度の児童相談所における児童虐待相談の対応件数」を年齢別に見ると出生の0歳児から1万1千件を超える件数が報告され、続けて1歳児2歳児と徐々に増え3歳に1万4千件を超え最多の件数となります。4歳以降は徐々に減少するものの14歳まで1万件を超える件数となり、15歳からは1万件を割り約8700件、16歳で約7400件、17歳で約6600件、18歳で約1300件と減少していきます[2]。
　また、年齢別に見たときの特徴として、就学時の年齢が上がるごとに身体的虐待と性的虐待の件数の割合が増加していることも注目する必要があります。
　なお、令和5年の家庭審議会の調査報告によると虐待を受けた子どもが死亡する事例については、心中以外の虐待死では0歳児が48.0%と約半数を占め、うち0歳児の月齢では0か月児が25.0%となっています[3]。

第2節　児童虐待に関する2つの法律

2-1　児童虐待防止法

　このような児童虐待の法整備はどのようになっているのでしょうか。児童虐待の事例が増え続けている状況に平成12年、「児童虐待の防止等に関する法律」が制定されました。しかし残念なことにその後も虐待の件数は増加するとともにショッキングな事件等が発生し、そのつど早期発見や防止に向けた改正がなされています。次にその経緯を見ていきましょう。

平成12年
- 児童虐待の定義（身体的虐待、性的虐待、ネグレクト、心理的虐待）
- 住民の通告義務・立入調査・児童虐待の早期発見・警察官の援助について明記

平成16年
- 児童虐待の定義の見直し（同居人による虐待を放置することをネグレクトと定義。児童がDVを目撃することを心理的虐待と定義）
- 通告義務の範囲の拡大（虐待を受けたと思われる場合も対象）
- 面会又は通信の制限

平成20年
- 児童の安全確認義務（児童の安全確認のために必要な措置を講ずることが義務化）
- 出頭要求・再出頭要求、立入調査等の強化（解錠を伴う立入調査を可能とする新制度の創設（臨検・捜索））
- 保護者に対する面会・通信等の制限の強化
- 保護者に対する指導に従わない場合の措置の明確化

平成28年
- 児童福祉法の理念の明確化に伴い国・都道府県・市町村の役割の明確化

平成30年
- 「児童虐待防止対策体制総合強化プラン」の策定（国・自治体・関係機関が一体となって、必要な取組を強力）

令和2年
- 親権者等による児童のしつけと称する体罰の禁止

　経緯の内容を見ていくと、前節の**図表1**で見たように児童虐待の相談件数が増加の一途をたどる理由は、子どもを取り巻く環境の悪化だけが増加して

いるばかりでないことがわかります。例えば、平成16年の改正では、配偶者間の暴力(面前DV)が心理的虐待に含まれることが明確化されたこと、また、すべての国民に対し、虐待の事案が明確でなく疑いがある場合も児童相談所等に通告の義務を課したこことなどがあげられます。

このように児童虐待防止法は、児童虐待を防止し、早期発見・対応を促進するための法律であり、厳格な規定や通告義務が盛り込まれています。

次に主な内容をあげておきます。

【目的】
第1条　児童虐待が児童の人権を著しく侵害し、その心身の成長及び人格の形成に重大な影響を与えるとともに、我が国における将来の世代の育成にも懸念を及ぼすことにかんがみ、児童に対する虐待の禁止、児童虐待の予防及び早期発見その他の児童虐待の防止に関する国及び地方公共団体の責務、児童虐待を受けた児童の保護及び自立の支援のための措置等を定めることにより、児童虐待の防止等に関する施策を促進し、もって児童の権利利益の擁護に資することを目的とする。

【児童虐待の定義】
第2条　この法律において、「児童虐待」とは、保護者(親権を行う者、未成年後見人その他の者で、児童を現に監護するものをいう。以下同じ。)がその監護する児童(18歳に満たない者をいう。以下同じ。)について行う次に掲げる行為をいう。

1　児童の身体に外傷が生じ、又は生じるおそれのある暴行を加えること。(身体的虐待)
2　児童にわいせつな行為をすること又は児童をしてわいせつな行為をさせること。(性的虐待)
3　児童の心身の正常な発達を妨げるような著しい減食又は長時間の放置、保護者以外の同居人による前2号又は次号に掲げる行為と同様の行為の放置その他の保護者としての監護を著しく怠ること。(ネグレクト、養育の放棄・怠慢)
4　児童に対する著しい暴言又は著しく拒絶的な対応、児童が同居する家庭における配偶者に対する暴力(配偶者(婚姻の届出をしていないが、事実上婚姻関係と同様の事情にある者を含む。)の身体に対する不法な攻

撃であって生命又は身体に危害を及ぼすもの及びこれに準ずる心身に有害
　　な影響を及ぼす言動をいう。)その他の児童に著しい心理的外傷を与
　　える言動を行うこと。(<u>心理的虐待</u>)
【通告】
第6条　<u>児童虐待を受けたと思われる児童を発見した者</u>は、速やかに、
これを市町村、都道府県の設置する福祉事務所若しくは児童相談所又は
児童委員を介して市町村、都道府県の設置する福祉事務所若しくは児童
相談所に通告しなければならない(一項)。
　三　第一項の規定による通告をする義務の遵守を妨げるものと解釈して
はならない。(三項)
第7条　第6条の第一項の規定による通告を受けた場合においては、当
該通告を受けた市町村、都道府県の設置する福祉事務所又は児童相談所
の所長、所員その他の職員及び当該通告を仲介した児童委員は、その職
務上知り得た事項であって当該通告をした者を特定させるものを漏らし
てはならない。
【体罰の禁止】
第14条　児童の親権を行う者は、児童のしつけに際して、その適切な
行使に配慮しなければならない。

注)条文を一部省略、下線筆者

　第6条の「児童虐待を受けたと思̇わ̇れ̇る̇(……)」という表現は、もし虐待
がなかったときに誤って通告をした場合は、通告した者は責任を問われるこ
とはないとしています(傍点筆者)。また通告したことで守秘義務違反や個人
情報保護法令上の違反となることもありません。また第7条では、通告した
者を明かさないこととし、通告者等の保護について述べられています。

2-2　児童福祉法

　次に「児童福祉法」は、児童が良好な環境において生まれ、かつ、心身と
もに健やかに育成されるよう、保育、母子保護、児童虐待防止対策を含むす
べての児童の福祉を支援する法律です。子どもの福祉全般を対象とし、一時
保護や里親委託・施設入所の措置等が規定されています。

> 第1条　全て児童は、児童の権利に関する条約の精神にのっとり、適切に養育されること、その生活を保障されること、愛され、保護されること、その心身の健やかな成長及び発達並びにその自立が図られることその他の福祉を等しく保障される権利を有する。
> 第2条　全て国民は、児童が良好な環境において生まれ、かつ、社会のあらゆる分野において、児童の年齢及び発達の程度に応じて、その意見が尊重され、その最善の利益が優先して考慮され、心身ともに健やかに育成されるよう努めなければならない。
> ②　児童の保護者は、児童を心身ともに健やかに育成することについて第一義的責任を負う。（二項）
> ③　国及び地方公共団体は、児童の保護者とともに、児童を心身ともに健やかに育成する責任を負う。（三項）

　児童福祉法は、昭和22年の制定後しばらく改正されていませんでしたが、児童虐待相談対応件数の増加や子育て困難世帯の顕在化を受け、子どもへの包括的支援体制を強化するため、平成以降は繰り返し改正されています。また、子どもが権利の主体であること、子どもの意見が尊重されること、子どもの最善の利益が優先されること等も明確にされました。

第3節　児童虐待の原因

　児童虐待の原因は、一義的には保護者に原因があると考えられますが、単に保護者に問題があると決めつける考えは避けなければいけません。児童虐待の背景には身体的、精神的、社会的、経済的等の様々な要因が複雑に絡み起こるとされています。
　次に、児童虐待の要因をあげます。ただし次の要因があるからといって必ずしも児童虐待が起こるものではありません。
　① 保護者の要因
　　・保護者が子ども時代に大人から愛情を受けていなかったこと
　　・保護者が親から虐待を受けていたこと
　　・保護者自身の性格や精神疾患等の精神的に不安定な状況から起因す

ること
- 保護者が未熟（望まぬ妊娠や10代の妊娠等）であること

② 養育環境の要因
- 家庭の経済的困窮と社会的な孤立が影響していること
- ひとり親家庭や離婚など人間関係が不安定な状況があること
- 配偶者等からの暴力（DV）等があること

③ 子どもの要因
- 子どもの特性として、慢性疾患や障害等があること
- 何らかの育てにくさがあること

　社会的な側面では、雇用の不安定な状況や育児と就業との両立支援の不足、世代間や地域での助け合いの不足、さらに障害のある子どもやひとり親家族等の支援の不足、外国人の子どもや帰国児童生徒に対する就学等の支援不足等も考えられます。

第4節　しつけと体罰

　身体的虐待などの児童虐待を行った保護者に対し、その理由を聞くと「子どものため」「しつけである」と述べている場合が多く見られます。
　「子どもに対するしつけのための体罰等の意識・実態調査結果報告書」[4]において子育て中の大人1000人への実態調査結果（令和3年）から、「あなたは過去にしつけの一環として子どもを叩いたことがあるか」を調査したところ、55.4％が「1回以上叩いた経験があった」と回答しています。内訳は「日常的にあった」2.8％、「時々あった」26.1％、「1～2回あった」26.5％となっています。一方、「まったくなかった」は44.6％となっています。子どもへのしつけのための体罰を容認する回答者は41.3％で、前回の調査結果（平成29年）から15.4ポイント減少し改善しているものの、未だ5人に2人が体罰を容認しています。
　体罰の容認の理由は、「口で言うだけでは、子どもが理解しないから」や「その場ですぐに問題行動をやめさせるため」「痛みを伴う方が、子どもが理解すると思うから」等があげられています。これらは、保護者の責任という保護者の立場に立った考えであり、本来の子どもの立場から見た視点ではないことが問題といえます。大切なことは、子どもの安全と健全な育成が図ら

れているかどうかにおいて判断するべきものです。

なお、児童虐待防止法14条で「親権者等による体罰の禁止」が施行されたのは令和2年ということからも体罰等によらない子育ての理解はまだ道半ばということがいえるようです。これらをふまえ子どもに対する体罰等を家庭や一個人の問題として捉えるのではなく、教師をふくめたあらゆる人が子どもに対する体罰を容認しない取組みが必要です。

ただし、罰を与えることを目的としない行為、たとえば、道に飛び出しそうな子どもの腕をつかむことや、他の者に対する暴力を制止する等は体罰に該当しません。

第5節　ヤングケアラー・外国籍児童生徒

この節では、就学時の子どもに見られ近年注目されているヤングケアラー、外国につながりのある児童生徒に児童虐待等としてあてはまる内容について見ていきます。

5-1　ヤングケアラー

こども家庭庁において「ヤングケアラー」とは、「本来大人が担うと想定されている家事や家族の世話などを日常的に行っているこどものこと。責任や負担の重さにより、学業や友人関係などに影響が出てしまうこと」とされています。

公立中学校1000校、全日制公立高校350校、定時制高校47校、通信制高校47校に対し実態調査を実施した結果によると、世話をしている家族が「いる」と回答したのは、中学2年生が5.7%、全日制高校2年生は4.1%、定時制高校2年生相当は8.5%。また、通信制高校47校については、学年を問わない調査において、世話をしている家族がいると回答した人は11.0%と報告されました[5]。

中学生、高校生ともに世話をしている家族の内訳はきょうだいが最も多く、きょうだいの状況は「幼い」が約70%、その他「身体障がいや、知的障がい」などがあげられています。

ヤングケアラーは親の養育放棄であるネグレクトと考えられますが、子どもにとっては、自分がそれをやらなければ家族が困るから仕方なく行ってい

図表3　様々なヤングケアラー

障がいや病気のある家族に代わり、買い物・料理・掃除・洗濯などの家事をしている。

家族に代わり、幼いきょうだいの世話をしている。

障がいや病気のあるきょうだいの世話や見守りをしている。

目の離せない家族の見守りや声かけなどの気づかいをしている。

日本語が第一言語でない家族や障がいのある家族のために通訳をしている。

家計を支えるために労働をして、障がいや病気のある家族を助けている。

アルコール・薬物・ギャンブル問題を抱える家族に対応している。

がん・難病・精神疾患など慢性的な病気の家族の看病をしている。

障がいや病気のある家族の身の回りの世話をしている。

障がいや病気のある家族の入浴やトイレの介助をしている。

(こども家庭庁HPから引用)

る場合が多く見られます。また「手伝い」はできるだけ行う方がよいとされていることからヤングケアラーとの見分けはどう考えたらよいのかという問題があります。斎藤（2023）[6]はこのことについて次のように述べています。

　①親・保護者の見守りがある中で行われているか
　②子どものたちがやりたいことに取り組む時間とエネルギーが確保されているか
　③今日はやりたくないという選択肢が実現可能か
　という指標を照らし合わせて子どもたちの役割がルーティン化されているかを確認することが必要

　このような考えを踏まえながら、子どもたちがヤングケアラーとなっていないかどうかを注意深く見ていくことが必要になります。

5-2　外国につながりのある子ども

　外国につながりのある子どもたちは、日本の子どもたちと比べ、児童虐待を受け、ヤングケアラーとなる場合が多く見られます。その背景は、第3節で述べた原因だけでなく、もう一つの大きな壁として、外国につながりのある子どもたちとその家族にとって、日本語の理解が不十分なことや流暢に話せないことによる生活全般においての不便さがあることです。例えば、子どもは日本語を学び日本の文化を受け入れていけても、仕事に追われている等

のため保護者は日本語の習得ができていない場合があります。このようなとき、十分なコミュニケーションができないことによる問題があげられます。前項のヤングケアラーで見たように幼いきょうだいの世話をするだけでなく、家族の通院等に通訳として学校を欠席する場合があります。さらに、日本の教育制度は外国人の子どもに対し、日本の義務教育への就学義務はないこと（ただし就学を希望する場合は受け入れるとされている）、その他、母国との価値観の相違、保護者の就労、家庭の経済状況なども加わるなど様々で複雑に絡むケースが見られます。

　令和4年文部科学省の調査によると、「不就学の可能性があると考えられる外国人の子どもの数は約10,000～13,000人と報告」[7]されています。こうしたことを考えると学校に籍はあるものの不登校状態の児童生徒も相当数いると予想されます。苦労して高等学校に進学したとしても、家庭を支えるため長時間アルバイトをしたり家族の面倒を見たりすることは、勉強の時間だけでなく、友人と楽しんだり自分の時間をもったりすることができなくなります。そのような状況の中、保護者への信頼感や自身の役割、存在意義、目標などを見いだせず、混乱を生じたり、心理的な危機に陥ったりすることがあります。

第6節　学校における児童虐待の発見と対応

　児童相談所に寄せられた虐待相談の相談経路は、警察等が最も多く、次いで近隣・知人、家族・親戚、学校からが多くなっています。
　学校では、就学期の長い期間において網羅的に目配りができるため、日々の変化に気づくことができます。
　また、学校での児童虐待の発見や対応は学級担任だけでなく、養護教諭、生徒指導主事、学年主任、教頭、校長、スクールカウンセラー等の異なる知識・経験・能力をもった教職員集団でチームとしてあたる強みがあります。ここでは、児童虐待の発見とその後の組織的対応を見ていきましょう。

　文部科学省は早期発見支援のポイントとして次のように例示しています。

> ①明らかな外傷(打撲傷、あざ(内出血)、骨折、刺傷、やけどなど様々)があり、身体的虐待が疑われる場合、
> ②生命、身体の安全に関わるネグレクト(栄養失調、医療放棄など)があると疑われる場合、
> ③性的虐待が疑われる場合、
> ④本人が帰りたくないと言った場合
>
> 文部科学省「学校・教育委員会等向け 虐待対応の手引き」から

より具体的な例として、生活面では、表情が乏しくなり受け答えが少ないことや無気力で意欲が見られないのような消極的な態度が現れたり、逆にささいなことでもカッとなったり、乱暴な言動が現れることがあります。

行動面では、遅刻や欠席が目立つようになり、体調不良を訴え保健室やトイレを頻繁に利用します。また家に帰りたがらず遅い時間まで帰宅しないこともあります。

持ち物等では、宿題の提出が滞る、からだや衣服の不潔、食事(弁当)を持参しないなどがあげられます。

家庭の様子においては、連絡が取れないことが多い、折り返しの連絡がない、子どもへの関心が薄い、家の中が散乱していたり汚れていたりすることや家庭にこもっている家族等がいるなどがあげられます。

いずれにしても、普段からよく観察することに加え、日頃から気軽にコミュニケーションがとれる関係づくりが求められます。また、児童生徒は自ら相談することができないことが見られます。このこともふまえ定期的に生活面や心身の状態を知るための調査(アンケート調査や定期面接等)などを行うことにより早期発見につなげなくてはいけません。

また、地域の関係機関や行政機関との情報交換も積極的に行うことが必要です。例えば、民生委員や児童委員などは、地域の児童生徒の生活の様子を学校とは違った面で把握しています。通告先でない機関ではあるものの個人情報の取り扱いについて教育委員会等に確認の上、情報交換をしていくことが、児童虐待の早期発見や防止につながります。

通告先は、児童相談所、市町村(虐待対応担当課)、警察などがあげられます。通告の判断は、通告をする前に生徒や保護者から一定の聞き取りを行うかどうかの判断やその方法などについて管理職を含めた関係教職員で協議しま

す。ここで教員や学級担任として重要なことは、生徒の気になる様子や疑わしい情報は、一人で抱え込まず学年職員や管理職に速やかに報告しておくことです。

特に学校においては、発見の遅れを指摘されることがあります。その原因の一つは他の生徒指導、例えば非行やいじめ等の対応に追われ、緊急性がないという誤ったとらえがあると言われています。このようなことがないよう一人ひとりを丁寧に見ていく注意深さが必要です。

また、家族のケアを担う生徒に対しては、生徒の努力を認めつつ丁寧に状況を聞くとともに、記録と情報共有が必要になります。またSCやSSW、さらには民生委員・児童委員、場合によって市町村の担当部局や児童相談所との情報共有や支援へとつなげることも必要になります。

最後に重要なこととして、児童虐待の内容について児童虐待を受けた児童生徒に対し、細かく聞き取ることや何度も聴取することは避ける必要があります。これは、児童生徒にとってつらい記憶を思い出させてしまうことが考えられるからです。また、児童虐待があったかどうかを判断するのは、学校の役割ではないこともあげられます。児童虐待防止法第6条に「児童虐待を受けたと思われる児童を発見した者は、速やかに」とあります。校内で協議と情報収集を重ね続けることで時間ばかりが経過してしまうことなどにより事態が悪化することは避けなければいけません。

通告後においては、学校が通告したことや、被虐待児童生徒が述べたこと等について虐待をしている者等に伝えることも慎むことは法で定められています。また児童生徒が児童相談所に一時保護されたとしても、その多くはその後も今までの家庭や学校に戻ることがほとんどです。学校では、児童虐待の対応の後も丁寧に観察や支援を行う必要があります。

第7節　児童虐待の発見と対応の実際

7-1　保護者への児童虐待の理解

香奈恵さん（仮名）は、しっかり者の小学校1年です。家族は父、母と香奈恵さんの3人、両親とも平日は仕事をしています。入学して半年たった頃、香奈恵さんの表情が少し硬く感じはじめたと同時に友達の持ち物を隠したり、仲のよい友達にいたずらをしたりしていることが何度か見られるように

なりました。学級担任がそのつど指導をしていく中で、香奈恵さんは、母親から叩かれていることを話し始めました。学級担任はその日のうちに学校長へ報告し、報告を受けた学校長は、学級担任と養護教諭に香奈恵さんにあざ等がないかを確認するよう指示します。学級担任と養護教諭は香奈恵さんに体重の再検査をすることを理由に保健室で確認することにしました。

保健室で下着姿になった香奈恵さんの体には見たところ傷らしきものは見当たりませんでした。しかし、このときも香奈恵さんは、養護教諭との会話から母から叩かれたことを話します。

報告を受けた学校長は、児童相談所等に連絡する前に、学校に併設されている学童保育に母親が香奈恵さんを迎えに来ることを学級担任から聞き、まず母親に話してみることにしました。

香奈恵さんを迎えに来た母親を校長室に招き入れ学級担任と同席のもと、学校長が「おかあさん、香奈恵さんのことでお困りですか」と聞くと、母親は「そうなんです。学校でのいたずらがなおらないことに私たちも困っています。お父さんとも相談しながら二人で香奈恵にしっかり話しているのですが、いっこうにいたずらがおさまらないのです」と言います。次に学校長から「叩いたりしましたか」と聞くと「本人は理由も話さないし、何も話しません。何回か叩きました」と述べます。そこで学校長は「それでは、香奈恵さんを施設などでいったん預かることになります」と告げると、母親は「そうなんです。言うことを聞かなかったらどこかに預けるよ、と父親と一緒に香奈恵に言っているのです」と言います。しばらく間をおき学校長は「お子さんを預かる理由は、ご両親の育児を改めてほしいということです」と告げると、お母さんの顔色はみるみる青白く変わっていきました。学校長は続けて「お母さんのお話を伺っているとご両親そろって香奈恵さんが立派になるよう願い、厳しく、そして懸命に取り組まれているようですが、香奈恵さんにはとてもつらいことになっているのではないでしょうか。学校ではしっかり生活してほしいですが、ご家庭に帰られた香奈恵さんにはできたら愚痴を聞いてあげたり、思いきり羽をのばさせたり、何でも本音が言えるようにしてあげたらどうでしょうか。まずそこから始めませんか。香奈恵さんがつらいときや困ったときに心から話してくれて、ご両親が一緒に考える時間をつくりませんか」と述べました。

母親は、これだけで理解できたようでした。両手で顔を覆い涙を流し続けていました。

このケースは、身体的虐待である体罰も問題ですが、香奈恵さんの精神的な安全が保たれていない可能性も考えられます。両親とも仕事をし、地域や友人と育児の相談をしていないようでした。また母親は、自身が親から厳しくしつけられたため反抗し続け、親に迷惑をかけた経験があり、娘にはそうなってほしくないという思いがあったこともわかりました。この面接で、母親は自身の親と同じような育児をしていることに気がついたのでした。
　この面接以降、香奈恵さんのいたずらはなくなりました。また母親は、この機会に子育てについて学級担任に相談や話をするようになりました。あわせて学校は関係機関に連絡することは見送り、経過を観察することにしました。
　ここで大切なことは、学級担任が問題の行動の指導をしていく中で香奈恵さんのつらい思いを引き出したことで事案の解決につながったといえます。もし、香奈恵さんに対し、問題行動の注意ばかりをしていたら、香奈恵さんは申告しなかったでしょう。発見が遅れればその分影響が大きくなることは容易に想像できます。
　虐待をする保護者は、子どもに愛情を持っていないというとらえがありますが、このケースで見たように虐待をしている保護者に愛情がないわけではありません。むしろ、懸命に考えてかかわっていることもあるのです。虐待かどうかの判断は、児童虐待の定義に見たとおりで、保護者の愛情の有無ではないことを念頭においておくことが求められます。

7–2　家庭での心理的虐待への対応の難しさ

　孝さん（仮名）は、元気で活発な中学校1年生の男子生徒です。家族は父、母、妹との4人暮らしです。父は仕事をしており、母は短時間のパートをしています。妹は3歳で保育園に通園しています。父は、孝さんの実の父ではなく、母の再婚相手です。妹は、今の父と母の子です。
　孝さんは、テニス部に所属し大変熱心に練習をしています。学校生活では、孝さんにとって不都合なことや突然の変更に対応することが苦手で、4階の窓から上半身を乗り出したり、誰にも告げずに下校したり、突発的な行動をとることがありました。そのような中、孝さんは同じクラスの生徒を執拗にいじめることがあり、学級担任から指導をうける中で、孝さんが、父からいじめられているということを話します。具体的には父に嫌われ邪魔者扱いさ

れていること、家族で旅行に行くときも孝さんだけ家に残されること、父が妹に指示し孝さんに「バカ」などと言わせたり蹴ったり叩いたりするよう命令するというものでした。このことを聞いた学校では、協議後、すぐに家庭訪問を行うことにし、母にこの内容を確認することにしました。母は、孝さんの申し出の内容は承知しており、父に対し止めるよう告げているが、改まることがない上、妹にとってもよくないこととして悩んでいる。できたら早々に離婚をしたいと述べてきました。

その報告を受け学校では、SCはじめ対策委員会で協議した後、市の虐待対応担当窓口に報告しました。また、改めて家庭訪問を行い、孝さんの理解者である母に対する支援も含め、今後学校にも相談してほしいことを告げるとともに関係機関（児童相談所と市の虐待対応担当窓口）の連絡先を伝えました。

その後、孝さんに家庭の様子を聞くと「特にない」という返事があり、母からの相談もありませんでした。孝さんの問題行動はしばらく減ることなく、そのつど孝さんへの指導の際で家庭のことを聞きますが、話題にあがることもありませんでした。

孝さんが、中学校2年生に近づくあたりから熱心に取り組んでいた部活動で活躍しはじめるとともに身体もたくましくなるにつれ問題行動は改善されてきました。母に家庭の状況を聞くと、父の言動はまだ心配なことはあるものの、孝さんが家での言動に自信をもちはじめ、それに応じ父の態度も強く出なくなったと述べます。また、生活維持ため離婚は難しいという話がありました。

このケースは孝さんへの心理的な虐待のみでなく、妹への虐待でもあると考えられます。孝さんの理解者は母であり孝さんにとってもよりどころです。母とともに悩んでいる上、父と離婚することで児童虐待は解決するのかもしれませんが、生活そのものが苦しくなることが想定されます。孝さんの問題行動があれば家庭に連絡をせざるを得ず、そのことで父からの虐待が増加することも容易に想像されます。このようなケースの対応や指導は大変難しく学校だけの支援では限界があります。SC、SSWや民生委員や市の虐待対応担当窓口などの機関との連携が必要となります。また、孝さんの問題行動には毅然とした対応をとることは必要なことですので、学校で組織的にSCや複数人の教師が関わり対話を持つように取り組みました。孝さんは心身ともにたくましくなったことで、他の者や父への反撃（家庭内暴力）の恐れ

も十分に考えられましたが、教師たちとの丁寧な面接等でそれらは見られませんでした。また、孝さんにとって部活動で活躍できる場面があったことも大きな救いになったと考えられます。

7-3　ある日突然

　優紀さん(仮名)は、学級委員なども務め何事にもしっかり取り組むことができる中学3年生です。家族は、父、母、高校生の姉の4人です。優紀さんの父は仕事が忙しく勤務場所も遠いため優紀さんが起きる前に家を出、夜中に帰ってくる生活です。母はパートをしており学校の行事には積極的に参加しています。高校入試まであと2か月を控えた頃、優紀さんが、授業中に寝ていることが度々見られました。またいつもの明るさがありません。学級担任は、優紀さんと面談すると母が2か月前から精神科にかかり家事は何も行っておらず、家事の一切は優紀さんが行っていることを話します。昨日は母が一度にたくさんの薬を飲んで救急車で運ばれたこと、姉は家事等を一切しないこと、父も仕事があり家にいないこと、そしてこれからの受験への不安もあわさりいつも気丈な優紀さんですが、家にも帰りたくないし、死にたいともらします。

　学級担任は、優紀さんを学校にとどめたまま管理職に報告します。報告を受けた管理職は、緊急に検討会議を開催した後に児童相談所に通告しました。

　児童相談所の所員の対応で医療機関へ要請し、母はその日のうちに入院し治療に専念することになりました。また、父を仕事場から呼び寄せ所員による面談を行い、優紀さんが進学するまでの間の家事は、母の母親である祖母を地方から呼び寄せることとしました。さらに市の虐待対応担当職員を呼び、母の退院後の生活を支援するため同市の保健福祉との連携など説明を行いました。

　これらのやり取りは、父にも理解を得た上、優紀さんも同席したことで先の見通しが見え、安心した表情へと変わり父と帰路につきました。

　このように普通にあるような家庭でも、突然ヤングケアラーや心理的虐待にあたるようなことが起こることがあります。困り感を持ちながらもどのように対応したらよいかわからない、助けを求める機関がわからない、また地域や親族とのつながりが薄い等々の背景を持つ家庭は、最近どこでも見られ

ます。私たちは普段からこのような意識を持って子どもたちを見守る必要があるといえるでしょう。

【参考文献】
1) 法務総合研究所 (2023)「非行少年と生育環境に関する研究」『研究報告』65.
https://www.moj.go.jp/content/001399202.pdf （2024.08.24取得）
2) 厚生労働省「令和3年度福祉行政報告例の概況」令和5年1月.
https://www.mhlw.go.jp/toukei/saikin/hw/gyousei/21/dl/kekka_gaiyo.pdf
（2024.08.24取得）
3) こども家庭審議会児童虐待防止対策部会児童虐待等要保護事例の検証に関する専門委員会第19次報告「こども虐待による死亡事例等の検証結果等について」令和5年9月.
https://www.cfa.go.jp/assets/contents/node/basic_page/field_ref_resources/c36a12d5-fb29-481d-861c-a7fea559909d/6735b11d/20230935_councils_shingikai_gyakutai_boushihogojirei_19-houkoku_13.pdf （2024.08.24取得）
4) 公益社団法人 セーブ・ザ・チルドレン・ジャパン「子どもに対するしつけのための体罰等の意識・実態調査結果報告書」2021年3月.
https://www.savechildren.or.jp/news/publications/download/php_report202103.pdf
（2024.08.24取得）
5) 三菱UFJリサーチ＆コンサルティング「ヤングケアラーの実態に関する調査研究報告書」令和3年3月.
https://www.murc.jp/wp-content/uploads/2021/04/koukai_210412_7.pdf （2024.08.24取得）
6) 斎藤真緒 (2023)「ヤングケアラー支援の課題」『教育と医学』2023年5・6月号, 慶應義塾大学出版会, pp. 194-200.
7) 文部科学省「外国人児童生徒等教育の現状と課題」令和4年12月.
https://www.bunka.go.jp/seisaku/kokugo_nihongo/kyoiku/todofuken_kenshu/r4_annai/pdf/93812501_05.pdf （2024.08.24取得）

第8章

自殺

第1節 「自殺」の状況

　日本における自殺者数の推移は、1998年から2011年の14年間、3万人を超えるピークの時期がありました。このような深刻な状況の中、「自殺対策基本法」が2006年に成立し、自殺防止の取り組みが進み、2023年は約2万2千人にまで減少しています。一方、若者の自殺は残念なことに**図表1**にあるように増加傾向にあります[1]。

図表1　自殺者数の推移

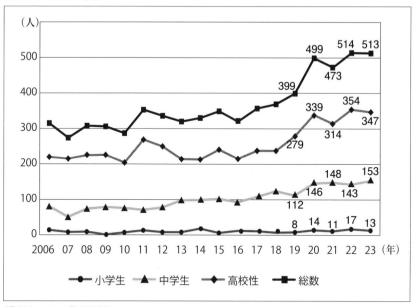

（警視庁HPから筆者作成）

図表2　年齢階級別の死因・死亡率・構成割合(2023年)

年齢	第1位			第2位		
	死因	死亡率	割合	死因	死亡率	割合
5～9	悪性新生物（腫瘍）	1.7	23.6	不慮の事故	0.9	12.3
10～14	自殺	2.3	25.3	悪性新生物（腫瘍）	1.6	17.6
15～19	自殺	12.1	49.8	不慮の事故	3.2	13.3
20～24	自殺	20.7	55.1	不慮の事故	4.5	12.0
25～29	自殺	20.3	51.5	悪性新生物（腫瘍）	3.8	9.6
30～34	自殺	19.8	41.8	悪性新生物（腫瘍）	7.3	15.4
35～39	自殺	19.5	29.7	悪性新生物（腫瘍）	14.1	21.5
40～44	悪性新生物（腫瘍）	25.3	27.0	自殺	20.8	22.2
45～49	悪性新生物（腫瘍）	44.2	30.0	自殺	21.6	14.7
50～54	悪性新生物（腫瘍）	81.7	34.5	心疾患	30.7	13.0
55～59	悪性新生物（腫瘍）	136.5	37.9	心疾患	48.7	13.5

死亡率は、人口10万人に対する率。割合は、死亡率人口10万人に対する率の総数から除した数。
（厚生労働省HP「令和5年人口動態統計月報」から筆者作成）

　図表2は、厚生労働省がまとめた「令和5年人口動態統計月報」の年齢階級別の死因・死亡率の構成割合です[2]。

　10歳から39歳までの階級において、自殺が死因の1位となっています。さらに詳しくみると、10歳から14歳では死亡した子どもの約25%、15歳から19歳では約半数の死因が自殺という驚きの結果となっています。

　次頁の図表3は、2022年と23年の小中高生の自殺の原因・動機をまとめたものです。調査では、学校問題、家庭問題、健康問題、経済・生活問題、勤務問題、交際問題、その他と7つの区分で整理されています。2023年の小中高生の自殺の原因・動機で最も多いのは、学校問題(261件)、次いで健康問題(147件)、家庭問題(116件)となっています。学校問題の内訳をみると多い方から、学業不振(65件)、進路に関する悩み（入試以外）(53件)、学校問題その他(51件)、学友との不和（いじめ以外）(48件)となっています。
　これら件数の合計は、図表1の件数と一致していません。その理由は、2022年に自殺統計の方法を改め、遺書等の生前の言動を裏付ける資料の他、家族等の証言から考えられる原因・動機も含め、自殺者一人につき4つまで

図表3 自殺の状況

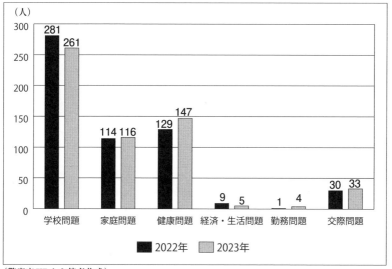

(警察庁HPから筆者作成)

計上することとしたからです。このように集計の方法の変更からみても、自殺の多くは多様かつ複合的な原因及び背景があり、様々な要因が連鎖する中で起きていることが伺えます。

文部科学省は毎年度、「児童生徒の問題行動・不登校等生徒指導上の諸課題に関する調査結果について」において、学校による「自殺(学校から報告のあったもの)」として年度ごとに報告された結果をまとめています[3]。図表1の警視庁の自殺者数の件数は暦年ごとに報告されているため比べることは適当ではありませんが、件数に注目すると以下のように件数に開きがあることがわかります。

図表4 厚生労働省と文部科学省による自殺者数の相違と推移　(人)

調査者	2019年	2020年	2021年	2022年
厚生労働省(暦年ごと)	399	499	473	514
文部科学省(年度ごと)	317	415	368	411

(文部科学省HP「令和4年度 児童生徒の問題行動・不登校等生徒指導上の諸課題に関する調査結果について」から筆者作成)

このような件数の開きは、学校では自殺の事実がわからなかったこと、また死に至ったとして、それが本当に意図したものであったかどうかわからないことが考えられます。また、諸事情により自殺として報告しなかった（できなかった）ことなども考えられます。調査によると、1人の自殺者に20人の自殺未遂者がいるとも推測されています（波名城2024）。このように考えると、自殺かどうかの判断より、生きづらさを感じている子どもの存在にいち早く気づくとともに援助や支援を行うことに重点をおくことが必要であるとわかります。

この章では、自殺のみに焦点をあてるだけでなく自殺へのリスクへつながる自傷行為等を含め自殺防止と指導について学びます。

なお、ここで使用する用語を以下のように整理します。

「消えてなくなりたい」「楽になりたい」という自殺したいと思う気持ちを「希死念慮」、リストカットや大量服薬など様々な手段により、実際に自殺を企てることを「自殺企図」、企図の結果として死に至るものを「自殺」、幸い命を取り留めたものを「自殺未遂」とします[4]。

第2節　自殺対策基本法

自殺対策に係る法整備は、2006年に「自殺対策基本法」が施行されたことが最初のスタートであることは第1節で述べたとおりです。

当時は、自殺を「個人の問題」と認識されがちでしたが、自殺者の遺族や自殺予防活動、遺族支援に取り組んでいる民間団体から、「社会の問題」として自殺防止対策を行う必要があるという要請が寄せられ、法として成立したものです。

2016年には「誰も自殺に追い込まれることのない社会の実現」を目指すために、すべての都道府県及び市町村が自殺対策計画を策定する「地域自殺対策計画策定の義務化」など、自殺は一人ひとりが、身近な問題として取り組むよう改正されています。ここでは、特に重要である内容をあげておきます。

> 第1条　この法律は、近年、我が国において自殺による死亡者数が高い水準で推移している状況にあり、誰も自殺に追い込まれることのない社会の実現を目指して、これに対処していくことが重要な課題となってい

ることに鑑み、自殺対策に関し、基本理念を定め、及び国、地方公共団体等の責務を明らかにするとともに、自殺対策の基本となる事項を定めること等により、自殺対策を総合的に推進して、自殺の防止を図り、あわせて自殺者の親族等の支援の充実を図り、もって国民が健康で生きがいを持って暮らすことのできる社会の実現に寄与することを目的とする。

第2条第2項　自殺対策は、自殺が個人的な問題としてのみ捉えられるべきものではなく、その背景に様々な社会的な要因があることを踏まえ、社会的な取組として実施されなければならない。

第17条3項　学校は、当該学校に在籍する児童、生徒等の保護者、地域住民その他の関係者との連携を図りつつ、当該学校に在籍する児童、生徒等に対し、各人がかけがえのない個人として共に尊重し合いながら生きていくことについての意識の涵養等に資する教育又は啓発、困難な事態、強い心理的負担を受けた場合等における対処の仕方を身に付ける等のための教育又は啓発その他当該学校に在籍する児童、生徒等の心の健康の保持に係る教育又は啓発を行うよう努めるものとする。

　自殺対策基本法では、政府が推進すべき自殺対策の指針として、基本的かつ総合的な自殺対策の大綱「自殺総合対策大綱」(以下、大綱)を策定することを定めています。

　大綱は「自殺は追い込まれた末の死」「自殺を考えている人は悩みを抱え込みながらもサインを発している」「自殺は防ぐことができる」という基本的な考え方のもと5年ごとに見直されています。

　現在の大綱「第4次自殺総合対策大綱(2022年)」では、小中高生の自殺が過去最高の水準になったことをふまえ「子ども・若者の自殺対策の更なる推進・強化」に取り組むことが加えられています。

　また2023年6月、こども家庭庁は、「こどもの自殺対策緊急強化プラン」をとりまとめています。警察や消防、学校や教育委員会、地方自治体等が保有する自殺に関する統計及びその関連資料を集約して、多角的な分析を行うための調査研究を立ち上げました。今後はこれらの調査結果も注目していく必要があります。

第3節　思春期の心理

　大人への入り口に立つ思春期の子どもたちは、なりたい自分とのギャップや進路決定、親からの自立、さらに、大人に向かうに従い孤独と向き合うことや生き方や社会への疑問など様々な葛藤が生じてくるときです。
　このような時期に次に示すような危険な心理状態があることが自殺へのリスクにつながると述べられています(阪中2015)。ここでは、その心理や特性などをみていきます。

- 強い孤立感　相談する人がいない、相談してもわかってくれない、居場所がない、と考え殻に閉じこもってしまうなどの状態
- 無価値感　生きていても仕方がない、私がいなくても誰も困らない、と考えてしまう状態
- 強い怒り　現状に不満を持ち、受け入れられない気持ちや、やり場のない気持ちを怒りとして他者に持つ状態、後にその怒りを自身に向ける状態
- 苦しみが永遠に続くという思いこみ　自分が抱えている苦しみは解決できず、永遠にその苦しみが続くと思い絶望的な感情になる状態
- 心理的視野狭窄　自殺以外の解決方法が全く思い浮かばず、死ねば楽になる、死ぬことのみが解決方法であると考える状態

　その他、思春期になると典型的なうつ病や統合失調症等の出現が認められるようになること、また反社会的行動などを伴う場合、薬物乱用も自殺につながる場合も指摘されています(高橋2006)。
　文部科学省では次のような特徴を数多く認める子どもには、潜在的に自殺の危険が高いと示しています[5]。

- 安心感のもてない家庭環境
- 独特の性格傾向(極端な完全主義、二者択一的思考、衝動性　など)
- 喪失体験(離別、死別、失恋、病気、怪我、急激な学力低下、予想外の失敗　など)
- 孤立感(とくに友だちとのあつれき、いじめ　など)
- 安全や健康を守れない傾向(最近、事故や怪我を繰り返す)

第4節　自傷行為

　自傷行為とは、「自殺以外の意図から、非致死的な手段・方法を用いて、この程度ならば大丈夫だろうという予測にもとづいて、自らの身体を傷つける行為」とされ[6]、自殺企画と区別されるものです。

　自傷行為は、10代から20代を中心とした若い世代にみられます。中高生の約1割に刃物で故意に自らの身体を切った経験が認められ、中学校・高等学校で勤務する養護教諭の98〜99％が自傷をする生徒の対応をした経験があると報告されています[6]。

　自傷行為はリストカット以外に、たばこの火を押しつける、ピアス穴を過剰にあける、壁に頭を強くぶつけるなどのほか、髪の毛を抜く抜毛症などもあります。自傷行為をしたからといって自殺したいと思っているとは限りません。これらの行為には、心身の苦痛から自分の体を傷つけることで、精神的な苦痛を和らげようとする気持ちが隠れていることがあります。問題を先延ばしにして、解決に向かっていないためエスカレートすることが考えられることが根本的な問題となります。

　自傷行為が継続して行われる場合には、長期的に自殺につながってしまうことも少なくありません。10代において自傷した経験のある者はそうでない者に比べて10年後の自殺によって死亡するリスクが数百倍になるとも言われています（松本2012）。

　次に自傷行為を行った子どもへの対応について以下に整理します。

- 頭ごなしに注意や否定せず、何かつらいことがあったかをどうかを聞く
- カッターなどの道具を強引に取り上げることはしない
- 自傷行為をしない約束を求めない
- ひとりで抱えこまない
- 保護者に内緒にしない
- 心の痛みに耐えようとしていることに共感し、エスカレートしていくことが心配であることを述べ、言葉や別の方法で心の痛みを表現できるということを告げる

　自傷行為に深刻に依存している者ほどこそ自身をコントロールできなくなることから、道具を取り上げたり、自傷行為を中止する約束をしたりすることは慎まなくてはいけません。また、後述する事例のように相談を受けた者

が、ひとりで抱え込むことは絶対に避け、心理の専門家であるSCなどの継続的なカウンセリングと家族の理解と協力が最も必要です。

第5節　自殺防止に取り組む

5-1　ゲートキーパー

「ゲートキーパー」とは、自殺の危険を示すサインに気づき、適切な対応（悩んでいる人に気づき、声をかけ、話を聞いて、必要な支援につなげ、見守る）を図ることができる人のことで、言わば「命の門番」とも位置付けられる人のことです。

大綱において、ゲートキーパーの養成を掲げ、かかりつけの医師をはじめ、教職員、保健師、看護師、ケアマネージャー、民生委員、児童委員、各種相談窓口担当者など、関連するあらゆる分野の人材にゲートキーパーとなれるよう研修等を行うことが規定されています。目標として、国民の3人に1人以上がゲートキーパーについて聞いたといえる状況を目指しています。

次に示すのは、うつのサイン、自殺のサイン、ゲートキーパーが行う対応の手順です（太刀川2019）。

図表5　うつの「3つのサイン」

① 眠れない	② 食欲がない	③ 気分が落ち込む
こころのサイン	からだのサイン	行動のサイン
・気分が落ち込む　悲しい ・イライラする　おっくう ・集中力がなくなる ・好きなこともやりたくない ・自分を責める ・決断が下せない	・便秘、下痢 ・身体がだるい ・疲れやすい ・頭痛、肩こり、胃痛 ・動機、息苦しい	・反応が遅い ・表情が暗い ・人との交流を避ける ・体調が悪いと訴える ・遅刻、早退が増える ・欠席が増える

図表6　自殺のサイン

- いつもより疲れている、眠れない、食欲がない、イライラしている、落ち着きがない、集中力がなくなるなど、生活面での変化が見られる
- 「死にたい」「自分には価値がない」「つらくて仕方ない」など自殺をほのめかす
- リストカット、薬を飲む、など死に至らない程度の死ぬそぶりをする
- 今まで元気がなかったものが急に生活上の積極的な態度をとる
- 身辺を整理する
- 事故に遭いやすくなる、怪我を繰り返す

図表7　ゲートキーパーの対応手順

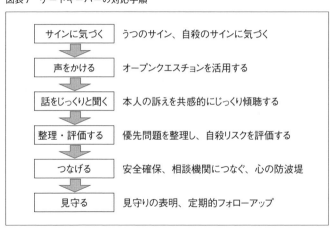

5-2　TALKの原則

前述したうつや自殺のサインを子どもから感じ取ったり、子どもから「死にたい」と訴えられたりした場合、次のような「TALKの原則」で対応することが必要です。

TALKとは、Tell、Ask、Listen、Keep safeの頭文字をとったものです。

Tell：あなたの様子をみていると、とても心配になるという点をはっきりと言葉に出して伝える。

　　　例）「死にたいくらい辛いことがあるのね。とってもあなたのことが心配だわ」

第8章　自殺　139

Ask：自殺のことをうすうす感じているならば、はっきりとその点について尋ねる。誠実な態度で対応するなら、それを話題にしても危険ではなく、むしろ自殺予防の第一歩になる。
　　　例)「どんなときに死にたいと思ってしまうの？」
Listen：傾聴する。徹底的に聞き役に回り、相手の絶望的な気持ちを真剣に聴く。
Keep safe：少しでも危険を感じたならば、安全を確保する。その人を決してひとりにしないで、医療機関につなげる。

5-3　自殺予防教育と早期発見の取り組み

2017年の大綱の改正から、SOSの出し方教育を学校で行うよう明記されました。また2022年文部科学省は、「児童生徒の自殺対策について」において、SOSの出し方に関する教育を行うこと、加えて自殺予防教育を「早期の問題認識」「援助希求的態度の育成」に焦点を当て次の3点について取り組むよう示しました[7]。

①心の危機のサインを理解する
②心の危機に陥った自分自身や友人への関わり方を学ぶ
③地域の援助機関を知る

そこでは、次のように自殺予防教育の具体的な授業展開例が示されています。

自殺予防教育の教材(例)
【1時間目：①心の危機のサインを理解】
- 自殺の深刻な実態を知り、自殺予防の正しい知識を身につける
- いのちの危機(うつ状態・自殺)のサインを知る
- 心身が不調なときの対応を考える

【2時間目：②自己や他者への関わりを知る、③援助機関を知る】
- 援助希求の重要性について体験的に学ぶ
- 「きょうしつ」というキャッチフレーズを実践できるようにする(※1)
- 身近で支えてくれるところ(地域の援助機関)を知る(※2)

　　(※1)友達のSOSに<u>き</u>づいて、<u>よ</u>りそい、<u>う</u>けとめて、<u>しん</u>らいできる大人に、<u>つ</u>なげる(SOSの出し方だけでなく、受け止め方についても学ぶ)
　　(※2)24時間子供SOSダイヤルや教育委員会のSNS相談窓口なども周知

図表8　自殺予防教育の構造

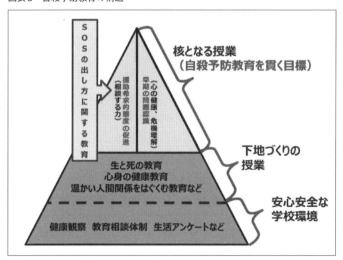

（文部科学省HPから引用）

　現在、自殺予防教育とあわせて、早期発見の取り組みとして一人1台端末等を活用した「心の健康観察」を全国の学校に導入するよう進めています。また、長期休業の開始前からICTツールを活用しつつ、アンケート調査、教育相談等を実施するとともに、一人一人に対して面談を行うなど、悩みや困難を抱える児童生徒の早期発見に努めるよう示されています。あわせて保護者に対しても、長期休業期間中の家庭における児童生徒の見守りを促し、保護者が把握した児童生徒の悩みや変化については、積極的に学校に相談するよう、学校の相談窓口を周知しておくこととしています。

　この章に係る中高生に対する学習の機会については、保健体育の「学習指導要領」において取り扱うこととされ、中学校では、「心身の機能の発達と心の健康」「健康な生活と疾病の予防」。高等学校では、「現代社会と健康」の中で「(オ) 精神疾患の予防と回復」が現行の学習指導要領に新たに設けられています。精神疾患の予防と回復には、運動、食事、休養及び睡眠の調和のとれた生活を実践すること、心身の不調に気づくことが重要であること、疾病の早期発見及び社会的な対策が必要であることを学習します。

第6節　自殺行動が発生した場合の対応

この節では、自殺や自殺未遂が発生した際、身近な人に危惧されることや、発生後の調査についてみていきます。

6-1　こころと身体に起こること

自殺や自殺未遂が発生した場合は、当事者の身近な人にとって、強烈な精神への影響があります。本格的な精神科の治療が必要なことも十分考えられます。また自殺に限らず、身近に衝撃的な出来事が起こったときには、子どもの心と身体に次のような反応がしばしば現れると言われています[8]。

- 自分を責める：「私があの時に一言声をかえていれば防げたのでは」
- 他人を責める：「○○君の態度が追いつめたに違いない。許せない」
- 死への恐怖感：「自分もいつか自殺してしまうのではないか」
- 集中できない。ひとりぼっちで過ごす。話をしなくなる。気持ちが落ちこむ。
- ひとりでいることを怖がる。子どもっぽくなる。
- まるで何もなかったかのように元気にふるまう。反抗的な態度をとる。
- 食欲不振、不眠、悪夢、頭痛、息苦しさ、腹痛や下痢、便秘、身体のだるさ。

これらの観察を行うと同時に、元々リスクのある子ども、例えば希死念慮を示している子どもや現場を目撃した人にも注意しておく必要があります。

6-2　背景調査

自殺に至る過程を丁寧に探ることではじめて、自殺に追い込まれる心理の解明や適切な再発防止策を打ち立てることが可能となります。いかなることであっても事実にしっかりと向き合い調査をすることが求められます。以下に文部科学省が示している「子供の自殺が起きたときの背景調査の指針」の概要を示します[9]。

【心のケアの重視】

- 調査と心のケアを一体的に行っていく視点を持つ
- 配慮の必要な子どもをリストアップする
- 調査実施に当たっては心のケアの専門家等の援助が必要

【地域の関係機関】
- 精神保健部局や関係する職能団体などに援助を求め、地域で支援体制を整えておくことが必要

【遺族との関わり】
- 遺族の協力が背景調査の実施に不可欠
- 遺族が背景調査に切実な心情を持つことを理解し、その要望・意見を十分に聴き取るとともに、できる限りの配慮と説明を行うこと

　背景調査は、「基本調査」と「詳細調査」から構成されています。背景調査の目標は、次の3つとして示されています。
　①何があったのか事実を明らかにする。
　②自殺に至る過程（①で明らかになった事実の影響）をできる限り明らかにする。
　③上記①②を踏まえ今後の再発防止への課題を考え、学校での自殺予防の取組の在り方を見直す。

6-3　基本調査

　基本調査は、事案発生（認知）後速やかに着手していきます。学校がその時点で持っている情報及び基本調査の期間中に得られた情報を迅速に整理するものです。主に以下のことを同時に進めていくことになります。
- 遺族との関わり
- 心のケア・学校再開・保護者への説明
- 関係機関との協力
- 指導記録等の確認・全教職員からの聴き取り・子どもと学級や部活動などにおいて関係の深かった子どもへの聴き取り調査を適切に実施します。ただし、自殺の事実が伝えられていない場合には、制限が伴います。

6-4　詳細調査

　続いて、基本調査の報告を受け、詳細調査に移行するかどうか判断をします。心理の専門家など外部専門家を加えた調査組織において行われる、より詳細な調査となります。調査の内容は、事実関係の確認のみならず、自殺に至る過程を丁寧に探り、自殺に追い込まれた心理を解明し、それによって再発防止策を打ち立てることを目指すものです。主に以下のことを進めていくことになります。

- 調査組織の設置・調査の計画・調査実施（アンケート調査・聴き取り調査等）
- 自殺に至る過程や心理の検証と再発防止・自殺予防への提言
- 報告書のとりまとめと遺族等への説明
- 調査結果の報告と今後の自殺予防・再発防止のための報告書の活用

なお、いずれの調査においても、次の点に留意して取り組むことが求められます。

亡くなった子どもを最も身近に知っている遺族の協力が背景調査の実施に不可欠であるため、遺族が背景調査に切実な心情を持つことを理解し、その要望・意見を十分に聴き取るとともに、できる限りの配慮と説明を行います。

亡くなった子どもと関係が深い子ども、現場を目撃した子ども、元々リスクを抱える子どもなど、強い反応が予測される子どもについては、二次的な被害が拡大しないよう調査の有無にかかわらず、SCや心のケアの専門家が関わってケアする体制を整える必要があります。

アンケート調査や聴き取り調査などにより集められる情報には、時としてうわさや臆測等が含まれる可能性もふまえ、アンケートで得られた情報の遺族への提供は、個人名や筆跡などの個人が識別できる情報を保護する等の配慮の上に行うことが必要となります。

第7節　事例

7-1　自殺企図をした中学2年生のケース

悠太さん（仮名）は、中学2年生の友達が少ない控えめな生徒です。週に1日程度の欠席もみられます。

悠太さんが、2年生になった5月頃、1年生の夏から面談をしていたSCに対し、「昨日、母から言われたことで、自身の部屋のカーテンレールに電気コードをかけて自殺しようとした。電気コードをカーテンレールに掛け、強く体重をかけたらカーテンレールが壊れてしまい自殺をとどまった」と告げます。悠太さんの自殺企図は小学校のときから2回目だということでした。さらに悠太さんは「家に帰りたくないし、帰れば自殺してしまうかもしれない」と話します。

SCからの報告を受け、学校は児童相談所に通告します。児童相談所の所

員が到着する間、SCは悠太さんに対し、児童相談所に保護される可能性があること、保護されてもSCや担任とも面談を継続することを悠太さんに告げます。悠太さんは、このようなやり取りを理解した上で、児童相談所に保護されました。

　悠太さんは、在籍している中学校とは違う学区の小学校から入学しています。学区を変えた理由は、悠太さんは小学校で友達とのトラブルが絶えないこと、非行の兆しもみられ家族は心配していたこと、私立の中学受験を不合格になったこと等から新しい環境で学ばせたいということでした。
　中学校に入学した悠太さんに、クラスメイトは、教室の移動の際に声をかけたり、一緒に帰宅したりしました。しかし悠太さんはその誘いに付き合うものの自分から声をかけることはなく、それ以上の親密な関係をつくることはありませんでした。
　入学して1か月ほど経った頃、悠太さんはノートや机に「死」という漢字を何度も書くようになります。心配した担任は、悠太さんと面談します。悠太さんは、家族のこと、特に母親の干渉に強い反発の思いを述べます。その後の面談でも家族への不満や怒りが収まらない状況に心配した担任は、悠太さんにSCとの面談を進めます。悠太さんは、それに快く応じSCとの面談がスタートしました。
　SCとの面談にも積極的に通うようになり、悠太さんの主訴は家庭のことがほとんどで、母からの執拗な要求が嫌でたまらないこと、母と姉とのケンカが絶えずそのことが許せないこと、中学校では一番のワルになりたい等、悠太さんは思いを吐き出しています。SCは管理職に、悠太さんは発達に偏りがあること、ソーシャルスキルトレーニングを意識した面談を実施すること等の提案がなされ、担任もその取り組みに加わります。そのような取り組みの最中の自殺企図でした。
　その後の悠太さんは、相変わらず友人をつくることはありませんでしたが、この件から2か月後、SCと定期的な面談を終了しました。以後は、悠太さん自身の判断で、必要に応じ担任やSCとの相談等を申し出、以後「死にたい」という言葉も出ることはありませんでした。

7-2　担任が抱え込んだケース

　石田教諭(仮名)は、県立高校の教師として採用され5年目を迎えます。石

田教諭は、生徒の相談にも親身に応え、教科指導も生徒指導も熱心なことから多くの生徒から慕われています。

　2年生の担任としてスタートして1か月、石田教諭は、担当している生徒一人ひとりと教育相談を行っていました。その中のひとり香里さん（仮名）との面談では、会話も弾まず表面的な会話で終了しています。しかし、保健室をよく利用する香里さんに石田教諭が声をかけたことから二人はよく話すようになり、そのうち石田教諭は香里さんの家庭の悩みや、友人関係の悩みに相談に乗るようになりました。石田教諭は、不安定な様子が見られる香里さんが不登校にならないかいつも気になるようになりました。このような状況で香里さんと週に1～2回の面談を行うようになったある日、香里さんの不自然な上着の着方に気づいた石田教諭は、そのことを問うと香里さんからリストカットしていることを告白されます。香里さんは、中学3年生の頃から自宅にひとりでいるとき、理由ははっきりしないけど「なんだかつらい」「切ると安心する」という理由でカッターを用い手首や腕を切っていると涙ながらに述べます。また、妹は知っていると思うが他の家族は知らない、両親には言わないでほしいと懇願します。

　石田教諭は、この約束を守る代わりに、今後は絶対に自身を傷つけることはしないことを香里さんと約束します。石田教諭は「絶対に守るからつらくなったらいつでも連絡して」と述べます。香里さんは、つらい気持ちになったそのたびに、石田教諭に連絡をするようになり、石田教諭は、勤務時間以外では、極力電話に出るとともに、メール等でやりとりをしました。そのような対応をしたにもかかわらず香里さんの自傷行為は減ることはなく、香里さんから夜中、早朝などかまわず連絡が届き、石田教諭はそのたびに対応していました。

　そのようなある日、石田教諭が保健室で他の生徒に対応している姿を見た香里さんは、保健室を飛び出しトイレに籠もりカッターで自身の手首の動脈を切る行為に及びます。香里さんは、幸い近くにいた他の生徒の発見により救急搬送され命は取り留めることになりましたが、精神科病棟に長期に入院することになりました。

【参考・引用文献等】
1) 警視庁「自殺者数」令和6年7月．
　　https://www.npa.go.jp/publications/statistics/safetylife/jisatsu.html
2) 厚生労働省「令和5年（2023）人口動態統計月報年計（概数）の概況」令和6年6月．

https://www.mhlw.go.jp/toukei/saikin/hw/jinkou/geppo/nengai23/index.html
3）文部科学省「令和4年度 児童生徒の問題行動・不登校等生徒指導上の諸課題に関する調査結果について」令和5年10月.
https://www.mext.go.jp/content/20231004-mxt_jidou01-100002753_1.pdf （2024.08.24取得）
4）厚生労働省「働くメンタルヘルス・ポータルサイト　こころの耳」2024年8月.
https://kokoro.mhlw.go.jp/glossary/
5）文部科学省「教師が知っておきたい子どもの自殺予防」平成21年3月.
https://www.mext.go.jp/component/b_menu/shingi/toushin/__icsFiles/afieldfile/2009/04/13/1259190_12.pdf　（2024.08.24取得）
6）松本俊彦「第108回日本精神神経学会学術総会」『自傷行為の理解と援助』2012年5月, pp. 983-989.
https://journal.jspn.or.jp/jspn/openpdf/1140080983.pdf　（2024.08.24取得）
7）文部科学省「児童生徒の自殺対策について」令和4年2月.
https://www.mhlw.go.jp/content/12201000/000900898.pdf　（2024.08.24取得）
8）文部科学省「「教師が知っておきたい子どもの自殺予防」のマニュアル及びリーフレットの作成について」.
https://www.mext.go.jp/b_menu/shingi/chousa/shotou/046/gaiyou/1259186.htm
9）文部科学省「子供の自殺が起きたときの背景調査の指針」.
https://www.mext.go.jp/component/b_menu/shingi/toushin/__icsFiles/afieldfile/2014/09/10/1351863_02.pdf　（2024.08.24取得）

波名城翔（2024）『自殺者を減らす！ ゲートキーパーとしての生き方』新評論.
阪中順子（2015）『学校現場から発信する子どもの自殺予防ガイドブック―いのちの危機と向き合って』金剛出版.
高橋祥友（2006）『新訂増補 自殺の危険』金剛出版.
松本俊彦（2012）『自傷行為の理解と援助』日本評論社.
太刀川弘和（2019）『つながりからみた自殺予防』人文書院.

第9章

中途退学

はじめに

　この章では中途退学についての学習をおこないます。全国的に中途退学者の数は減少傾向にあります。しかし、生徒の全体の数が減少していることから、重要な指標は全国の高校生の総数に占める退学者の割合です。そしてこの退学率も減少傾向にあります。**図表1**は昭和57年度から5年おきの高等学校中途退学者数と中途退学率のグラフです。平成19年度以前は退学率が2%以上ありました。このグラフでは示されていませんが、平成20年度以降徐々に減少し平成24年度には1.5%となりそれ以降、1.1～1.4%の範囲で推移しています。この退学率減少の理由としては様々な要因が考えられますが、昭和60年から令和元年まで高校現場で勤務していた筆者の経験では、教員による生徒への対応が指導から指導・支援に変化していったこと、広域通信制高校等を中心に中途退学をしないでも転学ができる等の進路変更の柔軟性が高まったこと等が考えられます。

　ここでは高校生を対象とした中途退学について学習を深めます。第1節ではなぜ高校生が対象となるのか、また中途退学には処分としての退学と自ら願い出ての自主退学があります。このことについての関連法規を学び、第2節では中途退学を理解するためにその要因に焦点をあてて学習していきます。要因としては大きく二つあり、一つ目は進路変更、二つ目として学業不

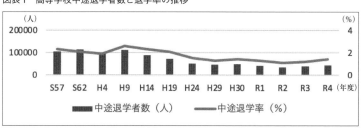

図表1　高等学校中途退学者数と退学率の推移

（「児童生徒の問題行動・不登校等生徒指導上の諸課題に関する調査」から筆者作成）

振があげられます。第3節では未然防止について、学校組織と個々の教員の立場から日々の教育活動の中で何ができるかを学習します。

第1節　関連法規(条文の下線は筆者)

最初になぜ高校生が対象になるかについて関連法規から整理します。

> 憲法第26条　すべて国民は、法律の定めるところにより、その能力に応じて、ひとしく教育を受ける権利を有する。
> 　すべて国民は、法律の定めるところにより、その保護する子女に普通教育を受けさせる<u>義務を負ふ</u>。義務教育は、これを無償とする。

憲法に規定されている義務教育の条文です。ここで注意したいのは義務を負うのは子どもではなく保護者という点です。
次にこれを受けて教育基本法では

> 教育基本法第5条　国民は、その保護する子に、<u>別に法律で定める</u>ところにより、普通教育を受けさせる義務を負う。

下線の別に法律で定める法律とは

> 学校教育法第16条　保護者は、次条に定めるところにより、子に九年の普通教育を受けさせる義務を負う。
> 　第17条　保護者は、子の満六歳に達した日の翌日以後における最初の学年の初めから、満十二歳に達した日の属する学年の終わりまで、これを小学校又は特別支援学校の小学部に就学させる義務を負う。（以下略）
> 　2　保護者は、子が小学校又は特別支援学校の小学部の課程を修了した日の翌日以後における最初の学年の初めから、満十五歳に達した日の属する学年の終わりまで、これを中学校、中等教育学校の前期課程又は特別支援学校の中学部に就学させる義務を負う。

また関連する義務教育関係の法律を以下に示します。

> 学校教育の水準の維持向上のための義務教育諸学校の教育職員の人材確保に関する特別措置法第2条　この法律において「義務教育諸学校」とは、<u>学校教育法に規定</u>する小学校、中学校、中等教育学校の前期課程又は特別支援学校の小学部若しくは中学部をいう。

下線の学校教育法に規定される学校とは、いわゆる1条校を指します。

> 学校教育法第1条　この法律で、学校とは、幼稚園、小学校、中学校、高等学校、中等教育学校、特別支援学校、大学及び高等専門学校とする。

以上の法律等で義務教育とは小学校、中学校又は中等教育学校前期課程、特別支援学校の小学部、中学部で受ける普通教育の9年間ということが分かります。普通教育とは国語、算数、社会等多くの国民が小学校、中学校で受けてきた教育です。この文言と対比して専門教育があります。それは工業高校、農業高校、商業高校等で受ける専門科目の授業を指しています。

したがって、小学校、中学校では中途退学は法律上あってはいけないことになります。

高校生には処分としての中途退学と自ら願い出る自主退学があります。このことを関連法規から整理します。

> 学校教育法第11条　校長及び教員は教育上必要があると認めるときは、<u>文部科学大臣の定めるところ</u>により、学生、生徒及び児童に懲戒を加えることができる。ただし、体罰を加えることはできない。

この法律は体罰禁止を示している有名な法律ですが、「教育上必要があると認めるときは」生徒に懲戒を加えることができると示されています。下線の文部科学大臣の定めるところとは以下の条文になります。

> 学校教育法施行規則第26条　校長及び教員が児童等に懲戒を加えるに当っては、児童等の心身の発達に応ずる等教育上必要な配慮をしなければならない。

第9章　中途退学

>　2　懲戒のうち、<u>退学</u>、停学及び訓告の処分は、校長（大学にあっては、学長の委任を受けた学部長を含む。）が行う。
>　3　前項の退学は、<u>公立の小学校、中学校又は特別支援学校に在学する学齢児童又は学齢生徒を除き</u>、次の各号のいずれかに該当する児童等に対して行うことができる。
> 一　性行不良で改善の見込みがないと認められる者
> 二　学力劣等で成業の見込みがないと認められる者
> 三　正当の理由がなくて出席常でない者
> 四　学校の秩序を乱し、その他学生又は生徒としての本分に反した者
>　4　第2項の停学は、学齢児童又は学齢生徒に対しては、行うことができない。

　この法律の第3項の下線は義務教育の観点から記されています。ここで注意したい点は「公立」と記述されていることから「私立」の小学校、中学校ではその限りではないということです。同じ3項で退学処分を校長がおこなうとき、限定された四つの理由でなければ退学処分をおこなうことができないということです。この法律の内容は高校入学時に渡される生徒手帳に記載されていることが多いです。退学処分とは生徒の身分に係わり、将来に影響を与える法的処分ですので、より慎重におこなう必要があります。そのことは統計上でも示されており、令和3年度の高等学校中退者数3万8928人の内、学校教育法施行規則第26条で退学処分を受けた人数は318人です（元データは「児童生徒の問題行動・不登校等生徒指導上の諸課題に関する調査」）。以下に実際の学校現場では問題行動を起こした生徒にどのように対応しているかを参考事例として載せます。

> **【参考事例1】**
> 　学校教育法施行規則第26条の同条文の2項で懲戒のうち校長がおこなうものに「退学」「停学」「訓告」があります。しかし、学校現場ではこの法律の「退学」「停学」「訓告」をおこなうことはほとんどありません。
> 　なぜなら、各学校に入学してきた生徒一人一人に指導要録を校長は作成します。この指導要録は卒業後20年間保存が法律で義務付けられています。仮に、生徒が在学中に学校教育法施行規則第26条の「退学」「停学」「訓告」の懲戒処分を受けると20年間保存される指導要録に記

録として残します。(学校教育法施行規則第24条　校長は、その学校に在学する児童等の指導要録(略)を作成しなければならない。同第28条第2項　(略)指導要録及びその写しのうち入学、卒業等の学籍に関する記録については、その保存期間は、二十年間とする。)

　そのため、生徒の将来への教育的配慮として、なにか生徒が在学中に生徒としての本分に反した場合でも、この法律上の処分をおこなうことは稀です。

　それでは、どのようにしているかというと、各学校で生徒指導上の申し合わせ事項の取り決めがあり、例えば喫煙1回目は特別指導3日間、喫煙2回目は特別指導5日間、喫煙3回目は特別指導10日間、喫煙指導4回目は自主的退学を勧告する等と文章化されています。この特別指導には学校独自の工夫があり、A校では自宅謹慎とするとか(生徒はこの自宅謹慎を「停学を受けた」ということがありますが、全く意味が違います)、B校では学校に登校させ別室で課題や教員との話を義務付け指導していくなどがあります。この特別指導も生徒に対する「懲戒」です。

　この「懲戒」の場合は特別指導というあくまで教育的な指導であり処分ではないので、生徒の指導要録に記録が残ることはありません。学校の繰り返しの指導に従わず、問題行動を起こす生徒には、校長が保護者同席の上説諭をおこない、納得させ自ら退学願を出させ自主退学という手続きを取ることが多いです。一方、再々の指導に係わらず反省もなく、なお他の生徒の安全を脅かすような場合等は、毅然として学校教育法施行規則第26条の法的な「懲戒」処分をおこないます。(つまり、指導要録に記録として残ります。)

　大切なことは、生徒が生徒としてふさわしくない行為をして懲戒が必要と認める状況になっても、生徒の規範意識や社会性の育成を図るよう、**適切に懲戒をおこない、粘り強く指導する**ことです。

　次に【参考事例1】にもある自主退学の手続きについて関連法規を整理します。

　学校教育法第59条　高等学校に関する入学、退学、転学その他の必要事項は、文部科学大臣が、これを定める。

上の条文の下線の文部科学大臣が定める法律が下の法律です。

> 学校教育法施行規則第92条　他の高等学校に転学を志望する生徒のあるときは、校長は、その事由を具し、生徒の在学証明書その他必要な書類を転学先の校長に送付しなければならない。転学先の校長は、教育上支障がない場合には、転学を許可することができる。
> 2　全日制の課程、定時制の課程及び通信制の課程相互の間の転学または転籍については、修得した単位に応じて、相当学年に転入することができる。

上の条文は転学・転籍の手続きの法律であり、この転学と転籍は入学した高校が自分に合わないと考えた時に関係するので載せました。

次に退学に関する法律が以下です。

> 学校教育法施行規則第94条　生徒が、休学又は退学をしようとするときは、校長の許可を受けなければならない。

この法律での注意点は下線の校長の許可の部分で、生徒が退学したいと思っても自由に退学できるわけではなく、校長の許可が必要ということです。当然その際に校長は本人及び保護者と面談をおこない、退学する理由を聞き場合によっては引き留めをおこないます。また、この面談は退学後どうするのかを確認する貴重な機会となります。

これらの法律を受け各高等学校では学則を作成しており、さらに細かく手続きが示されています。以下に実際の高等学校の学則の一部を示します。

> 【参考事例2】
> ○○高等学校学則
> 　第23条　校長は、他の高等学校から本校に転入学を志望する生徒があるときは、教育上支障がないと認める場合に限り、転入学を許可することがあります。
> 　2　転入学を志望する生徒は、転入学願その他所定の書類を校長に提出しなければならない。
> 　3　転入学の選抜は、校長がこれをおこなう。

> 第25条　校長は、本校の全日制の課程及び定時制の課程相互の間において転籍を志望する生徒があるときは、転籍させることがある。
>
> 第27条　生徒が傷病その他やむを得ない理由のため休学又は退学をしようとするときは、保護者等は、休学願又は退学願に医師の診断書等その理由を証明する書類を添えて校長に提出し、その許可を受けなければならない。
>
> 第28条（略）
> 2　中途退学した生徒が再入学しようとするときは、再入学願その他所定の書類を校長に提出しなければならない。
> 3　再入学者の選抜は、校長がこれをおこなう。

【参考事例2】の学則で下線を引いた「転入学」「転籍」の場合は在籍している高等学校を退学する必要はなく学籍に空白が生まれることはありません。高等学校を退学し一定期間をおいて、他の高等学校に入学する場合を「編入学」といいます。

次に「再入学」ですが、これは一度何らかの理由で退学をしたが、理由が消滅したため再び同じ高等学校に入学することです。

最後に「退学願」ですが、願の文字があるように生徒に退学の意思があるとき、保護者等がこれを校長に提出し許可をもらうことになります。ここが学校教育法施行規則第26条の「退学処分」と大きく違うところです。

第2節　理解（要因）

まず初めに学校教育法施行規則第26条における退学処分の学年別の人数を令和3年度資料で見てみます。

懲戒処分の退学者ということは、退学した生徒は学校教育法施行規則第26条の四つの各号のいずれかに該当した生徒ということです。また、各号のいずれかに該当していたということは、大きな問題を持っていた生徒と推測できます。図表2から具体的な数を見ていくと1年56人、2年61人、3年32人です。単位制に169人の該当者がいますが、単位制の場合学年の区分がないので、このような表示になっています。学校現場では単位制1年次、2年次等として生徒を把握しています。データがないので年次別の数は不明です。

図表2　令和3年度中懲戒処分退学者数

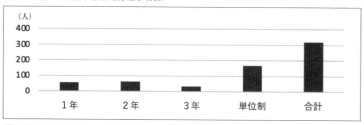

(「児童生徒の問題行動・不登校等生徒指導上の諸課題に関する調査」から筆者作成)

　学年別の数から分かるように、1年、2年と高校生活の早い段階で問題行動が生じる傾向があります。この傾向は中途退学の未然防止の際、特に高校生活のどの時期に生徒の様子に気を配ればよいかのヒントを与えてくれます。
　次に、保護者等が退学願を出し校長に許可を受けた中途退学者の要因について令和4年度資料で見てみます。
　図表3から分かるように一番多い要因は、中途退学者総数4万3401人のうち、1万9055人(割合43.9%)を占める「進路変更」です。二番目は1万4253人(32.8%)を占める「学校生活・学業不適応」です。三番目は2600人(6.0%)の「学業不振」になります。ここで留意しなければならない点は、学校現場では「学業不適応」「学業不振」の線引きは大変難しいことです。例えば、

図表3　令和4年度中退学者の要因

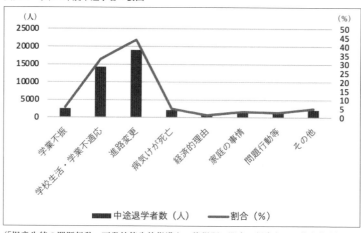

(「児童生徒の問題行動・不登校等生徒指導上の諸課題に関する調査」から筆者作成)

勉強が全く苦手で進級ができない場合の生徒は「学業不振」とも捉えることができますし、「学業不適応」とも捉えることができるからです。また、勉強が分からないことから学校生活全体が面白くなくなることも多く見受けられます。筆者には、この二つの要因はかなりオーバーラップしていると考えられます。

　四番目以下の要因は割合だけを示します。四番目は「その他の理由」(5.0%)、五番目は「病気けが死亡」(4.9%)、六番目は「家庭の事情」(3.3%)、七番目は「問題行動等」(2.8%)、八番目は「経済的理由」(1.4%)と続きます。

　ここで「経済的理由」の要因で中途退学する生徒が少ない理由としては、近年の奨学金制度や補助金制度の充実が挙げられると考えられます。例えば国が高校に進学した生徒の該当家庭に支給される就学支援金制度の創設等です。

　次に「問題行動等」の要因で中途退学する生徒が少ないことが分かります。この割合の低い理由としては、各高校が問題行動を起こした生徒へ粘り強く対応し、指導だけに傾くのではなく生徒支援の考えを導入している結果と考えられます。

　やはり、この要因で注目したいのは一番目の「進路変更」と二番目と三番目は同じと考え「学校生活・学業不適応・学業不振」です。一番目の進路変更ですが、その進路変更ごとの項目は「別の高校への入学希望」(25%)、「専修・各種学校への入学希望」(1.6%)、「就職を希望」(7.6%)、「高卒程度認定試験受験を希望」(3.0%)、「その他」(6.8%)となっています。

　この中で、割合の高い「別の高校への入学希望」と「就職を希望」に注目し、どの学年の時期に中途退学をしたかを調べると、「別の高校への入学希望」は1年が52.4%、2年が37.3%、3年が10.2%です。「就職を希望」では1年が47%、2年が36.4%、3年が14.8%となり、1年と2年の段階で全体の8割から9割を示します。この傾向は「専修・各種学校への入学希望」にも同じように見られます。この理由として大きく二つ考えられます。一つ目は中学校を卒業し、自分の希望した高校に入学したが、自分の思い描いていた高校や高校生活と違ったギャップから中途退学をしている可能性が高いと考えられます。二つ目として、入学後不登校になり、進級ができなくなり、原級留置を希望せず中途退学しあらためて進路変更をするケースです。

　また興味深い要因として「高卒程度認定試験受験を希望」です。同じように学年別の中途退学の割合を見てみると、1年が21.1%、2年が42.5%、3年

が36%となっており、上で示した「別の高校への入学希望」「就職を希望」「各種・専修学校への入学希望」と傾向が明らかに違います。「高卒程度認定試験」に合格すると高校を卒業していなくても大学を受験することができます。このことから、学年が進むにしたがい、成績または出席関係で高校を進級または卒業の可能性が低くなるが、大学には進学したいと考えた生徒が中途退学を選択し、「高卒程度認定試験」を受験すると考えられます。この場合もあくまで入学した高校を卒業するために原級留置いわゆる留年も考えられるのですが、原級留置を希望しない生徒が増えています。

図表4からも分かるように原級留置を希望する生徒数の割合が全体に対して、中途退学率より小さな割合を示しており、このことから原級留置より中途退学を選ぶ傾向があることが分かります。

図表4　令和5年度原級留置者数と割合

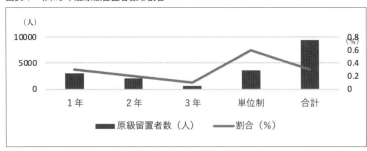

（「児童生徒の問題行動・不登校等生徒指導上の諸課題に関する調査」から筆者作成）

ここまで、「児童生徒の問題行動・不登校等生徒指導上の諸課題に関する調査」のデータから中途退学の理解（要因）について述べてきました。次節では中途退学の未然防止について考えます。

第3節　未然防止

3-1　生徒に対する教員の姿勢

中途退学に対して現場の教員、特に担任になった時にはその対応に苦慮する問題です。どの問題も生徒指導上の大きなテーマです。と同時に、生徒支援という考え方が重要です。最近の学校現場では「生徒指導・支援」という

ように「指導」と「支援」は一体化したものと考え実践されています。これは「困った生徒」→「困っている生徒」、「問題の生徒」→「問題を抱えている生徒」という、生徒のとらえ方を転換していく方向から出てきています。生徒のより良い成長を促していくためには「指導」だけでは足りず、「支援」も必要です。また、これらの問題に対応する場合は、一人で対応しようとせず他の先生や管理職に報告・連絡・相談しながら進めることが肝要です。

3-2 不登校対応

　中途退学未然防止で不登校対応を取り上げる理由ですが、高校は小学校、中学校と違い各学校で定められて単位を修得しないと進級・卒業ができません。また、科目ごとに修得するための授業への出席日数が定められており、早め早めに対応しないと「進級できません」「卒業できません」となり、最終的には中途退学に至るケースになる場合が多いからです。第2節の要因で見た「進路変更」と「学校生活不適応」の中途退学の多くは、不登校に起因していると考えられます。

　不登校については、入学前に中学校から情報が入る場合があります。また、保護者から入学後に相談という形式で情報をもらう場合もあります。どの生徒も共通に言えることは、環境が変わったので心機一転学校に登校するという気持ちがあります。これらの生徒には、普段の学校生活でその様子を注意深く観察することが大切です。特に友人関係（仲の良い友人ができることは登校の意欲を促します）や部活動関係（部活動への参加、そしてそこでの友人関係もやはり登校の意欲を促します）について状況を把握し、5月のゴールデンウィーク明けまで学校の欠席がなければ、そのまま不登校にならずに学校生活が順調に進むことが多いです。

　しかしながら、情報提供を受けた生徒、提供を受けていない生徒でも不登校の予兆は4月入学時、5月連休明け、夏休み明けの期間で最初は週1回程度の休み、次第に週2回程度の休みと欠席が増えていく傾向があります。ここで、担任になったら注意することは、生徒の欠席に対しては必ず理由を把握しておくことです。そして欠席の回数が多くなってきた場合、欠席から欠席の期間が短くなってきた場合は、その生徒との個人面談は必須です。と同時に保護者への連絡と家庭との連携が必要になります。この対応で何とか生徒が不登校にならなければ、それで一安心です。

　ただやはり不登校になってしまう生徒はクラスに1人〜2人程度出る可能

性があります。その対応は、本人との面談（家庭訪問を含む）、生徒指導・支援の部署、家庭との連携、スクールカウンセラーと連携しながら、焦らずじっくりと対応していきます。しかし適時登校への刺激を与えることも必要です。中学校の場合は義務教育なので、卒業や高校入試に対して不登校生徒に配慮された制度があるので、進級、卒業、進路の問題が限定的ですむ場合が多いですが、高校では進級できずに原級留置や卒業ができない等、生徒の身分上の問題が発生してくるので注意を要します。

　高校の場合は、不登校気味や不登校の生徒と保護者に、学校を長期欠席するとどのような影響があるかを早めに伝えておく必要があります。不登校の理由は様々であり、中には生徒自身にも理由が分からない場合もあります。そして理由が分かったとしても、解決するには困難なものも多く、時間がかかるケースもあります。大切なことは生徒の立場になり、今後どうするかを一緒に保護者と共に考える支援の姿勢です。その際には「原級留置」「休学」「転入学」「編入学」「高校卒業程度認定試験」の制度などを、事前に管理職と相談し、面談内容によっては情報を提供することも必要です。また、数多いケースではありませんが、適切な時期に、生徒と保護者に具体的にこの科目は休んでも大丈夫、この科目はあと何回休んだら進級ができないということを知らせます。そしてこの科目は何曜日の何時間目にあるから、どう対応するかなど本人、保護者、担任で対策を練ることで、短期的な視点で、本人がそれではもう少し頑張るか、保護者はどこを支援できるかが分かり何とか乗り越えていくケースもあります。

　以下に進級ができなくなった不登校生徒と保護者との面談事例を示します。

【参考事例3】
　高校の進級認定・卒業認定は学習指導要領で規定されるので、個人的には何とかできないかと思うが、どうにもならないことが多いです。
　筆者はよく折角この高校に入学したのだから、体調等が回復するまでゆっくり休み、その期間は「休学」し、そののち「復学」をして卒業したらどうかと話していました。（16歳と17歳の1歳の違いは大きく感じるが、45歳と46歳では全然違いを感じない。長い人生で人より1年や2年遅れても問題はないと思う。）中には、この話を聞いて高校を4年間で卒業していく生徒もいましたが、やはり同時に入学した仲間と学年が違ってしまうことを理由に退学を選ぶ生徒が多いです。

> 　その際は、3-2の不登校対応でも書きましたが、本人・保護者と一緒になって退学後の進路を考える支援が必要です。通信制・定時制への「転学(この場合は退学する必要はない)」「編入学」「高卒程度認定試験」等の具体的方法を教えてあげると安心することが多いです。やはり、本人・保護者とも高校卒業資格は修得したいと思い、この高校で上手くいかなくてもいろいろな制度があることを情報提供することで、次のステップへの道筋を示してあげることは大切です。

3-3　中途退学への代表的な対応

　中途退学の要因も第2節で見てきたように、主なものに進路変更、怠学(学業不振)、経済的な問題、校内の人間関係(部活動の問題も含む)等、その要因によって、指導・支援もケースバイケースです。何よりもまずおこなうことは、本人との面談、そして保護者を交えての三者面談です。そこで、本人と保護者が何を考えているかしっかりと把握することです(ほとんどの場合、保護者は退学に反対か消極的な姿勢です)。現場目線で主なケースを三つ挙げて考えます。

　ケース1　本人の退学後の進路が明確な場合は、「頑張れ」と言って励まして送り出してやります。しかし、もしまた高校に戻って勉強したい場合は、いろいろな入学制度があることを教えると良いです。例えば第1節の学則にある「再入学」制度等です(保護者も安心することが多いです)。

　ケース2　経済的な問題の場合は、その要因の解決を本人・家庭と一緒に考える姿勢が重要です。意外と本人・保護者が見落としていることがあります。例えば、経済的な問題であれば、給付型奨学金や授業料免除制度等の仕組みや具体的な申し込み方法等を親身になって相談にのります。このケースの場合は学校外の組織との連携も考えられます。経済的な問題が解決までいかなくても、少しでも見通しがつくことで、何とか学校生活を続けられる可能性もあります。

　ケース3　いじめや校内の人間関係が要因の場合は、学校組織が一体となっていじめや校内の人間関係の解決をおこなうことです。あくまで生徒の立場になり解決は簡単ではありませんが少しでも良い方向に進めることで、生徒・本人も学校に信頼を寄せ退学に至らないケースもあります。一方、そこまですることを本人が望まないケースもあり退学していくことありますが、その際も高校卒業資格を修得できる方法をしっかりと伝えることが必要です。

ケース4　怠学（学業不振）や要因が明確でない場合は、「絶対に学校はやめるな」と強く説得します。本人の意志だからと安易に認めてしまうと、退学後「ニート」になり社会を漂流することになることが多いです。叱咤激励と具体的な学習支援や相談を継続的におこない、何とか高校生活を続けさせ、卒業することを目標に据えていきます。
　最後に参考事例として本人と保護者は中途退学を考えていたが、転籍の措置により高校を無事卒業した例を示します。

【参考事例4】
　A君は某県立高校の全日制の1年生でした。入学して1学期の夏休み前に担任と学年代表から校長に相談が寄せられました。
　担任からの相談の内容は「A君は5月の連休明けからほぼ毎日午前中の授業を欠席しています。このまま状況が変わらなければ進級ができなくなる可能性が非常に高くなります。もちろん保護者と本人と面談をおこない注意を促していますが、大きな変化はありません。保護者も心配していますが本人がどこまで自覚しているか不明です。原因は毎晩ゲームを明け方までしてしまい、朝起きられないということです。普段学校に来た時の様子はおとなしく、特に問題を起こすようなことはありません。ただ友人はいないようです」ということでした。
　そこで、進級に係ることなので、校長が本人と保護者と面談をおこないました。本人は「自分のおかれた状況は承知しているが、どうしてもゲームをやってしまい、朝起きられない。学校に対する不満等は特にないです。ただ高校は卒業したいと思っています」とのこと。また保護者は「何度注意しても直らないので、最近は注意することに疲れてきました。ただやはり高校は卒業してもらいたいです」。
　校長が高校の卒業はこの全日制を卒業したいのか、または高校卒業資格の修得が欲しいのか尋ねたところ、本人の答えは「高校卒業資格は取りたいですが、この高校を卒業することにはこだわっていません。また、今の生活では卒業は無理だと思います」。
　この生活を即座に改善するのは難しいと判断し、またこの時期であれば転籍（全日制から定時制に課程を変えること）すれば、全日制に在籍する年数で定時制の卒業ができると、本人と保護者に説明し勧めました。
　具体的には、定時制は授業の始まりが午後5時30分からなので、今の

生活を改善しながら学校に通え、定時制の場合は単位認定が柔軟で通信制高校と連携しレポートの提出や高卒程度認定試験の一部科目に合格すると卒業単位の一部と認められ、3年間で卒業できることを伝えました。

そうしたところ本人と保護者とも転籍を希望し、同じ学校の定時制に入りました。

不思議なもので、その後本人は毎日定時制にしっかりと通い、上級生になってからは生徒会活動にも取り組み卒業していきました。何より喜んでいたのは保護者でした。

たまたま中途退学せずに済んだケースですが、転籍を転機として本人の中で何かが解決したのだと推測します。個々の生徒一人一人にすべて違う要因があり、それぞれに対応するのは大変困難ですが、しっかりと本人の考えを聴く基本は共通しています。

3-4 最後に

中途退学の未然防止は、当たり前ですが担任を中心として教員組織全体で日頃の生徒の様子をしっかりと観察（特に遅刻、欠席、早退、成績等）します。気にかかるようなら早めに声をかけ、必要と判断すれば生徒面談を実施し、また適切な時期には保護者を交えて面談を実施します。また、担任一人でおこなうのではなく、学年の先生、生徒支援の先生、管理職、場合によっては外部機関も含めた連携を継続的におこなうことが必要です。

また、入学した生徒が中途退学せず卒業していくのが理想ですが、中途退学をマイナスと捉えるのではなく、次へのステップであるという柔軟な考えを持つことも、結果的にその生徒の進路にとってより良くなることもあります。

【参考文献】
文部科学省「高等学校学習指導要領（平成30年告示）」.
文部科学省「高等学校学習指導要領（平成30年告示）解説 総則編」.
文部科学省「生徒指導提要（令和4年12月）.
学校管理運営法令研究会編著『第六次全訂 新学校管理読本』第一法規, 2018年.

第10章

不登校

第1節 「不登校」児童生徒の実状

1-1 「不登校」児童生徒の増加

「不登校数、◯年連続で過去最多を更新！」

「不登校児童生徒数急増！」

毎年10月になると文部科学省は、全国の学校を対象として実施している「児童生徒の問題行動・不登校等生徒指導上の諸課題に関する調査」の結果とその分析内容（2年前調査）を発表します。この調査の発表の次の日には、各新聞やニュース報道はその内容を扱いますが、ここ数年毎年のようにこのような表現を、目にするのではないでしょうか。

下のグラフでもわかるように、確かに不登校児童生徒数の数は、このところ激増しています。

このグラフの中から、平成3(1991)年度、平成24(2008)年度、令和5(2023)

図表1　不登校児童生徒数の推移

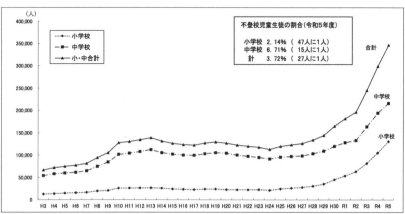

（文部科学省　令和5年度「児童生徒の問題・不登校等生徒指導上の諸課題に関する調査結果について」『〈参考2〉不登校児童生徒数の推移のグラフ』　文部科学省HP）

図表2　平成3・平成24・令和5年度の不登校児童生徒数

	全児童生徒数	不登校児童生徒数	小学校	中学校
平成3年度 (1991年度)	14,345,743人	66,817人 (0.47%)	12,645人 (0.14%)	54,172人 (1.04%)
平成24年度 (2012年度)	10,333,629人	112,689人 (1.09%)	21,243人 (0.31%)	91,446人 (2.56%)
令和5年度 (2023年度)	9,321,243人	346,482人 (3.72%)	130,370人 (2.14%)	216,112人 (6.71%)

(文部科学省同調査結果から筆者作成)

年度の数字を取り上げて見てみましょう。それぞれの年度の全児童生徒数と不登校児童生徒数を比べてみます。

平成から令和にかけての32年間で、児童生徒数は約500万人も減少したにもかかわらず、不登校児童生徒数は5倍(28万人増)にもなっていることがわかります。このことを学年3学級規模の小学校、学年5学級規模の中学校で考えてみましょう。平成3年度には小学校では0.47%ですから学校全体で1名いるかどうかだったのが、平成24年度には学校で2名程度、令和5年度には学年で2名程度はいることになります。また中学校では、平成3年度には学年で1〜2名だったのが、平成24年度には学級で1名はいる、さらに令和5年度では学級に2名から3名はいる、という実状が見えてきます。

なぜこのように、不登校の児童生徒数は増加したのでしょうか。ただし、一口に「不登校児童生徒」と言っても、登校に悩む児童生徒の様態は、年間を通して全く学校に登校しなかった児童生徒から学校の別室や校外の教育機関には登校している児童生徒まで大変多様です。その多様な実態の中で、この資料の数字はどのようにカウントされたのでしょうか。

ここでは、まず「不登校」の捉え方や定義を確認することから始めましょう。

1-2　「不登校」の定義

> 何らかの心理的、情緒的、身体的あるいは社会的要因・背景により、登校しない、あるいはしたくともできない状況にあるため年間30日以上欠席した者のうち、病気や経済的による者を除いたもの。

これが「不登校」の定義(文部科学省)です。

学校に登校できない児童生徒のことが注目され始めたのは昭和30年代後半でした。昭和41年には、当時の文部省による学校基本調査において「学校嫌い」を項目に入れて調査[1]しています。当時は、登校できない児童生徒について、原因は本人自身にあるとする問題行動としての捉え方が中心であり、「学校嫌い」「学校恐怖症」と本人が主語となる表現でした。その捉え方は、その後使われるようになる「登校拒否」いう表現についても同様でした。
　しかし、登校する意志はあっても登校できない児童生徒の実態も多くあることから、文部省(当時)は、平成4年の通知文「登校拒否問題に対応する上での基本的な視点」[2]の中で、
　　登校拒否はどの生徒にも起こりうるものであるという視点に立ってこの問題をとらえていく必要があること
　　いじめや学業の不振、教職員に対する不信感など学校生活上の問題が起因して登校拒否になってしまう場合がしばしばみられるので、学校や教職員一人一人の努力が極めて極めて重要であること」
と、児童生徒本人の問題行動ではないという考え方を示し、改めてその認識による学校や教育委員会の取り組みや、関係機関との連携の必要性を明らかにしました。この頃より多様な背景や実態を踏まえた上で、「不登校」と表現するようになります。さらにその基準を「年間30日」としました。

1-3　「不登校」の態様とその対応の実態

　しかし、「心理的、情緒的、身体的あるいは社会的要因・背景により、登校しない、あるいはしたくともできない状況」にある児童生徒の態様、つまり登校に悩む児童生徒の態様は、一人一人それぞれの事情や背景があり、その個々の状況は、「年間30日」という基準内に入る入らないと関係なく極めて多様です。初期状態とも考えられる「登校渋り」から「不登校(全欠席)」までの様々な態様を考えてみましょう[3]。

①登校する。学級に入ってしまえばごく普通の学校生活を行う。しかし家を出るまでに家庭内で拒否したり暴れたり、わがままな態度を見せる。
②朝定まった時刻に家を出ることができず遅刻登校が多い。小学生の場合、集団登校班で一緒に行くことができない。中学生は友だちと一緒に登校できない。

③1週間に1日程度、体調の不調を訴え欠席することがある。①の態様と重なる。
④常時教室の中にいることができない。②のケースと重なることが多いが、登校後には保健室、相談室、校内支援室等が学校生活のベースとなる。ある限られた授業については教室に入って参加する。終わるとベース空間に戻る。
⑤登校すると、③と同様教室以外の空間を学校生活のベースとするが、全く学級の学習活動には参加しない。
⑥欠席が多く、出席日数より欠席日数が上回る。出席した際には通常の学校生活を送る子もいるが、上記②～⑤の態様になる子も多い。
⑦学校は全欠席に近い状態だが、「教育支援センター」や「フリースクール」等外部機関に通うことはできる。
⑧「教育支援センター」や「フリースクール」等外部機関の少人数指導には参加できないが、個別支援の場には通うことができる。
⑨全欠席に近い状態。家庭に訪問すれば会うことはできる。児童生徒がいない放課後や、土曜日、日曜日、長期休み等に学校に来て担任と対話できる場合もある。
⑩全欠席。本人との連絡は難しい。会うことも厳しい状態。生活リズムが昼夜逆転している場合が多く屋外での活動は極端に少ない。

　多様な態様であるゆえ、もちろんすべての「悩む児童生徒」の状態を表し尽くしているものではありません。また、内容が輻輳しているものもあり、「その時」によって状態が変わることもあるでしょう。
　①～③については、「登校渋り」と言われるものです。多くの場合、担任を中心とした学校と保護者の密な連絡により、本人の渋る要因を取り除く、あるいは軽減させること、及び本人の登校モチベーションを上げることに努めています。
　④～⑥については、「別室登校」と呼ばれるものです。従来は保健室や相談室、図書室等が支援空間となることが多かったものですが、最近は校内支援教室（校内フリースペース）を設置し担当の教職員を配置する学校も増えてきました。この場合には、学校全体として支援システムを整え、チームで対応することが必要になります。生徒指導（相談担当）教諭や管理職等のリーダーシップが必須です。

⑦と⑧は、全国で1654か所[4]に設置されている教育委員会の機関である「教育支援センター（適応指導教室）」や、民間機関であるフリースクール等の支援を受けているケースです。「通室している」事実は共通でもそこに通う児童生徒の内実は複雑多様です。センターの専任教諭や支援スタッフが学校と連携を取りつつ、個々に応じて学校へのアプローチ、あるいは社会的自立に向けての支援が行われています。

⑨と⑩については、学校としても対応が難しく、専ら担任が定期的に家庭訪問を行い教材や資料を届けたり（時に児童生徒と話をしたり）、保護者と電話連絡や面接を継続的に行ったりといった支援がなされています。オンラインで遠隔による対話や教材紹介を行う方法も取られるようになっています。自治体の教育支援センターの中には、児童生徒の家庭を定期的に訪問し支援する、アウトリーチ型支援を行っているところもあります。

1-4 不登校の要因

次に不登校になった背景を見てみましょう。文部科学省の令和4年の調査では、各学校に対していくつかの項目を示し、在籍する不登校児童生徒個々の状況を調べています（**図表3**）[5]。

これを見ると小中学校ともに「無気力、不安」が最も多くなっています。ただし、この数字の中には対人関係や学力、家庭環境等の「無気力や不安をもたらした潜在的な背景や要因」が隠れていることも考慮しなければなりません。

図表3-1　小学校の不登校の要因

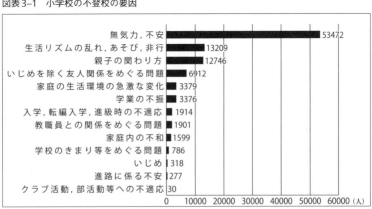

図表3-2　中学校の不登校の要因

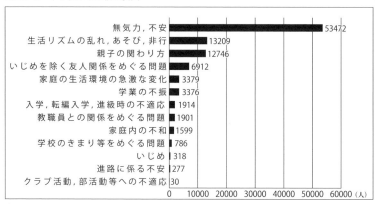

（文部科学省「令和4年度児童生徒の問題行動・不登校等生徒指導上の諸課題に関する調査結果について」から筆者作成）

　次いで多いのが、生活リズムの不安定さや対人関係の問題、家庭環境に関連する内容です。また、中学校になると学業への悩みも多くなります。ただし、不登校の児童生徒の状況は、単一の要因というよりも様々な要因が輻輳していることがほとんどです。（ちなみに項目に該当せず回答数が小学校で5193、中学校で9621ありました。）不登校児童生徒の内心の理解を図るためには、その要因を絞り込むことなくその児童生徒の取り巻く環境から総合的に柔軟に判断することが必要です。

　ここで、もうひとつ興味深い別の資料を紹介しましょう。

　令和3年10月に文部科学省は「不登校児童生徒の実態把握に関する調査」[6]の結果を発表しました。この調査は、令和元年度に不登校があった児童生徒（や保護者）を対象（小学校6年生・中学校2年生）に行ったもので、小学校6年生713人及び中学校2年生1303人から回答を得ました。不登校を経験した児童生徒本人からの声だけに大変興味深いものです。その中で、「最初に行きづらいと感じ始めたきっかけ」という質問の結果から、回答割合（複数回答可）が多かった7項目を表したものが**図表4**です。質問や回答項目の表現が異なりますから、そのまま図表3と比較することはできませんが、違う要素として、小中学生ともに「先生のこと」の割合が高くなっていることがわかります。また、いやがらせやいじめがあった状況としての「友だちのこと」の割合も高くなっています。

　図表3の学校を対象とした調査では、主に学校の担任や生徒指導担当教諭

図表4 「最初に行きづらいと感じ始めたきっかけ」上位7項目

項目	小学校6年生	中学校2年生
身体の不調（学校に行こうとするとおなかが痛くなったなど）	32.6	26.5
勉強が分からない（授業がおもしろくなかった、成績がよくなかった、テストの点がよくなかったなど）	27.6	22.0
先生のこと（先生と合わなかった、先生が怖かった、体罰があったなど）	27.5	29.7
友達のこと（いやがらせやいじめ以外）	25.6	21.7
友達のこと（いやがらせやいじめがあった）	25.5	25.2
生活リズムの乱れ（朝起きられなかったなど）	25.5	25.7
きっかけが何か自分でもよくわからない	22.9	25.5

(「不登校児童生徒の実態把握に関する調査報告書」から筆者作成)

(管理職)が判断することが多くなります。その指導の過程において、保護者や本人と連絡を密に重ねた上での判断です。微妙な差異が生じていることは、それだけ不登校になる要因の多様性・錯綜性・複雑性を表していると考えることができます。

第2節　不登校児童生徒の支援に関わる考え方

2-1　不登校児童生徒の支援に関わる文部科学省通知より

　以上のように不登校児童生徒が増加し、さらに複雑化・多様化する実態から、国(文部科学省)の支援に関わる考え方も、ここ30年でかなり変わりました。この間に出された、3つの文部科学省(文部省)通知の文言からその捉え方の変遷を見ていきましょう。
1)　平成4年「登校拒否問題への対応について」(文部省初等中等教育局長通知)
　前節で紹介したように、平成4年の通知「登校拒否問題への対応について」において「登校拒否はどの児童生徒にも起こりうるものであるという視点に立ってこの問題を捉えていく必要があること」を示したものでした。また、「登校拒否問題に対応する上での基本的な視点」④では、
　　児童生徒の自立を促し、学校生活への適応を図るために多様な方法を
　　検討する必要があること。（下線は筆者、以下同じ）

第10章　不登校

と述べています。不登校は本人の問題行動ではないとする不登校の捉え方の節目になったこの通知文ですが、基本的な考え方として「不登校」児童生徒の支援の目的は「学校復帰」としていることがわかります。併せて、この通知の特徴的なこととして、「3 教育委員会における取組の充実」の⑤では、

> 『適応指導教室』について、その設置を推進するとともに、指導員や施設設備等の充実に努めること。

と、平成2年度より事業が始まった適応指導教室（現・教育支援センター）の有効活用を図っています。学校復帰を目的としながらも、学校外の機関との連携の必要性が強くなってきていることがわかります。

2) 平成15年「不登校への対応の在り方について」(文部省初等中等教育局長通知)
ここでは「1 不登校に対する基本的な考え方」の最初に、

> 不登校の解決の目標は、児童生徒の将来的な社会的自立に向けて支援することであること。したがって不登校を「心の問題」としてのみとらえるのではなく、「進路の問題」としてとらえ、本人の進路形成に資するような指導・相談や学習支援・情報提供等の対応をする必要があること

と示されています。学校復帰を目標とするのではなく、将来的な社会的自立に向けて本人の進路形成に資する支援を行うことがここで初めて明記されました。

この通知文では、学校内の取組の充実を求めるとともに、学校外の公的な教育支援センター（適応指導教室）や教育相談機関との連携、官民の連携のネットワーク整備、民間施設等との連携協力といったことも記されており、不登校児童生徒の教育機会を幅広く捉えようとしています。また、学校外の教育機会における支援について（状況によっては民間も含め）、その実状が「不登校児童生徒の自立を助ける上で有効・適切であると判断される場合に、校長は指導要録上出席扱いとすることができる」ことも記されました。

3) 平成28年「不登校児童生徒への支援の在り方について（通知）」

(文部省初等中等教育局長通知)

この通知文における「不登校児童生徒への支援に対する基本的な考え方」では、「(1) 支援の視点」として次のように記されています。

> 不登校児童生徒への支援は、『学校に登校する』という結果のみを目標

> とするのではなく、児童生徒が自らの進路を主体的に捉えて、<u>社会的</u>
> <u>に自立すること</u>を目指す必要があること。また児童生徒によっては、
> 不登校の時期が休養や自分を見つめ直す等の積極的な意味を持つこと
> がある一方で、学業の遅れや進路選択上の不利益や社会的自立へのリ
> スクが存在することに留意すること。

社会的自立を目標とすることの明記、さらに、不登校児童生徒の不安や悩みなどの心情に即した視点での表記をしていることが印象的です。

また、「(2) 学校教育の意義・役割」では、

> 既存の学校教育になじめない児童生徒については、学校としてどのよ
> うに受け入れていくかを検討し、なじめない要因の解消に努める必要
> があること。
> また、児童生徒の才能や能力に応じて、それぞれの可能性を伸ばせる
> よう、本人の希望を尊重した上で、場合によっては、<u>教育支援センタ</u>
> <u>ーや不登校特例校、ICTを活用した学習支援、フリースクール、中学校</u>
> <u>夜間学級での受入れ</u>など、様々な関係機関等を活用し社会的自立への
> 支援を行うこと。その際、<u>フリースクールなどの民間施設やNPO等と</u>
> <u>積極的に連携</u>し、相互に協力・補完することの意義は大きいこと。

と、児童生徒の実状に応じ、民間を含めた様々な関係機関等を活用した支援を行うことが明記されました。

2–2 「教育機会確保法」の成立

このような経過の中で、平成28年、不登校児童生徒の状況に対応するための法律「義務教育の段階における普通教育に相当する教育の機会の確保等に関する法律」(教育機会確保法) が成立します。

主に、

1. **教育機会の平等**：すべての子どもが豊かな学校生活を送り安心して教育を受けられるよう学校における環境の確保が図られるようにすること。
2. **学びの場の多様化**：学校教育だけでなく、多様な教育機会を提供し、個々のニーズに応じた学びの場を確保すること。
3. **不登校児童・生徒への支援**：不登校の児童・生徒に対する適切な支援を行い、彼らが学び続けることができるようにすること。
4. **地域と学校の連携**：地域社会と学校が連携し、子どもたちの教育環境

を改善し、地域全体で教育を支える体制を整えること。
　5. 学びの継続と再開：学校を中途退学した者や教育機会を失った者に対して、再び学びの場を提供し、学習を継続できるよう支援すること。
を理念としています。この法律の第7条には施策を推進するための「基本指針」を策定することが定められていることから平成29年には「義務教育の段階における普通教育に相当する教育の機会の確保等に関する基本指針」が策定されました。

　この法律及び基本指針により、

　　不登校は、取り巻く環境によっては、どの児童生徒にも起こり得るものとして捉え、不登校というだけで問題行動であると受け取られないよう配慮し、児童生徒の最善の利益を最優先に支援を行うことが重要である。[7]

　　不登校児童生徒が行う多様な学習活動の実情を踏まえ、個々の不登校児童生徒の状況に応じた必要な支援が行われることが求められるが、支援に際しては、登校という結果のみを目標にするのではなく、児童生徒が自らの進路を主体的に捉えて、社会的に自立することを目指す必要がある。[8]

と、「どの児童生徒にも起こりうるもの」であり「問題行動ではないこと」、さらに「社会的に自立すること」を目指すことが、改めて強調されています。
　また、

　　家庭で多くの時間を過ごしている不登校児童生徒に対して、その状況を見極め、当該児童生徒及び保護者との信頼関係を構築しつつ、必要な情報提供や助言、ICT等を通じた支援、家庭等への訪問による支援を充実する。[9]

　　不登校児童生徒に対する支援を行う際は、当該児童生徒の意思を十分に尊重し、その状況によっては休養が必要な場合があることも留意しつつ、学校以外の多様で適切な学習活動の重要性も踏まえ、個々の状況に応じた学習活動等が行われるよう支援を充実する。[10]

と、教職員は不登校児童生徒に対して、共感的理解と受容の姿勢をもって心情に寄り添い、本人や保護者の意向を尊重した支援を行うことが重要であることや、個々の状況に応じた学習活動の保障が必要であることが示されました。次節で詳しく扱いますが、この法律により、児童生徒の実態に即した「多様で適切な学習活動」の教育機会の確保が確認されたことは、大きな意

味を持ちます。

第3節　不登校児童生徒の教育機会

3-1　校内外の教育機会

　令和3年1月に中央審議会答申として発表された、新たな国の教育指針とも言える「『令和の日本型学校教育』の構築を目指して」の中では、「不登校児童生徒への対応」[11]として次のように「教育機会」について具体的に述べています。

> - また、現に不登校となっている児童生徒に対しては、個々の状況に応じた適切な支援を行うことにより、学習環境の確保を図ることも必要である。
> - このため、①<u>スクールカウンセラー・スクールソーシャルワーカーの配置時間等の充実による相談体制の整備</u>、②<u>アウトリーチ型支援の実施を含む不登校支援の中核となる教育支援センターの機能強化</u>、③<u>不登校特例校の設置促進</u>、④<u>公と民との連携による施設の設置・運営など教育委員会・学校と多様な教育機会を提供しているフリースクール等の民間の団体とが連携し、相互に協力・補完し合いながら不登校児童生徒に対する支援を行う取組の充実</u>、⑤<u>自宅等でのICTの活用等多様な教育機会の確保</u>など、子供たちが学校で安心して教育が受けられるよう、学校内外において、個々の状況に応じた段階的な支援策を講じるとともに、更に効果的な対策を講じるため、スクリーニングの実施による児童生徒の支援ニーズの早期把握や校内の別室における相談・指導体制の充実等の調査研究を進めていくことが必要である。
>
> 　　　　　　　　　　　　　　　（下線及び○番号は筆者）

　下線で示された具体的な内容について詳しく見ていきましょう。

① **スクールカウンセラー（SC）・スクールソーシャルワーカー（SSW）の配置時間等の充実による相談体制の整備**

　もちろん前提として、児童生徒が安心感、充実感をもって教育を受けられ

る魅力的な学校づくりに学校として努めなければならないことは言うまでもありません。その中でSCやSSWによる相談機能を強化することも大切です。

② アウトリーチ型支援の実施を含む不登校支援の中核となる教育支援センターの機能強化

第1節でも扱った市町村の教育委員会が管轄する不登校児童生徒支援機関である教育支援センターですが、ここでは「アウトリーチ型支援の実施を含む」という文言が入っています。これは支援機関に不登校児童生徒が通うという通室という形だけではなく、実態に即しながら担当教員や支援員が家庭訪問や、例えば自宅近くの公共の場に赴いて支援を行う型を含めています。児童生徒の担任が定期的に家庭訪問をすることは多いでしょう。しかし日常的継続的に支援を行うという内容までにはなかなか整えることは難しい中で、その役割を教育支援センターが担うことを求めています。ただしそのためには教育支援センターの人的資源の保障も必要になります。

③ 不登校特例校の設置促進

不登校特例校は、文部科学大臣が、教育課程の基準によらずに不登校児童生徒の実態に配慮した特別の教育課程を編成することができる学校として指定する学校のことです。教育機会確保法の第10条にも学校の整備について明記されています[12]。例えば岐阜県にある岐阜市立草潤中学校は、年間授業時数を770時間（一般校1015時間）とし、学習教科や授業時数も、毎日登校するケースや家庭でオンライン学習を中心に取り組むケース、両方を組み合わせるケース等に応じて個別に相談して設定するとしています。制服や指定の体操服もなく、リラックスできる空間も校内に整備されており、担任教師も生徒が決める等、児童生徒の実態に応じて教育環境を弾力的に整えている学校です[13]。令和6年には、全国において公立校24校、私立校21校の45校が設置されています。なお、不登校特例校の名称については、「より子供たちの目線に立った相応しいもの」にするという目的により、令和5年より「学びの多様化学校」という名称を用いることになりました[14]。

④ 公と民との連携による施設の設置・運営など教育委員会・学校と多様な教育機会を提供しているフリースクール等の民間の団体とが連携し、相互に協力・補完し合いながら不登校児童生徒に対する支援を行う取組の充実

フリースクールをはじめ、地域の民間の不登校支援機関との連携、相互協

力、補完の必要性を述べています。不登校児童生徒にとって、個に適切な教育機会の場として民間の教育資源も大きな役割を果たしています。

⑤自宅等でのICTの活用等多様な教育機会の確保

　GIGAスクール政策により、一人1台端末の活用が可能になりました。配信される教室の授業の様子を同時に見たり、録画しオンデマンド（視聴者の希望により視聴可能）で視聴したりすることもできます。授業の様子や課題あるいは児童生徒の体調や生活の様子について、家庭にいる児童生徒と担任とがオンラインでやりとりすることもできます。民間のオンライン教材活用も選択肢となるでしょう。一定の基準の下で、自宅におけるICT等による学習活動についても、出席扱いになるようになりました。

　ほかにも夜間中学校や地域のNPO等をはじめ、学校以外の関係機関と連携しながら不登校児童生徒一人一人の社会的自立を目的とした多様多彩な支援の必要性が明記されています。

3-2　校内支援環境の充実

　一方で、「登校はできるが教室に入れない」「授業によって参加できない」児童生徒も増えています。第1節1-3「不登校の態様」で見た④〜⑥の児童生徒であり、登校実態はありながらも校内別室での個別支援を必要とする児童生徒です。しかし学校としては年度当初学校に配置された教員数の中で、その対応を図ることが求められ、養護教諭や校長や教頭が対応している学校、学校支援ボランティアが対応している学校も少なくありません。

　そのため、対応する非常勤教員や心理士を配置する自治体や支援のための教室（校内教育支援センター）を設ける学校も増えてきました。令和3年から4年にNHKで放送された番組「ひきこもり先生」（佐藤二朗主演）では、そのような支援教室の先生や生徒たちの様子が描かれていました。例えば、広島県では、令和6年度、不登校、不登校傾向及び特別な支援が必要な児童生徒への支援を行う不登校SSR（スペシャルサポートルーム）推進校全42校（17市町、11小学校、31中学校　※県立学校2校を含む）を指定し、教員を加配することにより、学習支援等による不登校の未然防止及び不登校等児童生徒の社会的自立に向けた支援を行っています[15]。また、東京都教育委員会は令和6年度の「不登校施策」として、

　①チャレンジクラス（東京型不登校特例校（校内分教室））の設置

　②不登校対応巡回教員の配置

③校内別室指導支援員の配置

を位置づけており、小中学校及び高等学校全校を対象として(②)、あるいは支援のニーズが高い学校を対象に(①③)実施しています[16]。

　校外の教育機会や校内相談機能の充実とともに、校内における多様性に応じた支援環境の整備も同時に求められています。そのための人的資源の確保は急務です。

第4節　不登校児童生徒の具体的な支援のあり方

　前節まで、不登校の定義及び不登校児童生徒の背景や多様化する態様について、さらにそれに伴った多様な教育機会を活用する現在の不登校支援の考え方について述べてきました。

　ではそのような状況の中で、担任(学校)は登校に悩む児童生徒に対して、どのような支援姿勢を持つことが大切でしょうか。3つの点を挙げてみます。

　まずは、「不登校児童生徒の背景や要因を多面的・複合的に把握する」ことです。第1節1-4「不登校の要因」で述べたように、不登校児童生徒や保護者と連絡を取り合った教師が判断した要因と、本人が回答した要因とがずれている場合が少なからずあります。要因が複合的に重なっていることも多いでしょう。SCや養護教諭をはじめ、必要に応じて校外の専門家を含めた、「チーム学校」としての機能を活かし、情報をもとにしたカンファレンス(支援会議)を開催したいところです。状況によっては、この段階で不登校をもたらす負の要因を取り除くことで改善できるケースもあります。

　同時に、「本人や保護者の意向を尊重し、早期に適切な支援につなげる」ことも大切です。保護者や本人の安心感のために「教育機会確保法」の存在や多様な教育機会があることを紹介することも必要でしょう。ただし、学校(担任)として早々に校外の教育機会を積極的に紹介したり勧めたりすることは、学校(担任)としての責任を回避していると思われてしまうこともあるため、丁寧に説明を行うことが必要です。まずは前節で取り上げた校内における支援環境やICT活用等の学校としての支援機会を提案し、本人の興味・関心や強みも確認しながら、本人や保護者の意志を確かめていきたいところです。ここでも、校外の教育機会を含めた支援機会につなげる面接では、担任だけではなく管理職やスクールカウンセラー等を含めた「チーム学校」とし

ての対応が必要です。

　さらに、適切な支援機会につながった際には、「本人や保護者、支援者とともに短期目標及び長期目標を確認し、定期的に支援担当者や保護者と連絡を取りながら検証していく」ことが必要です。

　担任(学校)としては、直接本人に関わる支援機関や担当者にすべてを委ねてしまうことなく、継続的に実状を共有し支援の方向性を確認しあうことが求められます。

　個々の実状によって多様な対応が求められる支援です。不登校になった理由について必要以上に追求したり、どうすれば登校できるようになるかという点に固執したりするのではなく、本人や保護者の思いに寄りそう姿勢を大切にしたいところです。これまでも繰り返し述べてきたように、学校復帰が目的ではありません。児童生徒が、自分の道筋を主体的に考え、社会的に自立することを目指して支援を行うことが大切です。

第5節　関係機関との連携による支援例

　最後に、関係機関との連携により不登校が改善し社会的自立に至った一人の中学生の支援例を紹介することで、本章のまとめとしたいと思います。

【生徒Aの実態】

　中学校入学後登校渋りが始まる。1年次7月以降は全欠席状態。学校は支援会議を開き、保護者と連絡を取る中で、その要因として、交友関係がうまくいかなかったこと及び授業の内容理解に難があったことを共通認識する。その上で別室支援の提案を本人及び保護者に行う。数日は通ったがその後再び欠席が続く。その頃は、ゲーム好きだったこともあり、ゲームで知り合った仲間とつながり毎日夜間を通して行うようになっていた。生活は昼夜逆転し、夕方起床早朝就床の日が続く。両親は心配し関わろうとするが、全く意に介さない。

　支援会議において、新たに市教育委員会より教育支援センターT(アウトリーチ型)の支援が提案される。両親了承(本人の意向は確認できない)。教育支援センターTの支援員による支援が始まる。

【教育支援センターT（アウトリーチ型支援機関）の支援経過】
〈中学1年・1月〉
　Aに対する支援担当者2名が生徒Aの家庭訪問を行う。9時30分に訪問するが本人は熟睡、母親によると朝6時に就寝したとのこと。本人には会えなかったが母親に挨拶を行い毎週火曜日9時30分に定期的に訪問することを確認する。その翌週より数回訪問するが、すべて本人が起きることができず会うことはできない。

〈2月〉
　Aの在籍中学校において管理職、担任、教育支援センターT室長（心理士資格保有者）、支援員により支援会議を行う。当面の支援内容（目標）として以下を確認。長期目標は社会自立である。
- 家庭訪問は毎週火曜日継続、本人に会えなくても母親に対して現状の確認及び家庭における様子と助言を当面行うこと。
- Aが昼間に起きた際には母親が一度教育支援センター施設Tの建物（以下施設T）に連れてくること。
- 通室した際には本人の興味関心のあることを中心に活動を行うこと。

〈4月〉（中学校2年生に進級）
　4月中旬、支援員が訪問した際、睡眠不足ながらAが起きてきたことから、外出し施設Tに連れて行く。支援員と室長により本人と話をする。眠そうな表情でなかなか自分から話そうとはしなかったが、
- ゲームは好きだがやりすぎていることはわかっている。最近はeスポーツに興味を持っている。深夜の方がゲームに集中できる。
- 授業は社会や理科は不得意だが数学は好き。
- この施設に来ることは興味がある。

ことを話す。室長及び支援員より、2つ助言する。
- 徐々に就寝時刻を早くしながらできるだけ起床時間を午前中に寄せること。
- 学習をする場ではなく、遊びに来る感覚で施設Tに来てほしいこと。

〈5月～翌年3月〉
　その後中学校2年次の毎週火曜については、起きることができずに欠席することは多かったものの、施設Tに通室することの頻度は徐々に上がる。3学期には2回に1回は通室するようになる。施設Tでの活動は、料理作りや卓球、おしゃべりが中心。通室の際にはよく自分から話すようになった。支

援内容及び本人の様子はT室長よりその日のうちに学校に連絡するようにしていた。この頃から支援の短期目標を「本人の興味のある活動を中心に組みながら学習刺激を徐々に行うようにすること」とする。

　1月、3学期の定期試験を施設Tで受けられるなら受けてみたいという意志を示す。それを期に、担任が届けてくれる教材を中心に支援日に学習も開始。2月、定期試験日には担任と連携し施設Tの一室において定期試験を受ける。

〈中学校3年次〉

　徐々に欠席は少なくなる。通室の際には必ず短い時間でも学習（数学が中心）を行うようになる。1学期の定期試験日には施設Tでの別室受験の形ですべて参加。さらに2学期は試験日のみ（ほかの生徒に会わないような形ではあるが）中学校に登校して別室受験を行う。2学期途中、学校見学がきっかけとなりS高等専修学校を受験することを決める。その後も施設Tへの通室を中心とした生活は変わらなかったが、2月、受験の結果合格する。卒業式は校長室証書授与の形で参加する。

〈中学校卒業後〉

　高校1年の12月、母親とともに施設Tに挨拶に来る。1学期は新しい学校生活リズムに慣れず1週間に1、2日欠席することもあったが、その後、早朝起きて夜寝るという生活リズムも徐々に定着し、2学期以降はほとんど欠席もなく通学したという報告を受ける。その後も卒業まで順調に登校する。

　3年生3月、卒業式当日の写真を施設Tの室長に送り、卒業後警備会社に就職が決まったことを報告する。

　卒業後6月、施設Tに来て、順調に仕事を覚えてこなしていることなど近況を饒舌に報告する。

　この事例から学べることは何でしょうか。

　生徒Aは中学校では学校復帰ができませんでした。しかし校種が変わる機会を活かし、そこを目標としたスモールステップに取り組みました。状況が変わる毎に短期目標を定めた上で、支援員による粘り強い支援により社会自立に向けた道筋を整えることができました。

　決して無理することなく本人がその気になるタイミングを大切にするとともに、保護者と連絡を密に取り信頼関係を築いた上で、助言や励ましを行い続けた意味は大きいでしょう。

施設Tの担当者より毎回在籍中学校管理職または担任と連絡をとりあい支援状況を共有しました。そのことから、支援場面が新たな展開になる際にはスムーズに設定及び準備することができました。
　生徒本人及び保護者、中学校、教育支援センターT（市教委）のトライアングル協働関係が有効に機能し、Aの社会自立という長期目標が達成されたと言えるのではないでしょうか。

1) 文部省HP「生徒指導略年表」.
2) 文部省初等中等教育局長通知「登校拒否問題への対応について」.
3) 高木俊樹「登校に悩む児童生徒への訪問型支援の取組」『東海大学課程資格センター論集』18号，2020年2月．
4) 文部科学省「令和4年度 児童生徒の問題行動・不登校等生徒指導上の諸課題に関する調査結果について」令和5年10月．
5) 不登校要因に関する選択肢には「該当なし」の項目もある（回答数は小学校5193，中学校9621）．
6) 不登校児童生徒の実態把握に関する調査企画分析会議「不登校児童生徒の実態把握に関する調査報告書」．
7) 文部科学省「義務教育の段階における普通教育に相当する教育の機会の確保等に関する基本指針」平成29年3月「(3) 基本的な考え方」．
8) 同上．
9) 同上「2 (2) 不登校児童生徒に対する効果的な支援の推進」．
10) 同上．
11) 第Ⅱ部各論「2.9年間を見通した新時代の義務教育の在り方について」「(4) 義務教育を全ての生徒等に実質的に保障するための方策」①，p. 46.
12) 義務教育の段階における普通教育に相当する教育機会の確保等に関する法律第10条「特別の教育課程に基づく教育を行う学校の整備等」．
13) 岐阜市立草潤中学校HP「学校案内」．
14) 「「不登校特例校」の新たな名称について（通知）」文部科学省初等中等教育局児童生徒課長 令和5年8月31日．
15) 広島県教育委員会HP「別最適な学び担当」．
16) 東京都教育委員会HP．

第11章

インターネット・携帯電話

第1節　インターネット・携帯電話(スマートフォン)の光と影

　現代社会において、インターネットや携帯電話(スマートフォン)は、今や単なる便利な道具ではなく、私たちの生活に欠かせない社会的な基盤となっています。調べ物、連絡、買い物など、あらゆる場面で活躍しています。

　しかし、その便利さの裏側には、急速に普及したために見落とされがちな危険性も潜んでいます。正しい情報を見分ける力や、ネットの情報に惑わされず自分で考える力は、簡単には身につきません。特に、思春期の中高生にとって、日常生活の一部となっているインターネットやスマートフォンの利用は、情報過多によって正しい判断が難しくなったり、ネット上のコミュニケーションに偏りすぎて現実の人間関係がうまく築けなかったりするなど、様々な問題に直面する可能性があります。自分が何者なのか、社会の中でどう生きていくのかを探る大切な時期だからこそ、インターネットやスマートフォンの影響を十分に理解し、慎重に利用していく必要があります。

1-1　インターネット利用率、スマートフォン普及率

　近年、青少年のインターネット・スマートフォンの普及状況は著しく進んでいます。こども家庭庁の令和5年度「青少年のインターネット利用環境実態調査」によると、2023年度の青少年のインターネット利用率は98.7%となっており(図表1)、ほぼ全ての児童生徒がインターネットを利用していると考えてもよい状況です。

　また、スマートフォン保有率は高校生で99.3%、中学生で93.0%となっており(図表2)、ほぼ全ての生徒がスマートフォンを保有していると考えてもよい状況です。この統計データから、中高生におけるインターネット・スマートフォンの利用は、もはや生活必需品と言えるほど普及していることがわかります。

図表1　青少年がインターネットを利用している割合の推移

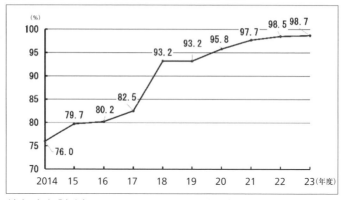

(令和5年度「青少年のインターネット利用環境実態調査」から筆者作成)

図表2　自分専用スマートフォン保有率の推移

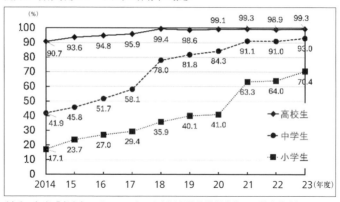

(令和5年度「青少年のインターネット利用環境実態調査」から筆者作成)

1-2　インターネット利用時間

　図表3を見ると青少年の1日当たりのインターネット利用時間は2023年度では、3時間以上利用しているものが70.8%となっています。同調査では1日の平均インターネット利用時間は、中学生が4時間42分、高校生が6時間14分と、睡眠時間や運動時間を大幅に圧迫する状況にあります。OECD諸国と比較しても、日本の青少年のインターネット利用時間は長い傾向にあります。このような長時間利用は、睡眠不足による学力低下や集中力の低下、運動不足による肥満や生活習慣病のリスク増加、さらには、SNSでの誹謗中

図表3　青少年のインターネット利用時間の推移

年度	1時間未満	1～2時間未満	2～3時間未満	3～4時間未満	4～5時間未満	5時間以上
2023年度	3.4	8.2	13.7	16.1	14.6	40.1
2022年度	4.4	9.4	15.1	15.9	14.1	37.4
2021年度	4.7	11.6	15.9	17.5	13.5	34.3
2020年度	9.2	16.7	19	18.2	11.6	22.3
2019年度	11.2	19.5	21.3	17.6	10.5	18.4
2018年度	11.9	22.5	21.3	15.6	10.2	14.4

（令和5年度「青少年のインターネット利用環境実態調査」から筆者作成）

傷や情報操作による精神的な健康被害など、多岐にわたる問題を引き起こす可能性があります。特に、ゲーム依存症やSNS依存症は、若年層において深刻な社会問題となっています。

　保護者や学校は、青少年がインターネットを安全かつ適切に利用できるよう、メディアリテラシー教育を強化し、利用時間の制限や有害な情報へのアクセス制限など、具体的な対策を講じる必要があります。また、青少年自身も、インターネットだけでなく、読書や運動、対面でのコミュニケーションなど、多様な活動を通じて心身ともに健やかに成長していくことが重要です。社会全体で、青少年のデジタルリテラシーの育成を支援し、健全なインターネット利用環境を整えていくことが求められています。

1-3　インターネット利用内容

　図表4から青少年のインターネット利用内容の傾向を読み取ると、「動画を見る」「ゲームをする」「検索をする」「音楽を聴く」といった受動的な情報収集、あるいは娯楽性の高い活動が上位を占めています。これは、現代の青少年が視覚的・聴覚的な刺激に富んだデジタルコンテンツに慣れ親しみ、手軽に楽しめるエンターテインメントを好む傾向の表れと言えるでしょう。

　これらの活動は、必ずしもネガティブに捉える必要はありません。例えば、「動画を見る」という行為一つをとっても、学習意欲を刺激する教育コンテ

図表4　青少年のインターネット利用内容
(%)

	動画を見る	ゲームをする	検索をする	音楽を聴く	勉強をする	投稿、メッセージ	ニュースを見る	地図を使う	撮影や制作、記録をする	マンガを読む	買い物をする	読書	その他
中学生	94.1	87.5	85.5	79.9	73.1	76.1	52.0	44.4	35.5	31.5	13.4	13.8	13.8
高校生	95.8	81.4	91.0	93.2	78.3	88.8	62.5	68.1	46.2	52.3	40.1	23.0	10.4

(令和5年度「青少年のインターネット利用環境実態調査」から筆者作成)

ンツや、異文化理解を促進するドキュメンタリーなど、有益な情報に触れる機会となりえます。また、「ゲームをする」にしても、近年では、論理的思考力や問題解決能力、チームワークを育む要素を含むものもあり、創造性やコミュニケーション能力の向上に繋がる可能性も秘めています。

　しかし、その一方で、情報過多による弊害や、インターネットへの過度な依存といった懸念も拭い切れません。受動的な情報収集に偏れば、自ら情報を取捨選択し、批判的に吟味する能力が育ちにくくなる可能性があります。

　さらに、現実の人間関係よりも、インターネット上の繋がりに傾倒してしまうことで、コミュニケーション能力の発達に悪影響を及ぼす可能性も危惧されます。

　学習面での顕著な特徴は、「勉強をする」目的でインターネットを利用する青少年が70％を超えている点です。これは、GIGAスクール構想の推進により、インターネットが学習ツールとして広く普及し、青少年の日常に不可欠な存在となっていることを示唆しています。オンライン学習サービスの充実や、豊富な学習資料への容易なアクセスにより、学習の敷居が大幅に下がったと言えるでしょう。

　一方で、「ニュースを見る」割合が他の項目と比べて低い点は、青少年の社会への関心の低さを表していると言えるかもしれません。情報の真偽を見極めるリテラシーを育むためにも、信頼できる情報源にアクセスし、社会問題について考える習慣を身につけることが重要と言えるでしょう。

　総じて、インターネットは青少年にとって、光と影の両面を持つ存在と言えるでしょう。重要なのは、その可能性と危険性を正しく理解し、主体的に活用することです。保護者や教育関係者は、インターネット利用に関する適切な指導を行うとともに、健全な情報活用能力を育むための環境作りに取り組む必要があるでしょう。

第2節　インターネット利用関連法規等

　青少年がインターネットを利用する際には、様々な課題への対応が必要です。本節では関連する法規と、その背景にある問題点について考えていきましょう。

2-1　インターネット環境整備法

　インターネット環境整備法は、正式名称を「青少年が安全に安心してインターネットを利用できる環境の整備等に関する法律」といい、2008年に制定された法律です。この法律の主な目的は、青少年がインターネットを利用する際に、有害な情報から保護し、安全に利用できる環境を整備することにあります。

　本法律では、青少年のインターネット利用に関して、保護者、事業者、そして国や地方公共団体の責務を明確に定めています。特に注目すべき点は、携帯電話事業者やインターネットサービスプロバイダに対して、青少年が利用する端末にフィルタリングサービスを提供することを義務付けていることです。

　フィルタリングサービスは、ポルノグラフィや暴力的なコンテンツ、違法な薬物に関する情報など、青少年の健全な発達を阻害する可能性のある情報へのアクセスを制限するものです。保護者は、子どもに携帯電話端末等を与える際に、このフィルタリングサービスの利用について説明を受け、必要に応じて設定を行うことが求められています。

　また、本法律は、インターネット関連事業者に対して、青少年がインターネットを適切に活用する能力を習得するための措置を講じるよう努力義務を課しています。これには、情報モラル教育の支援や、安全な利用方法に関する情報提供などが含まれます。インターネット環境整備法の施行以来、フィルタリングサービスの普及や、学校における情報モラル教育の充実など、一定の成果が見られています。

　しかし、**図表5**を見ると「ネット利用の管理は行っていない」と回答している保護者の割合は校種が上がるに従って多くなっていく傾向になっています。さらに、「フィルタリングを使っている」保護者の割合は全体で44.2%となっており、課題が残されています。スマートフォンの普及や新たなSNSの登場など、インターネット環境は急速に変化しており、この様な状況で法

図表5　インターネット利用における保護者の取組状況（スマートフォン）
(%)

	管理している（計）	ネット利用の管理は行っていない	無回答	目の前（画面が見える距離）で使わせている	利用してもよい時間や場所を決めて使わせている	対象年齢にあったサービスやアプリを使わせている	何をどれくらい使っているのか把握している	機器の設定で時間管理している	フィルタリングを使っている	事業者提供サービスを利用している	課金管理等その他の目的で管理を行っている
小学生の保護者	94.4	3.4	2.2	30.2	57.8	53.9	51.0	22.2	47.1	19.8	32.7
中学生の保護者	91.3	8.2	0.5	10.0	50.2	44.2	38.7	23.5	54.6	19.9	38.3
高校生の保護者	71.4	28.0	0.6	6.4	16.4	24.6	17.8	7.7	33.3	9.5	33.2
保護者計	83.4	15.8	0.8	11.8	37.0	37.4	31.9	16.5	44.2	15.4	35.3

（令和5年度「青少年のインターネット利用環境実態調査」から筆者作成）

律の実効性を維持するためには、継続的な見直しと改善が必要となります。

　この法律は、青少年の権利と保護のバランスを取ることを目指していますが、過度な規制によって青少年の表現の自由や知る権利を制限しないよう配慮することも重要です。今後は、テクノロジーの進化に合わせて、より効果的かつ柔軟な対応が必要になってきます。そのためにも教員も最新の技術を学び、対応法を研究していくことが求められます。

2-2　出会い系サイト規制法

　出会い系サイト規制法は、2003年に制定された「インターネット異性紹介事業を利用して児童を誘引する行為の規制等に関する法律」です。主な目的は、出会い系サイトを利用した未成年者を対象とした犯罪の防止です。

　法律の主な特徴として、18歳未満の児童による出会い系サイトの利用を全面禁止し、サイト運営者に年齢確認義務を課しています。また、児童を性的目的で誘引する行為も厳しく禁止されています。

　サイト運営者には不適切な書き込みの削除などの義務があり、警察には違法サイトの取り締まりや犯罪捜査の権限が与えられています。

　法施行後、出会い系サイトを利用した犯罪は減少傾向にありますが、SNSなど新たな形態のサービスを通じた犯罪も課題となっています。今後は変化

するインターネット環境に適応しつつ、効果的な児童保護策を模索することが求められます。

2-3 プロバイダ責任制限法

プロバイダ責任制限法は、2001年に制定された「特定電気通信役務提供者の損害賠償責任の制限及び発信者情報の開示に関する法律」です。この法律は、プロバイダの責任範囲を明確化し、インターネットの健全な発展を目的としています。プロバイダは、権利侵害情報の流通防止に努める義務を負いますが、その義務を適切に果たしていれば、利用者の違法行為によって生じた損害に対する賠償責任を負わない免責規定が設けられています。ただし、権利侵害情報であると判明した場合は、プロバイダは削除やアクセス制限などの措置を講じる必要があります。一方、権利を侵害された者は、プロバイダに対して発信者情報の開示を請求できます。しかし、この請求には裁判所の許可が必要であり、権利侵害の明白性や開示の必要性などの要件を満たす必要があります。

この法律で常に議論になっているのは、匿名性を悪用した権利侵害の増加と表現の自由との適切なバランスの維持です。そこで、技術革新や社会情勢の変化に対応した、継続的で慎重な検討が必要になっています。

プロバイダ責任制限法は、インターネット社会における重要な法的基盤であり、その内容を正しく理解することが、健全なインターネット環境の維持に繋がります。

2-4 その他の法律等

生徒を指導していく上で知っていなければならない関連法は、上記の3つ以外にも多数存在します。

まず、個人情報保護法が挙げられます。この法律は、個人情報の適切な取り扱いを定めており、インターネットサービスを提供する事業者に対して、利用者の個人情報の収集、利用、管理について厳格な規制を課しています。ビッグデータの取り扱いや生成AIの発展に伴い、個人情報の保護はますます重要になっており、2020年には法改正が行われ、個人情報の定義の明確化などに関する規制の強化などが図られました。

次に、不正アクセス禁止法があります。この法律は、コンピュータやネットワークへの不正アクセスを禁止し、サイバー犯罪から情報システムを保護

することを目的としています。ハッキングやフィッシング詐欺などの行為が処罰の対象となり、インターネットセキュリティの確保に重要な役割を果たしています。近年はハッキングなどの犯罪に青少年が関わっているケースもあるので、注意が必要です。

著作権法も、インターネット利用に密接に関わる法律です。デジタル技術の発展により、著作物の複製や共有が容易になった現代において、著作権法は常に見直しが行われ、時代に対応した改正が毎年のように行われています。

電子商取引に関しては、特定商取引法が重要です。この法律は、インターネットを通じた通信販売やマルチ商法などを規制し、消費者保護を図っています。オンラインショッピングの普及に伴い、その重要性は増しています。

さらに、2021年に施行されたデジタル社会形成基本法は、日本のデジタル化を推進するための基本的な方針を定めています。この法律に基づき、デジタル庁が設置され、行政のデジタル化やデータ利活用の促進などが進められています。

これらの法律は、急速に変化するデジタル社会に対応するため、常に見直しと改正が行われています。しかし、技術の進歩のスピードは速く、法整備が追いつかないケースも少なくありません。特に近年急速に発展している生成AIの対応は十分とは言えません。法的対応はもちろん、学校教育での利用について、その効果と危険性を十分に研究していく必要があります。

第3節　トラブルを未然に防ぐための教育活動

第1節でも示したように現代社会において、インターネットやスマートフォンは私たちの日常生活に深く浸透しています。特に中学生や高校生にとってはなくてはならないツールになっています。しかし、これらのテクノロジーがもたらす利便性の裏側には、様々なリスクや危険が潜んでいることも事実です。そのため、生徒たちがこれらのツールを正しく安全に利用するための知識や意識を身につけることが、今日の教育現場における重要な課題となっています。

3-1　情報モラル教育の必要性

情報モラル教育の必要性は、単にトラブルを回避するためだけではありま

せん。それは、情報社会で生き抜くための必須スキルである情報リテラシーを育成し、責任ある情報の発信者および受信者としての資質を養うことにあります。情報リテラシーとは、情報を適切に収集、分析、評価し、効果的に活用する能力を指します。この能力は、学習はもちろんのこと、課題解決や将来の職業生活においても不可欠なものとなります。

さらに、情報モラルは、デジタル社会における「良識」とも言えるものです。オンライン上での言動が現実世界と同様に、あるいはそれ以上に重要な意味を持つことを生徒たちに理解させる必要があります。例えば、SNS上での不適切な投稿が、将来の進学や就職に影響を与える可能性があることや、オンラインでの誹謗中傷が相手に深刻な精神的ダメージを与えることなどを、具体的な事例を交えて教育していくことが大切です。

情報社会の一員としての責任、倫理観、マナーを育むことは、生徒たちの人格形成にも大きく寄与します。デジタル・ネイティブと呼ばれる世代であっても、テクノロジーの利用に関する倫理的判断力は自然に身につくものではありません。教育者は、生徒たちがオンライン上で直面する可能性のある倫理的課題について考えさせ、適切な判断基準を養う機会を提供する必要があります。

さらに、生徒たちがデジタル社会の一員となるためには、単にリスクを回避するだけでなく、テクノロジーを活用して社会に貢献する方法を学ぶことも重要です。情報モラル教育を通じて、生徒たちはデジタルツールを使って創造的な活動を行い、社会的課題の解決に取り組む力を養うことができます。

このように、情報モラル教育は、単にインターネットやスマートフォンの安全な使用方法を教えるだけではなく、生徒たちが情報社会で活躍し、貢献できる人材となるための総合的な教育として位置づけられるべきです。それは、技術的なスキルと倫理的判断力、創造性と責任感を兼ね備えた、真の意味でのデジタル・ネイティブを育成することを目指すものです。

3-2 学校全体で取り組む予防教育

情報モラル教育の重要性を認識した上で、次に考えるべきは具体的にどのように学校全体で取り組むかということです。

まず、授業計画を検討する際には、生徒の発達段階に応じた内容設定が重要となります。小学校では、インターネットの基本的な使い方や、個人情報の大切さなど、基本的な知識を分かりやすく教えることから始めます。中

学・高校段階になるにつれて、著作権やネット依存、正しい情報の見分け方など、より複雑で高度な内容へと段階的にステップアップしていくことが重要です。

授業は、一方的な講義形式だけでなく、生徒が主体的に参加できる体験的な学習を取り入れることが効果的です。例えば、擬似的なSNS環境を作成し、実際に投稿やリアクションを体験することで、言葉の持つ影響力やオンライン上でのコミュニケーションの難しさを実感させることができます。さらに、グループディスカッションを通して、生徒同士が意見交換することで、多様な視点に触れ、より深い理解へと繋げることが可能となります。

また、情報モラル教育は特定の教科だけでなく、教科等横断的に展開していくことが重要です。例えば、国語の授業では、インターネット上の情報を読み解き、信頼性を判断する力を養うことができます。社会科の授業では、情報技術の発展が社会に及ぼす影響について考察することができます。道徳の授業では、情報社会における倫理観や責任について考える機会を提供できます。総合的な学習（探究）の時間では、地域の情報化に関する課題を調査・分析し、解決策を提案する活動を通して、実践的な情報活用能力を育成することができます。

さらに、学校行事や生徒会活動とも連携することで、情報モラル教育をより身近なものにすることができます。例えば、文化祭で情報モラルをテーマにした展示やワークショップを実施したり、生徒会主導で情報モラルに関するキャンペーンを展開したりすることで、生徒自身の主体的な取り組みを促し、意識向上を図ることが期待できます。

インターネット上には膨大な情報が溢れており、その中には誤った情報や偏った情報も含まれています。生徒たちが情報源の信頼性を評価し、多角的な視点から情報を分析する力を身につけることで、情報に振り回されることなく、主体的に情報活用できる能力を身につけることが必要です。そのためには。クリティカルシンキング（批判的思考）能力の育成も不可欠です。単に知識を詰め込むだけでなく、生徒たちが自ら考え、判断し、行動できる力を育成することを目指すべきです。

このように、学校全体で取り組む予防教育は、生徒たちが情報社会を安全かつ適切に生き抜いていくために必要な知識・技能・態度を育成するための包括的な取り組みです。教員間での情報共有や連携を強化し、常に最新のデジタル技術に対応できるよう、教員自身の学び続ける姿勢も重要となります。

情報モラル教育は、一過性の取り組みではなく、継続的に取り組むべき課題です。学校全体で連携し、生徒一人ひとりの情報活用能力を高めることで、未来を担う子どもたちが情報社会で活躍できるよう、しっかりとサポートしていく必要があります。

3-3　家庭との連携と啓発

　情報モラル教育において、学校での取り組みだけでなく、家庭との連携と啓発活動も極めて重要です。なぜなら、生徒たちがインターネットやスマートフォンを最も頻繁に利用するのは、学校よりもむしろ家庭においてだからです。したがって、保護者の理解と協力なくしては、効果的な情報モラル教育を実現することは困難です。

　まず、家庭におけるルール作りの必要性について考えてみましょう。第1節でも取り上げたとおり、子どものインターネットやスマートフォンの利用に関して明確なルールが設定されていない家庭もあることが課題となっています。しかし、適切なルールを設けることは、子どもたちが健全にインターネットやスマートフォンを利用する上で非常に重要です。

　例えば、就寝前の一定時間はスマートフォンの使用を控える「デジタル・デトックスタイム」を設定したり、家族で過ごす時間にはデバイスの使用を控えるなど、具体的なルールを家族で話し合って決めたりすることが大切です。これらのルールは、単に制限を設けるだけでなく、なぜそのルールが必要なのかを子どもたちに考えさせることが重要です。

　また、フィルタリングサービスの活用も有効な手段の一つです。しかし、フィルタリングを設定すれば全ての課題が解決するわけではありません。保護者自身が、フィルタリングの仕組みや限界を理解し、子どもとコミュニケーションを取りながら、適切な利用環境を整えていく必要があります。学校は、これらのことについての最新の情報提供を保護者に行うことが必要になります。

　次に、保護者に対する啓発活動の重要性について考えてみましょう。一部の保護者は、子どものデジタル機器利用の実態やリスクについて、十分な理解と対応能力が不足している可能性があります。そのため、学校は定期的に家庭向けの講演会や学習会を開催し、最新の情報やリスク、対策方法などを共有することが重要です。

　これらの講演会では、単にリスクや問題点を指摘するだけでなく、デジタ

ルツールの教育的な活用法や、家族でインターネットを楽しむ方法なども紹介すると良いでしょう。例えば、オンラインの教育リソースを活用した家庭学習の方法や、家族で楽しめる教育的なアプリやゲームの紹介など、ポジティブな側面にも焦点を当てることで、保護者の関心と理解を深めることもできます。

また、学校と家庭が協力して継続的な指導を行うことの重要性も強調されるべきです。情報モラル教育は、単発的な活動で完結するものではありません。日々進化するデジタル技術とそれに伴う新たなリスクに対応するためには、学校と家庭が常に情報を共有し、連携して指導を行う必要があります。

例えば、家庭でのインターネットやスマートフォンの使用に関する実態調査を定期的に実施し、その結果を保護者と共有することも有効です。この調査結果を基に、学校全体としての取り組みの方向性を決定したり、個別の指導方針を立てたりすることができます。同時に、保護者にとっても自分の家庭の状況を客観的に把握し、必要な対策を考える良い機会となります。さらに、家庭での取り組みや気づきを学校にフィードバックしてもらい、それを今後の指導に反映させるという双方向のコミュニケーションを確立することも必要です。

地域社会との連携も重要な視点です。図書館や公民館、青少年センターや地域の企業などと協力して、情報モラルに関する展示やイベントを開催することも考えられます。この様な活動は、学校と家庭を超えた、地域全体での取り組みへと発展させることができます。

この様に、家庭との連携と啓発活動は、単に情報を提供するだけでなく、保護者自身の学びと成長を促し、家族全体でデジタル社会に適応する姿勢を育むものでなければなりません。学校と家庭、そして地域社会が一体となって、子どもたちがデジタル社会で健全に成長できる環境を作り上げていくことが、情報モラル教育の最終的な目標です。

3-4　インターネット特有の課題

1）デジタルタトゥー（消えない痕跡と心の傷）

インターネット上に一度投稿された情報は、容易に削除することができず、長きにわたって残ってしまう。これが「デジタルタトゥー」と呼ばれる現象です。軽率な発言や行動が、将来の進路や人間関係に大きな影響を与える可能性があります。特に、SNSでの誹謗中傷や炎上は、当事者に深い心の

傷を与えるだけでなく、周囲の人々にも多大な影響を及ぼします。一度拡散された情報は、たとえ事実無根であっても、インターネット上に残り続けてしまいます。

2) エコーチェンバー現象（同調圧力と多様性の欠如）

エコーチェンバー現象とは、自分の意見に賛同する情報ばかりに接し、異なる意見に触れる機会が少なくなることで、極端な意見に傾倒してしまう現象です。SNSのアルゴリズムは、ユーザーの興味関心に基づいて情報を配信するため、無意識のうちにエコーチェンバーに陥りやすくなっています。

このことは、多様な意見を尊重し、客観的な判断をする能力を阻害することがあります。また、社会全体の分断を招き、対立を深める原因にもなっています。

図表6　エコーチェンバー現象

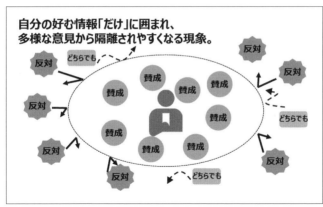

（初等中等教育段階における生成AIの利用に関する暫定的なガイドライン」Ver. 1.0 から）

3) フィルターバブル現象（情報の偏り）

フィルターバブル現象とは、インターネット上の検索エンジンやSNSのアルゴリズムによって、自分の興味関心に合った情報が多く表示され、無意識に情報収集が偏ってしまう現象です。

この現象は、新たな情報や視点に触れる機会を奪い、思考の幅を狭めてしまいます。また、自分とは異なる意見を持つ人々との共存を難しくし、社会全体の分断を招く可能性もあります。

図表7　フィルターバブル現象

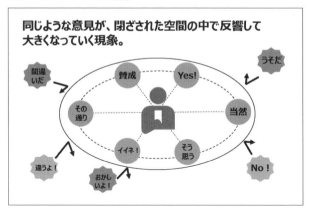

（初等中等教育段階における生成AIの利用に関する暫定的なガイドライン」Ver. 1.0 から）

4）依存症（デジタル機器依存症）

　現代社会において、インターネット、ゲーム、スマートフォン、SNSといったデジタル機器への過度な依存が深刻な問題となっています。これらの依存症は、単なる娯楽の範囲を超え、学業や対人関係、さらには精神的な健康にも多大な影響を及ぼす可能性があります。

　今まで見てきた様に、私たちはいつでもどこでもインターネットに接続できる環境を手に入れました。この手軽さゆえに、私たちは知らず知らずのうちにこれらのデジタル機器に依存しているかもしれません。SNSでの承認欲求、ゲーム内の報酬システム、そして無限に広がる情報の世界は、私たちの心を捉え、長時間画面を見続けてしまう原因となっています。

　依存症には、様々な兆候が見られます。例えば、デジタル機器から離れられない、日常生活に支障が出る、嘘をつく、孤立する、イライラするなどが挙げられます。これらの兆候が見られる場合は、依存症の可能性を疑い、専門家への相談を検討する必要があります。

5）その他の課題（ネットいじめ、フェイクニュース、プライバシー侵害）

　インターネット上では、ネットいじめ、フェイクニュース、プライバシー侵害など、様々な問題が発生しています。これらの問題に対処するためには、法的な理解を強化するとともに、個人一人ひとりが倫理的な意識を持ち、責任ある行動をとることが求められます。

第4節　具体的事例とその指導

いくつかの事例を通して、指導のあり方を考えていきましょう。

【事例1　ゲーム依存：中学3年生Sさんのケース】
　Sさんの成績は中の上で、クラスでは明るく友達も多い方だった。小学校高学年からオンラインゲームを始め、中学に入ってからは対戦型シューティングゲームに熱中するようになった。最初は、学校の友人たちとチームを組んでプレイし、週末や休日に楽しむ程度だった。しかし、中2の終わり頃から同じゲームのオンラインコミュニティで知り合った年上のプレイヤーと頻繁にプレイするようになり、次第にゲームにのめり込んでいった。
　Sさんの変化に最初に気づいたのは担任のT先生だった。以前は授業中も積極的に発言していたSさんが、ぼんやりとして集中力がなく、居眠りをすることも増えていったからだ。成績も下降気味で、特に得意だった数学は平均点を大きく下回った。
　そこで、T先生はSさんと個別面談を行い、最近の状況を尋ねた。Sさんは、最初はゲームのことを語らず、「最近……、なかなか眠れなくて……」と曖昧な返答を繰り返していたが、T先生の根気強い問いかけにより、オンラインゲームに熱中していることを打ち明けた。「夜遅くまでゲームをして、朝起きるのが辛い。学校に行っても頭が働かなくて……」。Sさんは、ゲームをやめたいと思いつつも、オンラインコミュニティの仲間との繋がりやゲーム内の目標達成への欲求から抜け出せなくなっていたのだった。
　T先生はSさんの両親にも連絡を取り、家庭での様子を聞いた。父親は「ゲームをしているのは知っていたが、ここまで深刻だとは思わなかった」と驚いていた。母親は「部屋に閉じこもりがちで、家族との会話も減っていた」と、Sさんの変化を感じていたことを明かした。
　Sさんは、放課後の個別相談には積極的ではなかったが、T先生はSさんとのコミュニケーションをとり続けた。そうして、T先生の提案で、スクールカウンセラーとの面談が設定された。カウンセリングを通じて、Sさんはゲームにのめり込んでいった本当の理由である受験のプレ

ッシャーや友人関係の悩みを少しずつ話すようになった。また、T先生はSさんの得意な数学を活かし、クラスメイトの勉強を教える役割を任せた。Sさんは自分の内面を話したり、人の役に立つ喜びを感じたりすることによって、少しずつ自信を取り戻していった。

　Sさんの両親は、T先生のアドバイスを受け、Sさんと話し合う機会を設けた。Sさんは両親の心配そうな表情を見て、改めて自分の状況を理解した。両親はSさんを責めるのではなく、「一緒に解決策を見つけよう」と優しく声をかけた。週末には家族で出かけたり、Sさんの好きなプロ野球チームの観戦に一緒に行ったりした。ゲーム時間を制限することにも同意し、両親と一緒にスケジュールを立てた。最初はイライラしたり寂しさを感じたりしていたが、少しずつゲーム依存から抜け出し、生活リズムも整ってきた。以前のように学校で明るく友人と過ごす時間も増え、学習時間も確保できて、成績も少しずつ向上していった。

　Sさんのケースは、ゲーム依存の危険性を示す一例です。早期発見と適切な対応によって、Sさんはゲーム依存から抜け出すことができました。しかし、Sさんのように、家族や教師のサポートを受けられないまま、深刻な状況に陥ってしまう子どもたちも少なくありません。ゲーム依存は、社会全体で取り組むべき課題と捉えることができます。

【事例2　ネットいじめ：中学1年生Aさんのケース】

　Aさんは、クラスの中心人物で、1年生ながらレギュラーメンバーにも選ばれるバスケットボール部員であった。ところが2学期になると、部活動は休みがちになり、授業中も上の空で、休み時間も一人で過ごすことが多くなってきた。この変化に気づいたのは、担任でもあり顧問のU先生だった。

　すぐに放課後、U先生はAさんを相談室に呼んだ。「最近、何かあったのかい？」。U先生の問いかけに、初めは黙り込んでいたAさんだったが、やがてぽつりぽつりと話し始めた。

　きっかけは、些細なことだった。仲の良かったBさんと、バスケットボールの練習試合のメンバー選考で意見が食い違ったのだ。Aさんは自分の意見を主張したが、Bさんはそれを受け入れなかった。その後、A

さんはBさんから無視されるようになり、避けられているように感じた。そして、事態はインターネット上に飛び火した。ある日、Aさんはクラスメイトから「これ、Aのことじゃない？」とスマホの画面を見せられた。そこには、匿名のアカウントがAさんの悪口を書き込んでいるSNSの投稿があった。「Aって自己中でウザい」「試合に出たがってたけど、全然下手だし」「見ててイライラする」といった心ない言葉が並んでいた。決定的だったのは、練習中に転んだAさんの写真が面白おかしいコメントとともに投稿されたことだった。その投稿には、たくさんの「いいね」や同意するコメントがついていた。Aさんは、クラス全員・部員全員が自分の悪口を言っているように感じ、大きなショックを受けた。学校に行くのが怖くなり、授業にも集中できなくなった。食欲もなくなり、夜も眠れず、悪夢にうなされることもあった。

U先生はAさんの話を真剣に聞き、すぐに状況を把握するために動いた。学校でネットいじめに関するアンケートを実施し、Aさんのケースについて詳しく調査した。その結果、Bさんが匿名アカウントを使って悪口を書き込んでいたことが判明した。Bさんは、Aさんに無視されていると感じ、腹いせに軽い気持ちで書き込んだと説明したが、その行為がAさんにどれほどの苦痛を与えたかを理解していなかった。

U先生はBさんを指導し、ネットいじめがいかに深刻な問題であるかを説明した。また、Aさんには、一人で抱え込まずに相談することの大切さを伝え、カウンセリングを受けることを勧めた。Aさんの両親にも連絡を取り、状況を説明し、家庭でのサポートを依頼した。

Aさんは、U先生や両親、カウンセラーの支えもあり、少しずつ回復に向かっている。しかし、ネット上に拡散された情報は完全に消すことは難しく、Aさんの心の傷は完全に癒えたわけではない。

この事例は、ネットいじめが簡単に起こり、その匿名性や拡散力の高さから、短時間に深刻な問題に発展する可能性があることを示しています。些細なトラブルや不満から軽い気持ちで行った行為が、相手の人生を大きく変えてしまう可能性があることを、忘れてはいけません。ネットいじめを防止するためには、学校、家庭、そして社会全体で教育や啓発活動を進めていく必要があります。

【事例3　ネット炎上：高校1年生Mさんのケース】
　高校1年生のMさんは、明るく活発なクラスの人気者だった。ある日、友人たちとテーマパークへ遊びに行った際、軽いノリでキャラクターにまたがって写真を撮った。思い出の一部としてその写真を限定公開のインスタグラムのストーリーにアップした。しかし、友人の一人が軽い気持ちでX（旧Twitter）にスクリーンショットを投稿したことから事態は一変する。
　「これってテーマパークのキャラクターだよね？　こんなことするなんて、ありえないんだけど」
　そのツイートは瞬く間に拡散され、Mさんのインスタグラムアカウントも特定されてしまった。Mさんの顔写真、過去の投稿、さらには通っている高校までネット上に晒され、激しい批判が殺到した。
　「テーマパークのルールを守れないなんて常識がない」「こんな人が同じ高校にいるなんて……」「親の顔が見てみたい」「こんな高校に進学したくない」
　Mさんのスマホには、不特定の人からの誹謗中傷のメッセージが山のように届くようになり、通知音が鳴り止むことはなかった。Mさんはそれらのメッセージに強い恐怖を感じた。Mさんは学校でもまわりからの冷たい視線を感じ、精神的にどんどん追い詰められていった。
　担任のP先生は事態を把握し、Mさんの両親とともに今後の対応を協議した。テーマパークへの謝罪やネット上の誹謗中傷への対応、そしてMさんの心のケアが話し合われた。Mさんは登校することもできず、精神科でうつ病の初期症状と診断された。処方薬の利用とカウンセリングによる治療を続けることになった。Mさんは今も治療を続けながら、いつか自身の経験を活かして同じ苦しみを抱える人を助けたいと考えるまでに快方に向かっている。
　職員会議では、安易なSNSの利用が社会全体に与える影響を理解させる必要性が話し合われた。また、責任ある行動を促す教育の重要性についても議論された。具体的な対策の一歩目として、全校生徒へ向けたネットリテラシーに関する講演会を実施することとした。

　Mさんが軽い気持ちで起こしてしまったこの事例は、Mさんへの誹謗中

傷、プライバシー侵害、そして結果としてMさんが受けた精神的なダメージなど、様々な問題を含んでいます。また、Mさんの友人が軽い気持ちで写真を拡散したことも、大きな問題と言えます。更に、情報が拡散していったこの事例は、Mさんや友人だけの問題でなく、社会全体の問題とも考えられます。ネット上での情報拡散の容易さ、そしてその影響力の大きさを改めて認識し、一人ひとりの責任ある行動が求められる問題とも言えます。

第5節　まとめ

　第1節では、インターネットやスマートフォンの普及率などの現状を統計データに基づき分析しました。その結果、ほとんどの青少年がインターネットを利用し、スマートフォンを保有していることが明らかになりました。その利用は長時間化の傾向にあり、学習や健康、生徒指導への影響が懸念されています。

　第2節では、青少年のインターネット利用に関わる法律について概説しました。インターネット環境整備法、出会い系サイト規制法、プロバイダ責任制限法を中心に、それぞれの法律の目的、内容、課題を整理しました。

　第3節では、トラブルを未然に防ぐための教育活動について論じました。情報モラル教育の必要性、学校全体で取り組む予防教育、家庭との連携と啓発、そしてインターネット特有の課題について具体的に検討しました。情報モラル教育は、単にインターネットの危険性を教えるだけでなく、情報リテラシーを育成し、責任ある情報発信者・受信者としての資質を養うことが重要であることを考えました。

　第4節では、具体的な事例を通して、情報モラル教育における指導のあり方について考察しました。ゲーム依存、ネットいじめ、ネット炎上の事例を取り上げ、それぞれのケースにおける問題点、対応策、そして今後の課題について分析しました。

　以上を踏まえると、重要な点は以下の3点に集約されるのではないでしょうか。

5-1　変化への対応と継続的な学習

　インターネットを取り巻く環境は常に変化しています。新たなサービスや

技術が登場するたびに、新たなリスクも生まれます。そのため、教員自身も常に最新の情報に触れ、情報モラル教育のあり方を研究していく必要があります。

5-2 主体的な学びと実践

情報モラル教育は、一方的に知識を詰め込むのではなく、生徒が自ら考え、行動し、学ぶ機会を提供することが重要です。ディスカッション、グループワーク、体験的な活動など、多様な学習方法を取り入れることで、生徒の主体性を育み、具体的な行動力に結びつけることが求められます。

5-3 多様な関係者との連携

情報モラル教育は、学校だけで完結するものではありません。家庭、地域社会など、様々な関係者と連携し、包括的な支援体制を構築することが重要です。保護者への啓発活動、地域との連携、専門家による講演会など、多様な取り組みを通して、社会全体で青少年の健全なインターネット利用をサポートしていく必要があります。

最後に、情報モラル教育は、単なる知識の習得ではなく、人間形成そのものに関わる重要な課題であることを改めて強調しておきます。インターネットは、使い方次第で大きな可能性を持ったツールです。青少年がその可能性を最大限に活かしデジタル社会で活躍できるよう、我々の継続的な努力が必要となります。

本稿が、「デジタル社会を生き抜く生徒の育成」に関わる全ての人の指導の一助となれば幸いです。

第12章
性に関する課題
（被害者にも加害者にもならないために）

第1節　生徒を取り巻く性に関する諸課題

　生徒を取り巻く性に関する諸課題として、若年層のエイズ及び性感染症、人工妊娠中絶、性犯罪・性暴力、性の多様性といったものが挙げられます。また、学校教育においては、学習指導要領に基づき、児童生徒が性に対して正しく理解し、適切に行動できるよう、体育科、保健体育科や特別活動等をとおして指導が行われています。さらに、各自治体等が教員用の指導の手引きや教材集を作成したり、様々な主体が医師、助産師、大学教授等を講師とした教員向け研修を実施したりといった取組も行われてきました。

　こうした中、政府は、令和2年6月に「性犯罪・性暴力対策の強化の方針」を策定し、令和2〜4年度を集中強化期間として取り組みました。その具体が、「性犯罪に厳正かつ適切に対処するための刑事法の検討」「再犯防止プログラムの拡充」「被害申告・相談をしやすい環境の整備（警察、ワンストップ支援センター）」「『生命（いのち）の安全教育』の推進、社会全体への啓発」です。

　しかし、期間の末期を迎えても、性犯罪・性暴力の深刻な状況が改善せず、新たな課題等への対応も必要になったことから、令和5年3月に「性犯罪・性暴力対策の更なる強化の方針」を決定しています。ここでは、「性犯罪・性暴力は、被害者の尊厳を踏みにじる行為であり、決して許されない。『相手の同意のない性的な行為は性暴力である』等の認識を社会全体で共有し、取組を強化していく」ことが明記されるとともに、次の方針が示されています。

1　刑事法の改正に係る対応及び刑事手続の適切な運用
2　再犯防止施策の更なる充実と性犯罪・性暴力の予防
3　被害申告・相談をしやすい環境の整備
4　切れ目ない手厚い被害者支援の確立
5　教育啓発活動を通じた社会の意識改革と暴力予防
6　新たな課題等への対応（AV出演被害の防止及び被害の救済、インターネット上の性暴力等への対応、痴漢撲滅に向けた政策パッケージの確実な実行、被害者や支援

者等に対する誹謗中傷の防止）

こうした状況を踏まえ、関連法の理解、多様性を認める人権教育の推進、「チーム学校」としての組織づくりが求められています。

第2節　性犯罪・性暴力

　政府が、令和2年3月に発表した「性犯罪・性暴力被害者のためのワンストップ支援センターを対象とした支援状況等調査」によると、ワンストップ支援センターの面談を利用した年齢は「20歳代」が31.3％と最も多く、次いで「中学卒業以上19歳以下」が22.3％であり、合わせて全体の5割を超えています。さらに、AV出演強要、JKビジネス、レイプドラッグ、SNSを利用した性被害、セクシュアルハラスメント、痴漢等、性犯罪・性暴力の手口が巧妙化しており、その予防と被害にあった際の支援が不可欠となったこと等から、内閣府男女共同参画局は、令和4年に「若年層の性暴力被害の実態に関するオンラインアンケート及びヒアリング」（以下、「内閣府調査」という）を実施し、その結果を令和4年3月に公表しています。以下に結果の一部を紹介します。

　まず、この調査で「性暴力被害にあったことがある」と回答したのは6224人のうち1644人（26.4％）で、約4人に1人が何らかの被害にあったと回

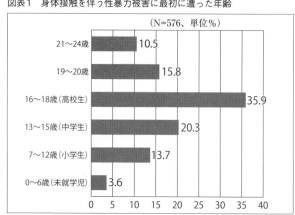

図表1　身体接触を伴う性暴力被害に最初に遭った年齢
（N=576、単位％）

- 21〜24歳　10.5
- 19〜20歳　15.8
- 16〜18歳（高校生）　35.9
- 13〜15歳（中学生）　20.3
- 7〜12歳（小学生）　13.7
- 0〜6歳（未就学児）　3.6

（令和4年3月内閣府男女共同参画局「若年層の性暴力被害の実態に関するオンラインアンケート及びヒアリング結果報告書」から筆者作成）

図表2 相談しなかった理由

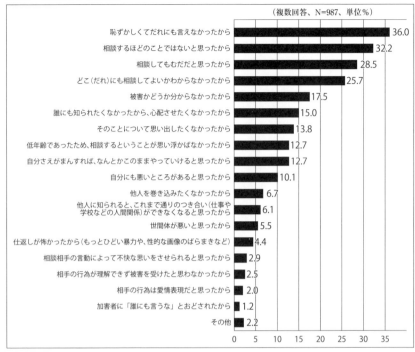

(令和4年3月内閣府男女共同参画局「若年層の性暴力被害の実態に関するオンラインアンケート及びヒアリング結果報告書」から筆者作成)

答しました。被害を分類別にみると、「言葉による性暴力被害」が17.8％と最も高く、次いで「身体接触を伴う性暴力被害」が12.4％でした。続いて、「情報ツールを用いた性暴力被害」9.7％、「視覚による性暴力被害」7.4％、「性交を伴う性暴力被害」4.1％となっています。また、調査対象とした若年層（16〜24歳）のうち、16〜18歳（高校生）のときに最初に被害にあったという人が最も多くなっています（**図表1**）。

次に、被害にあったとき、「どこ（だれ）にも相談しなかった」とした回答が47.3％と最も多く、約半数は相談につながっていないという状況が明らかになりました。また、相談しなかった理由（**図表2**）としては、「恥ずかしくてだれにも言えなかったから」36.0％との回答が最も多く、次いで「相談するほどのことではないと思ったから」32.2％、「相談してもむだだと思ったから」28.5％、「どこ（だれ）に相談してよいのかわからなかったから」25.7％等

図表3　性暴力被害による生活の変化

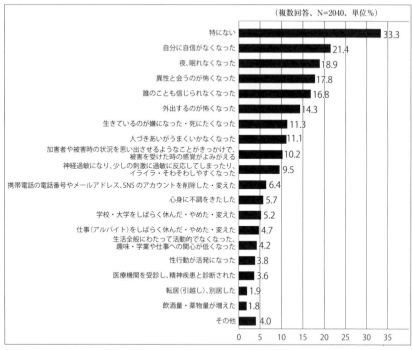

（令和4年3月内閣府男女共同参画局「若年層の性暴力被害の実態に関するオンラインアンケート及びヒアリング結果報告書」から筆者作成）

が多くなっています。さらに、性暴力被害を受けた直後から現在までの生活の変化について（**図表3**）は、被害による生活の変化は「特にない」33.3%との回答が最も多い一方で、変化があったとする回答の中では、「自分に自信がなくなった」21.4%、「夜、眠れなくなった」18.9%、「異性と会うのが怖くなった」17.8%、「誰のことも信じられなくなった」16.8%等が多くなっており、被害者への適切な支援等が必要な状況が分かります。

第3節　学校における新たな課題への対応

内閣府と文部科学省が連携し、有識者の意見も踏まえ、「性犯罪・性暴力の加害者、被害者、傍観者にならないための教育」を推進するために作成した教材及び指導の手引きには、次の内容が示されています。

【中学校】
- 自分と相手を守る「距離感」について
- 性暴力とは何か（デートDV、SNSを通じた被害の例示）
- 性暴力被害に遭った場合の対応　等

【高校】
- 自分と相手を守る「距離感」について
- 性暴力とは何か（デートDV、SNSを通じた被害、セクハラの例示）
- 二次被害について
- 性暴力被害に遭った場合の対応　等

そこで、ここでは「デートDV」と「SNS等を通じた被害」について取り上げて考えてみましょう。

3-1　デートDV

　DV（ドメスティック・バイオレンス）とは、結婚している相手など親密な間柄の相手からふるわれる暴力のことで、特に、恋人同士の間に起こる暴力のことを「デートDV」と言います。種類の分け方には様々ありますが、例えば、①身体的暴力、②精神的暴力、③性的暴力、④経済的暴力の4つに分類する方法があり、その概要は次のとおりです。
　①**身体的暴力**　殴る、蹴るといった体にたいする暴力
　②**精神的暴力**　バカにしたり無視をするといった行為
　③**性的暴力**　　望まないキスや性的な身体接触
　④**経済的暴力**　物を買わせたり、金銭を要求したりする行為
　また、これらに「行動の制限」として「スマホの中身をチェックする」「行動や服装をチェック・指示する」等を加えることがあります。
　こうした暴力や被害が起こる背景に、「相手を独占したり、束縛したりすることは愛情表現」「愛があれば暴力は許される」「男は強引な方がいい。女は素直にしたがうもの」といった思い込みが関係しています。例え、親しい間柄であっても、自分の気持ちも相手の気持ちも大切にする関係性を築くことが必要で、「自分が嫌だと思ったことは嫌と言える」「相手が嫌がることはしない」と行動に表せるよう指導していく必要があります。

3-2　SNS等を通じた被害

　スマートフォンの普及により、中学生・高校生が簡単に写真を撮影したり、

その写真を他人に送ること、SNSを通じて公開するといったことが日常的に行われるようになりました。

そうした中で、性暴力に巻き込まれるケースが急増しています。生徒が加害者にも、被害者にもならないために、次のような意識を醸成するとともに行動できるよう指導していく必要があります。

- インターネット上で知り合った相手を簡単に信用しない。
- インターネット上で知り合った相手はもちろん、交際相手や友達であっても下着姿や裸の写真を撮ったり、撮らせたり、送ったり、送らせたりしない。
- 問題が起きたときは、一人で悩まず周囲の信頼できる人や警察、相談窓口に相談する。

併せて、学校内に私物のスマートフォンを持ち込んだり、利用したりする際のルールやマナーを定め、確実に生徒と共有しておくことが大切です。

また、令和6年1月には、公立小学校で、複数の男子児童が授業のために配られたタブレット端末を使って、女子児童の着替えの様子を盗撮していたことが報道されました。授業用タブレットで撮影した画像が保存される場所は、多数の人間がアクセスできる可能性があることから、画像の流出や拡散といった形で被害を拡大させる可能性もあります。

盗撮が犯罪行為であることはもちろん、肖像権や個人情報といった基本的な権利を尊重できるよう指導を行っていく必要があります。

3-3 性的被害者への対応

内閣府調査の「相談しなかった理由」(図表2)の中に、「自分にも悪いところがあると思ったから」10.1％があるように、性的被害者が「自分に非がある」と考えてしまう可能性を十分に踏まえなければなりません。「悪いのは加害者であって、被害者は悪くない」という姿勢で対応することが大前提となります。

また、相談を受けた場合や事案の調査における二次被害を防がなければなりません。状況によっては、学校が抱え込まずに、関係機関(警察、性犯罪・性暴力被害者のためのワンストップ支援センター、児童相談所等)と連携することが必要となります。生徒から相談を受けた場合の対応のポイントは、以下のとおりです。詳細は、生徒指導提要を参照してください。

①被害開示を受けた場合、生徒が安心して話せる場所で、「誰に何をされ

たか」を聴き取る。児童生徒が自発的に被害を話し始めたら、生徒が話す以上のことを聴き出そうとしたり、詳細については無理に聴きすぎたりしないよう留意する。
②聴き取りの際、被害者が自分を責めるきっかけになるような言葉である「なぜ」「どうして」という言葉は避け、「どういうことで」に言い換えるようにする。
③被害開示を受けた教職員が怒りや動揺といった感情的な対応は避ける。
④他の教職員が繰り返し同じ話を聞くことは避けるようにし、聴き取りの際は、児童生徒が信頼できる複数の教職員(SC、SSW等を含む)が対応する。
⑤障害のある児童生徒等には、個々の障害の特性や状態等を踏まえて対応する。

第4節　性の多様性

　文部科学省は、平成28年4月に教職員向けに「性同一性障害や性的指向・性自認に係る、児童生徒に対するきめ細かな対応等の実施について」を作成して公表しています。この中で
　　性同一性障害とは、生物学的な性と性別に関する自己意識(以下、『性自認』と言う。)が一致しないため、社会生活に支障がある状態とされます。このような性同一性障害に係る児童生徒については、学校生活を送る上で特有の支援が必要な場合があることから、個別の事案に応じ、児童生徒の心情等に配慮した対応を行うことが求められています。
としています。

4-1　「LGBTQ」・「SOGI」
　一般的にも「LGBT」や「LGBTQ」といった言葉が広く使われています。改めて、どのようなことを指すのか整理しておきましょう。
　　L：レズビアン(Lesbian 女性同性愛者)
　　G：ゲイ(Gay 男性同性愛者)
　　B：バイセクシャル(Bisexual 両性愛者)
　　T：トランスジェンダー(Transgender 身体的性別と性自認が一致しない人)
　　Q：クイア(Queer 規範的な性のあり方以外を包括する言葉)またはクエスチョニ

ング（Questioning 自らの性のあり方について特定の枠に属さない人、わからない人）

このうち、LGBは「○○が好き」というような性的指向に関する頭文字ですが、Tは「心と体の性別に違和感を持っている」性別違和に関する頭文字であって、性的指向を表す頭文字ではありません。恋愛対象が誰であるかを示す概念である「性的指向」と「性自認」とは異なるものであるということを認識しておく必要があります。

さらに、Qを加え、「LGBTQ」と表現したり、+（プラス）を付けてLGBTQ+や、複数形の「s」を付けてLGBTsと言うこともあります。いずれにしても、多様な人がいるため容易に一括りにすることができないことを認識したうえで、個別のケースに対応することが大切です。

また、いわゆる「性的マイノリティ」には、LGBTのほかにも、身体的性、性的指向、性自認等の様々な次元の要素の組み合わせによって、多様な性的指向・性自認をもつ人々が存在すると言われており、Sexual Orientation（性的指向）と Gender Identity（性自認）の英語の頭文字をとった「SOGI」という表現が使われることもあります。

4-2 性の多様性への学校の対応

文部科学省は、性同一性障害や性的指向・性自認に係る児童生徒に対するいじめを防止するため、「いじめ防止対策推進法」に基づく「いじめの防止等のための基本的な方針」を平成29年に改定し、「性同一性障害や性的指向・性自認について、教職員への正しい理解の促進や、学校として必要な対応について周知する」ことを追記しました。教職員の理解を深めることは言うまでもなく、生徒指導の観点からも、児童生徒に対して日常の教育活動を通じて、多様性を尊重する人権意識の醸成を図ることが大切です。

文部科学省は、平成27年4月30日付で「性同一性障害に係る児童生徒に対するきめ細かな対応の実施等について」を通知し、次の対応を求めています。

①学級・ホームルームにおいては、いかなる理由でもいじめや差別を許さない適切な生徒指導・人権教育等を推進することが、悩みや不安を抱える児童生徒に対する支援の土台となること。

②教職員としては、悩みや不安を抱える児童生徒のよき理解者となるよう努めることは当然であり、このような悩みや不安を受け止めることの必要性は、「性的マイノリティ」とされる児童生徒全般に共通するもので

あること。
③性同一性障害に係る児童生徒や「性的マイノリティ」とされる児童生徒は、自身のそうした状態を秘匿しておきたい場合があること等を踏まえつつ、学校においては、日頃より児童生徒が相談しやすい環境を整えていくことが望まれること。このため、まず教職員自身が性同一性障害や「性的マイノリティ」全般についての心ない言動を慎むことはもちろん、例えば、ある児童生徒が、その戸籍上の性別によく見られる服装や髪型等をしていない場合、性同一性障害等を理由としている可能性を考慮し、そのことを一方的に否定したり揶揄したりしないこと等が考えられること。
④教職員が児童生徒から相談を受けた際は、当該児童生徒からの信頼を踏まえつつ、まずは悩みや不安を聞く姿勢を示すことが重要であること。

図表4　性同一性障害に係る児童生徒に対する学校における支援の事例

項目	学校における支援の事例
服装	自認する性別の制服・衣服や、体操着の着用を認める
髪型	標準より長い髪型を一定の範囲で認める（戸籍上男性の場合）
更衣室	保健室・多目的トイレ等の利用を認める
トイレ	職員トイレ・多目的トイレの利用を認める
呼称の工夫	校内文書（通知表を含む）を児童生徒が希望する呼称で記す 自認する性別として名簿上扱う
授業	体育又は保健体育において別メニューを設定する
水泳	上半身が隠れる水着の着用を認める（戸籍上男性の場合） 補習として別日に実施、又はレポート提出で代替する
運動部の活動	自認する性別に係る活動への参加を認める
修学旅行等	一人部屋の使用を認める 入浴時間をずらす

（平成27年4月30日児童生徒課長通知「性同一性障害に係る児童生徒に対するきめ細かな対応の実施等について」から筆者作成）

　学校においては、「性的マイノリティ」とされる児童生徒への配慮と、他の児童生徒への配慮との均衡を取りながら支援を進めることも重要です（図表4）。また、「性的マイノリティ」とされる児童生徒が求める支援は、当該児童生徒が有する違和感の強弱などに応じて様々です。こうした違和感は、成長に従い減ずることも含めて変動があり得るものとされているため、学校

として、先入観をもたず、その時々の児童生徒の状況などに応じた支援を行うことが必要となります。さらに、他の児童生徒や保護者との情報の共有は、当事者である児童生徒や保護者の意向などを踏まえ、個別の事情に応じて進めるよう留意しましょう。

第5節　学校における性に関する指導

　学校における性に関す指導は、先述のとおり、学習指導要領に基づき、学校教育全体を通じて指導することとされており、指導にあたっては、次の点に留意しながら、計画的に実施することが求められています。
- 発達段階を踏まえること
- 学校全体で共通認識を図ること
- 保護者の理解を得ること
- 事前に、集団で一律に指導（集団指導）する内容と、個々の児童生徒の状況等に応じて個別に指導（個別指導）する内容を区別しておくこと

　　文部科学省と内閣府が連携して作成した「生命（いのち）の安全教育」の中では、性犯罪・性暴力を根絶していくためには、加害者にならない、被害者にならない、傍観者にならないための教育と啓発を行っていくことが必要である。そのためには、子供たちに、そして、社会に、①生命（いのち）の尊さや素晴らしさ、②自分を尊重し、大事にすること（被害者にならない）、③相手を尊重し、大事にすること（加害者にならない）、④一人一人が大事な存在であること（傍観者にならない）というメッセージを、強力に発信し続けることが重要である。

とされています。

第6節　性に関する課題の指導の実際

- 登場人物と背景

本人：A男（高校2年生）、交際相手：A子、
クラスメイト（学級委員）：B男、B子
4人が通うX高校は「SNSにおけるX高等学校人権宣言」を定め、生徒手

帳に掲載している。具体的には、次の3点が掲げられている。
1　相手に無断で画像や個人情報をSNS等にアップしません
2　相手が不快に感じる内容をSNS等にアップしません
3　相手が求めたら、SNS等にアップした内容を直ちに削除します

- **問題の発生と発覚**

　ある日の昼休み、学級委員の2名（B男、B子）が職員室を訪れ、担任に「相談がある」と申し出た。2人の話によれば、クラスの生徒40人でグループLINEを組んでいる。行事の集合時間や持ち物に関する事務連絡やホームルームでの話し合いが途中で終わってしまった場合の意見交換等に活用しているとのこと。

　前夜、そのグループLINEに、A男が体育祭の応援団の写真を数枚投稿した。体育祭では、各応援団が、音楽、衣装、振り付け等を工夫して応援合戦が行われる。中には、応援を盛り上げるためにミニスカートや肩をむき出しにした女子の衣装なども見受けられる。投稿された写真は、応援団女子のミニスカートから出た太ももや、肩をむき出しにした胸の辺りがアップになった写真が多数含まれていた。それを見たB子はとても不快に感じ、これはセクハラなのではないかと思ったが、自分の判断だけでは不安だったため、不快に感じた写真が投稿された画面をスクリーンショットして保存しておいた。

　翌日、B子は登校すると、友人であるA子に「きのうのA男の投稿、見た？　私、すっごく不快だったんだけど。セクハラじゃない？　あんたの彼氏、卑猥だよ」と言った。A子は、前夜の時点で、A男の投稿を見ており、違和感を感じてはいたが、B子に直接言われるまでセクハラとの認識はなかった。しかし、B子の指摘はあまりに鋭く的を射ていたため言葉を失い、B子には何も返事ができなかった。

　B子は、A子からの同意が得られなかったと感じたため、ともに学級委員を務めているB男にスクリーンショットを見せて「セクハラだと思うんだけど」と相談した。B男は、前夜の投稿を見ていなかったが、B子から見せられたスクリーンショットを見て、女子がセクハラだと感じる気持ちが理解できたため、B子に「担任の先生に相談した方がいい。一緒に職員室に行こう」と伝えた。

　担任は、B男とB子から経緯の説明を受けるとともに、B子から該当のスクリーンショットの提供を受けた。その後、担任は、学年の生徒指導担当（男性）、生徒指導主事（男性）、学年主任、教頭に状況を報告するとともに、B子

から提供を受けたスクリーンショットを共有した。すると、生徒指導主事から担任に、「放課後にA男を呼び出してもらいたい。グループLINEの投稿内容と体育祭等の学校生活で撮影した写真について確認する」と指示を受けた。

担任はA男に、昨夜にクラスのグループLINEに写真を投稿したか確認したうえで、生徒指導主事が指定する部屋を伝え、聴き取りの際には真実を話すよう伝えた。A男は放課後に指定の部屋に行き、生徒指導主事と学年の生徒指導担当の2人から、これまでに撮影した学校の活動に関する写真と、前夜のクラスのグループLINEへの投稿内容について聴き取りを受けた。丁寧かつ穏やかな聴き取りの中で、A男は生徒指導主事と学年の生徒指導担当に対し、休み時間や放課後にクラスメイトの女子のスカートの中を盗撮していたこと、ダメなことは分かっているし、やめたいと思っているがやめられなくなっていることを告白するとともに、保存してあるそれらの写真を見せた。

- 問題への対応(当日)

生徒指導主事は、学年の生徒指導担当にA男をしっかり見守るよう指示し、自らは職員室で、校長・副校長・教頭に対して事案の概要を報告した。校長は、担任を呼び、盗撮の概要を伝えたうえで、A男の保護者に電話連絡し、学校にA男を迎えに来てもらう依頼をするよう指示した。

担任がA男の母親の携帯電話に電話すると、「今はまだ職場にいる。迎えに行くが、19時頃になってしまう」とのことであった。

19時に母親と父親が学校に到着。A男に会わせる前に、別室で生徒指導主事が両親に事案の概要を説明するとともに、今後、更なる調査を行い指導方針を決めること、指導方針が確定するまでは自宅学習してもらいたいことを伝え、了承を得た。

今後、学校はどのように対応すべきか、考えてみましょう。

【引用】
文部科学省「生徒指導提要」令和4年12月.
内閣府男女共同参画局「若年層の性暴力被害の実態に関するオンラインアンケート及びヒアリング結果報告書」令和4年3月.
文部科学省「性同一性障害に係る児童生徒に対するきめ細かな対応の実施等について」通知,平成27年4月30日付け.

第13章
多様な背景を持つ児童生徒への生徒指導

第1節 「アセスメント」と「見立て」

　「児童生徒がどのような状態であるのか」を把握することをアセスメントと呼びます。旧『生徒指導提要』では「アセスメントとは『見立て』とも言われ、解決すべき問題や課題のある事例（事象）の家族や地域、関係者などの情報から、なぜそのような状態に至ったのか、児童生徒の示す行動の背景や要因を、情報を収集して系統的に分析し、明らかにしようとするものである」と定義され、新『生徒指導提要』では「チーム支援において、当該児童生徒の課題に関連する問題状況や緊急対応を要する危機の程度等の情報を収集・分析・共有し、課題解決に有効な支援仮説を立て、支援目標や方法を決定するための資料を提供するプロセスのことである」と定義されています。「児童生徒がどのような状態であるのか」を一回で決めず、継続的に、チームで把握し続けることが重要です。

　課題の把握に当たっては、学級・ホームルーム担任や養護教諭をはじめとする関係者間で情報交換を行い、児童生徒を多面的に理解した上で、課題の本質を捉えていく必要があります。その際、医学的要因・心理社会的要因・環境要因の3要因を意識することが重要で、Bio-Psycho-Socialの頭文字をとって「BPSモデル」[*1]と呼ばれています。

　　　*1　BPSモデルはBio-Psycho-Social Modelのこと。児童生徒の課題を、生物学的要因、心理学的要因、社会的要因の3つの観点から検討します。例えば、不登校の児童生徒の場合、「生物学的要因（発達特性、病気等）」「心理学的要因（認知、感情、信念、ストレス、パーソナリティ等）」及び「社会的要因（家庭や学校の環境　や人間関係等）」から、実態を把握すると同時に、児童生徒自身のよさ、長所、可能性等の自助資源と、課題解決に役立つ人や機関・団体等の支援資源を探ります。

　いずれにしても、指導を行う場合、元々の生徒のエネルギーのベクトルを考慮した指導が必要になります（**図表1**）。アセスメントは一度では終わりま

図表1　エネルギーのベクトルを考慮した漸次的な指導のイメージ

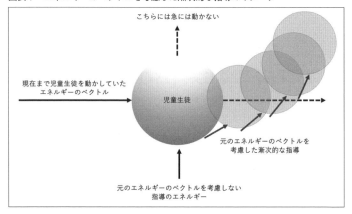

せん。適宜、現在の状況を丁寧に把握していきます。その際に、常に「チーム学校」を意識するようにしてください。

第2節　発達障害に関する理解と対応

2-1　障害者差別解消法と合理的配慮

　2016年4月に「障害を理由とする差別の解消の推進に関する法律」(いわゆる「障害者差別解消法」)が施行されました。ここでは、障害を理由とする不当な差別的な取扱いの禁止と、障害者への「合理的配慮の提供」が求められています。なお、障害者の権利に関する条約において、「合理的配慮」の否定は、障害を理由とする差別に含まれるとされていることに留意する必要があります。

　さらに、「共生社会の形成に向けたインクルーシブ教育システム構築のための特別支援教育の推進(報告)」において、「合理的配慮」とは、「障害のある子どもが、他の子どもと平等に『教育を受ける権利』を享有・行使することを確保するために、学校の設置者及び学校が必要かつ適当な変更・調整を行うことであり、障害のある子どもに対し、その状況に応じて、学校教育を受ける場合に個別に必要とされるもの」とされ、「学校の設置者及び学校に対して、体制面、財政面において、均衡を失した又は過度の負担を課さないもの」である、と定義されています。

「合理的配慮」は、配慮を実施する側、つまり学校側・教師側の負担が過重でないことが「合理的」である、という意味です。過重か否かを客観的に判断することは困難ですが、少なくとも教育活動全般が滞るほどの配慮を実施することは不合理であると考えてよいでしょう。

2-2　障害の社会モデルと医学モデル

　「しょうがい」は、元来は「障害」「障礙」と、どちらの表記も用いられていました。「障礙」は、元は仏教用語で、たとえば「事事無礙」「事事障礙」という用い方をします。野に咲く花（事）と空を飛ぶ鳥（事）、そして私たち人間（事）が別々の存在として把握されている状態、これが「事事障礙」です。本来はすべて1つのエネルギーが形を変えて現れているだけで、全宇宙は1つである、そこに妨げがない様子を認識できれば「事事無礙」となります。つまり「障礙」は「妨げられている」という意味です。「礙」を簡略にした文字が「碍」であり、「障碍」と記すようになりました。常用漢字ではありませんが、現在、教科書などでも「障碍」を使用することがあります。

　障害は個人の心身機能が要因であるという「医学モデル（個人モデル）」と、「障害者の権利に関する条約」の中で示された、障害は社会や環境の在り方や仕組みがつくりだしているという「社会モデル」という2つの考え方があります。

　たとえば、バリアフリーという用語があります。車椅子で移動する人にとっては、階段は通行する際の「バリア」になります。それはまさに、障害物のことです。通行を妨げているのですから、いわば「障碍」です。このような障害物を取り除く環境を整備することがバリアフリーという用語で示されることでした。このとき、「バリア」である階段は、手に持つことができるでしょうか。できません。階段は環境側に存在しているからです。このような考え方が、障害の「社会モデル」です。人の生活を妨げている要因は環境側、社会側にある、だからその障害物を除去して行こう、という考え方になります。

　一方、医療の場合には個人を治療します。手術をする際には患部を切除します。その人の内部に、その人が生活することを妨げている要因があり、患部を何らかの形で操作するのが医療です。障害は、英語の場合にはDisabilityという用語が使われていました。できること（ability）が否定（dis）されている状態です。あるいは、Disorderという単語も「〜障害」と訳されていました。

ニュアンスとしては、正常な順序(order)が乱れている状態がDisorderです。Disability、Disorder、いずれも、身体疾患における患部と同じように、環境側ではなく、個人の中にあるものと想定されます。だからこそ、個人を治療することが可能となるのです。これが障害の「医学モデル」です。

学校は教育機関であり、医療機関ではありません。そのため、基本的には「社会モデル」で障害を考えて行くことになります。特に、教師による指示の出し方、プリントやスライドの提示、板書の書き方などに、なるべく「バリア」がない状態を目指すことが重要になります(授業や指示のユニバーサルデザイン)。ただし、BPSモデルでアセスメント(見立て)を行う場合に「医学モデル」も視野に入れておく必要が出てきます。

2-3 発達障害に関する理解

2022年12月に、文部科学省による「通常の学級に在籍する特別な教育的支援を必要とする児童生徒に関する調査結果」(以下「2022調査結果」)が発表されました。小学校・中学校の学級担任が「学習面又は行動面で著しい困難を示す」と回答した割合は、クラスの8.8%という結果が出ています(図表2)。これは特別支援学級でのことではなく、通常の学級でのことです。1クラスを40人と考えると、3~4人は、学級担任が「困難を示す」と認識していることになります。

2012年の同調査において、学級担任が「学習面又は行動面で著しい困難を示す」と答えた児童生徒の割合は、クラスの6.5%でした。10年で困難を示す児童生徒が増加したのか、あるいは学級担任の知識が増加したことにより児童生徒の状態がよく見えるようになったのか、そこまでは判断できません。しかし、通常の学級における担任が、その指導において留意しなければならないことが多くあることは見えてきます。

図表2　2022調査結果

(推定値、%)

質問項目	小学校・中学校	高等学校
学習面又は行動面で著しい困難を示す	8.8	2.2
学習面で著しい困難を示す	6.5	1.3
行動面で著しい困難を示す	4.7	1.4
学習面と行動面ともに著しい困難を示す	2.3	0.5

ここで言及されている「学習面又は行動面」での困難として想定されているものは、主に発達障害です。「発達障害者支援法」において「発達障害者」とは、「発達障害がある者であって発達障害及び社会的障壁により日常生活又は社会生活に制限を受けるもの」であり、「社会的障壁」とは、「発達障害がある者にとって日常生活又は社会生活を営む上で障壁となるような社会における事物、制度、慣行、観念その他一切のものをいう」と定義されており、これは障害の「医学モデル」と「社会モデル」の2つの考え方が反映されています。また文部科学省では主として、自閉症、注意欠陥多動性障害、学習障害を発達障害として扱い、知的障害や言語障害とは分けて整理しています。

　「2022調査結果」の「学習面」で想定されているものは学習障害(LD)、「行動面」で想定されているものは自閉スペクトラム症(ASD)と注意欠如多動症(ADHD)です。なお、同調査の報告書である「**通常の学級に在籍する特別な教育的支援を必要とする児童生徒に関する調査結果について**」[*2]には、「別添」という形で、すべての調査項目が記されています。以下の各障害の説明と併わせて確認しましょう。

[*2]「通常の学級に在籍する特別な教育的支援を必要とする児童生徒に関する調査結果について」へのQRコード
https://www.mext.go.jp/content/20230524-mext-tokubetu01-000026255_01.pdf
（2024.08.31取得）

2–3–1　自閉症

　アメリカの精神医学会が作成している精神疾患の分類と診断の手引『DSM-5-TR』においては「自閉スペクトラム症」と記されます。かつては自閉性障害、アスペルガー障害、小児期崩壊性障害、レット障害、特定不能の広汎性発達障害の、5つの別々の障害に分かれていました。

　「2022調査結果」の中では「『対人関係やこだわり等』の問題を著しく示す」という項目が想定している状態で、「スウェーデン研究者によって作成された、高機能自閉症に関するスクリーニング質問紙(ASSQ)を参考に作成」とされています。

　医学的には大きく分けて2つの基準があります。1つは「社会的コミュニケーションの障害」、もう1つは「限定された反復的な行動」です。『DSM-

5-TR』では、以下のような基準が設けられています。
- A. 複数の状況で社会的コミュニケーションおよび大人的相互反応における持続的な欠陥
    - (1) 相互の対人的－情緒的関係の欠落
    - (2) 対人的反応で非言語的コミュニケーション行動を用いることの欠陥
    - (3) 人間関係を発展させ、維持し、それを理解することの欠陥
- B. 行動、興味、または活動の限定された反復的な様式
    - (1) 常同的または反復的な身体の運動、物の使用、または会話
    - (2) 同一性への固執、習慣への頑ななこだわり、または言語的、非言語的な儀式的行動様式
    - (3) きわめて限定された執着する興味
    - (4) 感覚刺激に対する過敏さまたは鈍感さ、または環境の感覚的側面に対する並外れた興味

(『DSM-5-TR』から部分的に抜粋)

『カプラン 臨床精神医学テキスト』によると、およそ1％の有病率であり、男児においては女児よりも4倍多く診断されています。

2-3-2 注意欠陥多動性障害

『DSM-5-TR』においては「注意欠如多動症」と記されます。「『不注意』又は『多動性－衝動性』の問題を著しく示す」という項目が想定している状態で、「『ADHD評価スケール』(株式会社明石書店)を使用」とされています。

『DSM-5-TR』では、以下のような基準が設けられています。

(1) 不注意
- (a) 学業、仕事、または他の活動中に、しばしば綿密に集中できない、または不注意な間違いをする。
- (b) 課題または遊びの活動中に、しばしば注意を持続することが困難である。
- (c) 直接話しかけられたときに、しばしば聞いていないように見える。
- (d) しばしば指示に従えず、学業、用事、職場での義務をやり遂げることができない。
- (e) 課題や活動を順序立てることがしばしば困難である。
- (f) 精神的努力の持続を要する課題に従事することをしばしば避ける、嫌う、またはいやいや行う。

(g) 課題や活動に必要なものをしばしばなくしてしまう。
　(h) しばしば日々の活動で忘れっぽい。
(2) 多動性-衝動性
　(a) しばしば手足をそわそわ動かしたりとんとん叩いたりする、またはいすの上でもじもじする。
　(b) 席についていることが求められる場面でしばしば席を離れる。
　(c) 不適切な状況でしばしば走り回ったり高い所へ登ったりする。
　(d) 静かに遊んだり余暇活動につくことがしばしばできない。
　(e) しばしば"じっとしていない"、またはまるで"エンジンで動かされているように"行動する。
　(f) しばしばしゃべりすぎる。
　(g) しばしば質問が終わる前に出し抜いて答え始めてしまう。
　(h) しばしば自分の順番を待つことが困難である。
　(i) しばしば他人を妨害し、邪魔する。

(『DSM-5-TR』から部分的に抜粋)

　『カプラン 臨床精神医学テキスト』によると、人口におけるADHDの割合は、前思春期の小学生では7～8％、学童と青年を含む若者の5％、成人の2.5％であるとされます。男子の有病率は女子よりも高く、2対1から9対1であるとされています。なお、遺伝要因の関与が大きく、遺伝率は75％であるとされています。

2-3-3　学習障害

　『DSM-5-TR』においては「限局性学習症」と記されます。〈学習面「聞く」「話す」「読む」「書く」「計算する」「推論する」〉は、「2022調査結果」では「『LDI-R-LD診断のための調査票』(日本文化科学社) を参考に作成」とされています。

　『DSM-5-TR』における「限局性学習症」には、以下のような基準が設けられています。

(1) 不正確または速度が遅く、努力を要する読字
(2) 読んでいるものの意味を理解することの困難さ
(3) 綴字の困難さ
(4) 書字表出の困難さ
(5) 数字の概念、数値、または計算を習得することの困難さ

(6) 数学的推論の困難さ

(『DSM-5-TR』から部分的に抜粋)

　書字に関する部分は、日本語の場合は表音文字と表意文字をハイブリッドで用いるため、アメリカの精神医学会が作成した診断基準や疫学調査の数値を参照することは困難です。ただし、実際の学校現場における一斉授業の際には、基本的に漢字が読めない・書けないことに対応することを主に想定することが重要になります。

　なお、文部科学省は社会的コミュニケーション症も学習障害に含めています。『DSM-5-TR』の「社会的コミュニケーション症」には、以下のような基準が設けられています。

(1) 社会的状況に適切な様式で、挨拶や情報を共有するといった社会的な目的でコミュニケーションを用いることの欠陥
(2) 遊び場と教室とで喋り方を変える、相手が大人か児童かで話し方を変える、過度に堅苦しい言葉を避けるなど、状況や聞き手の要求に合わせてコミュニケーションを変える能力の障害
(3) 話す順番をとる、誤解されたときに言い換える、相互関係を調整するための言語的および非言語的な手がかりの使い方を理解するなど、会話や話術のルールに従うことの困難さ
(4) 明確に示されていないことや、字義どおりでなかったりあいまいであったりする言葉の意味を理解することの困難さ

(『DSM-5-TR』から部分的に抜粋)

　『カプラン 臨床精神医学テキスト』によると、社会的コミュニケーション症の有病率を推定することは困難であるけれど、多くの文献では、持続する語用論的障害があるが自閉スペクトラム症の診断を満たさない子どもの症例は報告されていることが指摘されています。

2-3-4　コンピュータシステム・モデル(CSM)

　ASD、ADHD、LDという、いわば医療機関における診断名を聞いてしまうと、学校という教育機関では対応できないのではないか、という捉え方がされる場合もあります。しかし、たとえば稲垣(2014)に示した「コンピュータシステム・モデル(CSM)」で人間の情報処理の仕方をとらえると、それぞれの特徴が「度合いの問題」であることもみえてきます(**図表3**)。

　CSMは情報の流れをたとえたもので、どのような人であってもパラメー

タの偏りを持っているということを理解することの助けにもなります。しかし、このアナロジーは大まかなもので、人間の情報処理を正確に表したものとはいえません。たとえば、視覚と味覚では、入力の時点で情報処理過程が異なることは明らかですが、その点は区別されていませんし、「心の理論」と、五感による情報入力を視覚化するために、便宜的に「心アンテナ」「物理アンテナ」というたとえが用いられています。また、知識や行動の規範などは、長期的な記憶ともいえますし、長期記憶の保存に関してもこのモデルでは説明できません。

　ASD、ADHDの状態を理解するために重要な部分は、①心アンテナ部分の機能、②つまみによる情報をふるいにかける機能、そして③情報を一時的にためておく器の機能の3点です。

2-3-4-1　心アンテナ

　これは、相手の気持ちや周囲の人間関係における「空気」を受信するために必要なアンテナとして想定されています。もしこのアンテナがほとんどな

図表3　コンピュータシステム・モデル（CSM）

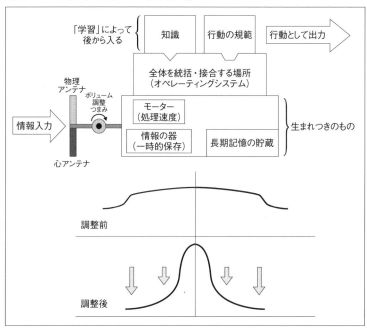

（稲垣（2014）から）

い状態で生まれた場合、相手の気持ちや「空気」を、そもそも受信することができません。そのため、物理アンテナ（聴覚や視覚など、いわゆる五感）で受信できる情報を、学習によってあとからインストールした知識によって解釈し、論理的に理解する必要があります。しかし、心アンテナは「あるか、ないか」「1か、0か」のようなものではありません。平均的な長さを100%とするのであれば、50%で生まれる人も、30%で生まれる人もいるでしょう。また、80%あったとしても、適切な使い方を学ぶ環境が整っていなかった場合、うまく機能しないかもしれません。そのように考えれば、ASD的な特徴は、ある程度、どのような方々にも当てはまる性質でもあります。

2-3-4-2　ボリューム調整つまみ

アンテナによって受信された情報をふるいにかけて、重要なものを残すための仕組みです。図表3には、ボリューム調整前とボリューム調整後の違いを表す様子も記しました。音量自体の調整ではなく、オーディオ機器のイコライザ（高音を減らして低音を強調するなどを調整する仕組み）を思い浮かべてください。

電車に乗っているとき、電車の揺れも、走行音も、空調の音も、空腹も、今日の予定についての考えも、様々な情報が一気に入ってきています。しかし車内で文庫本を開いて読書をしようとするとき、周囲の音や空腹感などは、すっとボリュームが落ちていきます。結果的に文庫本の紙面だけが残り、集中できるようになります。

このボリューム調整のためには、ある一定の「覚醒度」が必要になります。そのため、脳の覚醒度が低い状態ですと、ボリューム調整がうまくいかず、情報はすべて、いっぺんに入ってきてしまいます。すると、注意を1つに絞ることができず、あちこちにとんでしまい、集中することができなくなります。「寝起き」の状態を想像するとわかりやすいかもしれません。

ADHDの特徴の1つは、生まれつきの覚醒度が相対的に低いために、注意のボリューム調整がうまくできないことにあります。しかし当然、このボリューム調整つまみも「動くか、動かないか」のような「1か0か」のものではありません。80%の場合も、30%の場合もあるでしょう。さらに、周囲の環境との兼ね合いや体調も関係します。

2-3-4-3　情報を一時的にためておく器

コンピュータの中では「メモリ」にあたる部分を想定しています。ワーキングメモリ（視覚的な情報を一時的にためておく「視空間メモ」、聴覚的な情報を一時的

にためておく「音韻ループ」、物語的な情報を一時的にためておく「エピソードバッファ」）が最も近い概念ですが、ワーキングメモリはどちらかというと機械的な情報を扱う概念です。ワーキングメモリは、見た図形を覚えておけるか、聞いた7桁の数字を覚えておけるか、というような、いわばテストで測定できるものが想定されています。しかしCSMでは、情緒的なものを含む、広い意味での情報をイメージしています。

たとえば、多くの人が往来して、食料品の匂いが充満し、天井も低いデパートの地下などは、この情報の器が小さい場合には苦痛に感じるかもしれません。高等学校における文化祭など、普段とは異なる服装で外部の方々がたくさん来る状況なども苦手に感じるかもしれません。人が少なく、情緒的な刺激もあまり強烈ではない、静かな図書館のような環境で落ち着ける場合もあるでしょう。

ADHDの中でも「不注意」のみが優勢の状態には当てはまる可能性があります。もちろん、これも「器が存在するか、しないか」のような、「1か、0か」ではありません。2リットルのペットボトルぐらいある人もいれば、500ミリリットルぐらいの人も、瓶の栄養ドリンクぐらいのサイズの人もいるでしょう。

2-3-4-4　モーター

まず、周囲にある情報を「物理アンテナ・心アンテナ」が受信します。その情報を「ボリューム調整つまみ」によってふるいにかけます。ふるいにかけられた情報は、「情報を一時的にためておく器」に入ります。長く記憶しておく必要があるものは「長期記憶」の貯蔵庫に、今まさに処理しなければならないものは、その上の「オペレーティングシステム」に流します。このときに器を動かす動力が「モーター」です。コンピュータの中ではCPUに相当するイメージです。

モーターの速度が速ければ、たとえ情報を一時的にためておく器が小さくても、多くの情報を処理することができるでしょう。ただしその場合、モーターにかかる負荷が高くなり、長時間はもたないかもしれません。

2-3-4-5　オペレーティングシステム

文化的・言語的なものを想定しています。パソコンやスマートフォンにおいて「OS（オペレーティングシステム）」と呼ばれる、すべてのプログラムの土台となる部分に近いイメージです。

日本で生まれ育った場合と、他の国で生まれ育った場合では、知識や規範

を習得する場合にもその流れが変わってくるでしょう。たとえば、アラブの人たちの言葉には、大きさ、性別、老若などでいろいろと違う種類のラクダを区別する語がいくつもあるという話もあります。しかし、日本語では「老いたラクダ」と「若いラクダ」の区別はできますが、あくまで、ラクダはラクダです。風土と関連して形成される文化、その文化のもとで育まれた言語、それらによって「世界を区分する範囲」が異なってきます。これは、世界を認識する場合の基礎になります。単語以外でも、たとえば主語を省略することが可能な日本語と、たとえ天気を表す場合であっても「It」という主語をつけることが自然な言語では、情報を整理する仕組みがまったく異なってくるでしょう。

　日本の中でも、地域によってこのオペレーティングシステムの性質は異なってくる可能性はありますし、住んでいる「家」の風土・文化によっても異なってきます。

2-3-4-6　知識・行動の規範

　家庭や地域、メディア、学校での教育等を通じて、インストールされるソフトウェア（アプリ）のイメージです。算数を学べば四則演算の方略がインストールされますし、漢字練習をすれば漢字が読み書きできるようになります。敬語の使い方、車内マナー、交通ルール等も、学ぶことによってインストールされるアプリです。

　LDの場合、これらのアプリがうまくインストールできない状態であると想像するとわかりやすいかもしれません。そのため、いわゆる勉強に関する学習だけではなく、道徳的な規範についてもうまくインストールできない状態がありうるのです。

　CSMの図表3のイメージでは、知識の箱は三角で接続されており、行動の規範は台形で接続されています。平均的な状態では、オペレーティングシステムの「くぼみ」が、三角や台形の形をしているため、一斉授業において、一定の形で伝達すればインストールできます。しかしLDの場合は、オペレーティングシステムのくぼみの形が特殊で、三角や台形の形でインストールしようとしてもはまりません。そのため、個別に形を削り、機能としては同様のことが可能なアプリをインストールする必要が出てくる、そのようなイメージを持っていただけるとわかりやすいかもしれません。

2-3-5　事例

　公立中学校2年生のA君は、学級担任（30代、女性）の身体的特徴をからかったり、ほとんど面識のない非行傾向の強い上級生に対していきなり「タメ口」で話しかけたりして、殴られることや喧嘩になることが多数あります。体育祭や文化祭など、来校する高校生に対して不適切な発言をしたり、彼氏のいる女子高校生を「ナンパ」したりして、その彼氏から呼び出されて暴力をふるわれることもありました。担任がA君に「適切な言葉遣いをすること」「身体的特徴を揶揄しないこと」「相手の立場に立って想像すること」を指導しますが、指導している最中も笑っているような表情で聞いており、次の日も変わらず同様の行動が頻発し続けます。

　A君の両親は医療関係者であり、発達障害等に関する知識も豊富です。A君に頻発する問題は担任の指導が不適切なためであり、A君は被害者であるとして、担任の「不適切な対応」を告発するために、ご両親が校長に面談を申し込んできました。

　A君に特定の友人はおらず、クラスメイトなどは「かかわらない方が良い」という様子で避けています。A君をからかう非行傾向のある同級生もいますが、A君は彼らのことを「友だち」と呼んでいます。

　現段階では、学年主任、学年の教員、管理職などは「手に負えない」と放っておいている状況で、学級担任はA君への対応を「丸投げ」されている状態です。A君のことを気にかけているのは養護教諭と学校事務員でしたが、多くの教員がA君のことを「放っておいている」状況のため、静観しているようです。特別支援教育コーディネーターは複数の事例を同時に対応しており、業務過剰で体調を崩しています。スクールカウンセラーやスクールソーシャルワーカーはA君の状況を把握していません。

Q 事例について、「学校内の教員が、まず、何ができるのか」を考えてみましょう。

2-4　学校における組織的な対応

　通常の学級における発達障害のある児童生徒への対応は、組織としては特別支援教育コーディネーターが中心となります。校内委員会及び特別支援教育コーディネーターの役割については「発達障害を含む障害のある幼児児童生徒に対する教育支援体制整備ガイドライン～発達障害等の可能性の段階か

ら、教育的ニーズに気付き、支え、つなぐために～」にまとめられており、「地域住民への啓発も担うことができるような、地域の中核となって活動できる能力を有した人材を視野に入れて育成することが望ましい」とされています。

特別支援教育コーディネーターの大きな役割は以下の3点です。
- 校内委員会・校内研修の企画・運営
- 関係機関・学校との連絡・調整
- 保護者の相談窓口

その他にも特別支援教育の推進のために必要と判断されるものについては特別支援教育コーディネーターが主導します。

特別支援という用語を聞くと、特別支援学級における個別支援を想像する学生も多いですが、学校教育法には以下のように規定されています。

学校教育法第81条第1項

幼稚園、小学校、中学校、義務教育学校、高等学校及び中等教育学校においては、次項各号のいずれかに該当する幼児、児童及び生徒その他教育上特別の支援を必要とする幼児、児童及び生徒に対し、文部科学大臣の定めるところにより、障害による学習上又は生活上の困難を克服するための教育を行うものとする。

つまり、すべての教育機関において行われるものなのです。これは、インクルーシブ教育の概念に基づく規定であり、「障害者の権利に関する条約」の第24条には以下のように記されています。

1　締約国は、教育についての障害者の権利を認める。締約国は、この権利を差別なしに、かつ、機会の均等を基礎として実現するため、次のことを目的とするあらゆる段階における障害者を包容する教育制度(an inclusive education system)及び生涯学習を確保する。

2　締約国は、1の権利の実現に当たり、次のことを確保する。
(a) 障害者が障害を理由として教育制度一般から排除されないこと(not excluded from the general education system)及び障害のある児童が障害を理由として無償のかつ義務的な初等教育から又は中等教育から排除されないこと。

これらをふまえ、文部科学省は、インクルーシブ教育の定義を、「人間の多

様性の尊重等の強化、障害者が精神的及び身体的な能力等を可能な最大限度まで発達させ、自由な社会に効果的に参加することを可能とするとの目的の下、障害のある者と障害のない者が共に学ぶ仕組み」である、としています。

ただし、ティーチング・アシスタント（TA）がおらず、授業を担当する教員がたった1人で対応できることには限界があります。2024年現在、教師の数自体が足りない状況にあります。真に「障害のある者と障害のない者が共に学ぶ仕組み」を立ち上げるためには、学校という現場におけるシステム自体が新しいものになることも必要になるでしょう。

インクルーシブ教育を実現するためには、学校外の関係機関との連携が欠かせません。関係機関との連携を図るためには、①「目的と内容の明確化」、②「保護者との信頼関係」、③「個別の教育支援計画の活用」が重要です。

2003年度から実施された障害者基本計画において、教育、医療、福祉、労働等の関係機関が連携・協力を図り、障害のある児童生徒等の生涯にわたる継続的な支援体制を整え、それぞれの年代における児童生徒等の望ましい成長を促すため、個別の支援計画を作成することが示されました。この個別の支援計画のうち、児童生徒等に対して、校長が中心となって児童生徒の在学時に作成するものを、個別の教育支援計画といいます。一方、個別の指導計画は、個々の児童生徒等の実態に応じて適切な指導を行うために学校で作成されるものであり、教育課程を具体化し、障害のある児童生徒等一人一人の指導目標、指導内容及び指導方法を明確にして、きめ細やかに指導するために作成するものです。

教育支援計画を作成するにあたって、児童生徒の知的発達水準や認知特性をみるためには検査を行うことがあります。知的発達水準を測定するためにはWISC-Ⅴ、また認知能力と習熟度の差をみるためにはKABC-Ⅱ、適応行動の発達水準を幅広く捉えるためにVineland-Ⅱなど、それぞれの特性に応じた検査が活用されます。これらの検査は校内ではなく、医療機関や児童相談所など、専門機関で行われます。これらの検査結果をもとに、より適切な教育支援方略を探り、関係者の協議のもと、個別の教育支援計画を作成します。この教育支援計画を、たとえば小学校から中学校、そして高等学校へと、児童生徒の発達とともに校種が変遷して行く中でも引き継ぎ、継続的な支援につなげることが重要です。

日本の教育現場での現状を踏まえ、「障害のある者と障害のない者が共に学ぶ仕組み」が実現するためにはどのような仕組みが必要か、話し合ってみましょう。

第3節　精神疾患に関する理解と対応

3–1　精神疾患に関する基本的構えと対応

　精神疾患を巡る全体的な理解としては、①精神疾患に罹患することは誰にも起こりうるという認識、②精神疾患の発症には睡眠などの生活習慣が影響すること、③その人らしからぬ行動があったり、久々に登校する日に来なかったりというような精神疾患や心の不調が疑われる場合は、児童生徒も、保護者や教師など周囲の大人も、早めに誰かに相談する重要性を理解し、すぐに行動できるようにすることが大切です。そのためにはまず、誰かが気がつかなければなりません。本人ではその不調に気がつかない場合もあるのです。「相談」という形ではなくとも、日常的にやり取りをしている中で、専門的な知識のある者なら気がつく場合もあります。そのためには、児童生徒が学級・ホームルーム担任や養護教諭、SC 等と日常的に話ができる、いわば「相談を持ち掛けやすい環境づくり」を進めることが重要です。

3–2　主な精神疾患の例

3–2–1　うつ病

　『DSM-5-TR』におけるうつ病には、以下のような基準が設けられています。
(1) ほとんど1日中、ほとんど毎日の抑うつ気分
　　（注：児童や青年では易怒的な気分もありうる）
(2) ほとんど1日中、ほとんど毎日の、すべて、またはほとんどすべての活動における興味または喜びの著しい減退
(3) 食事療法をしていないのに、有意の体重減少、または体重増加（例：1か月で体重の5％以上の変化）、またはほとんど毎日の食欲の減退または増加
　　（注：児童の場合、期待される体重増加がみられないことも考慮）
(4) ほとんど毎日の不眠または過眠
(5) ほとんど毎日の精神運動興奮または制止
(6) ほとんど毎日の疲労感、または気力の減退

(7) ほとんど毎日の無価値感、または過剰であるか不適切な罪悪感
(8) 思考力や集中力の減退、または決断困難
(9) 死についての反復思考、自殺念慮、自殺計画、自殺企図

(『DSM-5-TR』から部分的に抜粋)

　これらのうち5つ以上が2週間の間に存在する状態です。『カプラン 臨床精神医学テキスト』によると、うつ病の生涯有病率は高く、5～17％とされています。ただし、うつ病の平均発症年齢はおおよそ40歳であり、患者の50％は20～50歳の間に発病します。また、国や文化を超えてほぼ普遍的に、女性において男性の2倍の有病率があります。うつ病の発生率が20歳以下の人々の間で増加している可能性が言及されていますが、もしそれが事実であれば、その年齢層におけるアルコール摂取や薬物使用の可能性も考慮しなければなりません。ただし、平均的な発症年齢を考えると、中学生・高校生でうつ病と診断される人数はそこまで多くはないことになります。むしろ、教職員におけるうつ病を考える必要があるでしょう。

3-2-2　統合失調症

　『DSM-5-TR』における統合失調症には、以下のような基準が設けられています。

(1) 妄想
(2) 幻覚（ほとんどが幻聴）
(3) 発話の統合不全（例：頻繁な脱線または滅裂）
(4) 行動の著しい統合不全、またはカタトニア性の行動
(5) 陰性症状（情動表出の減少、意欲低下）

(『DSM-5-TR』から部分的に抜粋)

　これらのうち2つ、またはそれ以上が、1か月間に存在する状態です。妄想とは精神医学では「訂正不能な誤った信念」のことを指します（たとえば、盗聴されている、監視のためのナノマシンが身体に埋め込まれている等）。妄想や幻覚は「今まで存在していなかった症状が加わる」ことから「陽性症状」と呼びます。一方、「今まであったものが失われていく」ことから、感情や意欲などが失われていくことを「陰性症状」と呼びます。『カプラン 臨床精神医学テキスト』によると、生涯のうちに統合失調症を発病する確率はおよそ100人に1人とされています。発症の好発年齢は男性が10～25歳で、女性は25～35歳です。中学生・高校生で統合失調症と診断される確率はそれなりに高

いことを知っておく必要があるでしょう。また、人口100万人を超え、人口密度の高い都市部では発症率が高まる、という研究も報告されており、都市環境におけるストレス因子が統合失調症発病のリスクの高い人々には負荷となっている可能性もあります。

3-2-3　不安症群

『DSM-5-TR』における不安症群の中には、

- 分離不安症
- 場面緘黙
- 限局性恐怖症
- 社交不安症
- パニック症
- 広場恐怖症

などが含まれています。『カプラン　臨床精神医学テキスト』によると、恐怖(fear)とは「既知の、外界の、はっきりと限定された、あるいは非葛藤的な脅威に対する反応」であり、不安(anxiety)は「未知の、内面的で漠然とした、あるいは葛藤的な脅威に対する反応」である、とされています。不安症は精神疾患の中で最もよくみられるもので、4人に1人が少なくとも1つの不安症の診断基準に合致する、とされています。

3-2-4　摂食障害

摂食障害には、異食症、反芻症、回避・制限性食物摂取症、神経性やせ症、神経性過食症、むちゃ食い症が含まれます。中でも、学校現場で特に注意しなければならないのは神経性やせ症です。

『DSM-5-TR』における神経性やせ症には、以下のような基準が設けられています。

(1) 必要量と比べてカロリー摂取を制限し、有意に低い体重
(2) 有意に低い体重にもかかわらず、体重増加または肥満になることに対する強い恐怖、または体重増加を妨げる持続した行動がある
(3) 自分の体重または体型の体験の仕方における障害、自己評価に対する体重や体型の不相応な影響、現在の低体重の深刻さに対する認識の持続的欠如

（『DSM-5-TR』から部分的に抜粋）

が特徴となります。『カプラン　臨床精神医学テキスト』によると、神経性やせ症の65%はうつ病、35%は社交不安症、25%は強迫症と関連する、とされており、学校現場では不登校との関係を考える必要が出てきます。神経性やせ症は10～30歳の間に発症します。なお、死亡率は5～18%という調査結

果もあり、かなり高いものになっています。そのため、学校関係者は特に、神経性やせ症に注意を払わなければなりません。

3-3　精神疾患への合理的配慮

　パニック症に対しての座席の配慮（廊下に向けた出入り口に近い場所に設定するなど）、うつ状態にある不登校生徒に対して過剰な登校刺激を与えないことなど、それぞれの精神疾患の特性に合わせた配慮が必要になります。しかし、学校は治療機関ではなく、教育機関です。教師が専門的に行うことは教育であり、治療ではありません。治療は医療機関が行います。発達障害と同様、診断名が付与された生徒に対してどのように接したらよいのかわからなくなってしまう、あるいは医療に任せて学校ではやれることはない、と感じてしまう教師もいるかもしれません。

　しかし、たとえば「余命半年」である生徒がいたとしても、教師は授業を行い、今までできなかったことができるように教育活動を行うことでしょう。同様に、たとえ生徒がどのような診断名が付与されていようとも、学校で提供できる「今までできなかったことができる」ようになる教育は何か、教育者であるならば、それを組み立てることができるはずです。医療的に救うことではなく、24時間親身につきっきりになることによって救うことでもなく、教育者として、教育を提供することが生徒にとって「救い」となることも多くあるでしょう。そしてそれは教師にしかできないことではないでしょうか。

3-4　情緒障害

　精神疾患に関連して、教育現場では、医療現場では用いられない用語があります。それが「情緒障害」です。『障害のある子供の教育支援の手引～子供たち一人一人の教育的ニーズを踏まえた学びの充実に向けて～』において、情緒障害とは「周囲の環境から受けるストレスによって生じたストレス反応として状況に合わない心身の状態が持続し、それらを自分の意思ではコントロールできないことが継続している状態」とされています。ここには3-2に示したような様々な精神疾患が関連している場合があります。

　なお、特別支援学級及び通級では情緒障害も受け入れています。ただし、特別支援学級を受け持つことができる人員の不足など、システム面での問題も存在します。

3-5 事例

　高校2年生のB君は、成績はそこまで悪くなく、友人関係も、豊富とはいえないまでも悪くはなく、いじめられたという情報もありません。しかし、高校2年生になったばかりの4月半ばから、急に学校に来なくなりました。学級担任はB君が1年生から持ち上がりでした。1年生のときの様子を思い起こしても、学級担任には、B君が学校に来られなくなる理由が思い当たりませんでした。保護者も、B君が学校に行かない理由がわからず、本人に問いただしても何も言いません。

　学級担任は保護者との面接を重ね、家庭訪問を行います。B君は学級担任とも会い、話すこともできますが、うつむいたまま、学級担任の質問に「はい」「はあ」と答えるだけです。

　夏休みがあけ、9月になりました。B君は登校していません。B君は、学級担任が家庭訪問をしても部屋にこもっていて出てこなくなりました。保護者との面談の中で、学級担任はB君が「盗聴されている」ということを気にしていることを知ります。学級担任は保護者に、盗聴器を探し出すための手立てを調べるよう、アドバイスしました。学級担任も、盗聴器を探す機器などを調べることを約束しました。

　現段階では、B君の細かな状況を知っているのは学級担任だけです。スクールカウンセラー、スクールソーシャルワーカーは情報を把握していません。管理職や学年主任は、学級担任が熱心に家庭訪問などを行っていることは知っています。そのような「熱心な」対応によって、B君はもうすぐ登校するだろう、と思っています。

 事例について、「学校内の教員が、まず、何ができるのか」を考えてみましょう。また、学級担任の「不適切な対応」がどこに存在するのか、特に統合失調症の情報をもとに、検討してみましょう。

第4節　支援を要する家庭状況

4-1　児童の権利に関する条約と児童福祉法

　児童の権利に関する条約は1989年第44回国連総会において採択され、日本は1990年にこの条約に署名、1994年に効力が生じています。これは「児

童(児童については18歳未満のすべての者と定義。)が、今日なお、飢え、貧困等の困難な状況に置かれている状況にかんがみ、世界的な観点から児童の人権の尊重、保護の促進を目指したもの」です。

　児童の権利に関する条約では、「児童が、その人格の完全なかつ調和のとれた発達のため、家庭環境の下で幸福、愛情及び理解のある雰囲気の中で成長すべきであることを認め」、国は「児童の福祉に必要な保護及び養護を確保することを約束し、このため、全ての適当な立法上及び行政上の措置をとる」と示されています。

　この条約を踏まえ、児童福祉法では「児童の保護者は、児童を心身ともに健やかに育成することについて第一義的責任を負う」とした上で、「国及び地方公共団体は、児童の保護者とともに、児童を心身ともに健やかに育成する責任を負う」と定めています。また「この原理は、全て児童に関する法令の施行に当たって、常に尊重されなければならない」とも規定されていることから、福祉だけでなく、教育や医療など全ての分野に適用されるものになります。

4–2　学校が行う家庭への支援
4–2–1　家庭訪問
　2019年に文部科学省が発出した「不登校児童生徒への支援の在り方について(通知)」において、

> 学校は、プライバシーに配慮しつつ、定期的に家庭訪問を実施して、児童生徒の理解に努める必要があること。また、家庭訪問を行う際は、常にその意図・目的、方法及び成果を検証し適切な家庭訪問を行う必要があること。

と記されています。家庭訪問を行う場合には「意図・目的」がはっきりしていなければならないことに注意してください。また、

> 家庭訪問や電話連絡を繰り返しても児童生徒の安否が確認できない等の場合は、直ちに自治体又は児童相談所への通告を行うほか、警察等に情報提供を行うなど、適切な対処が必要であること。

とも記されています。「連絡がつかないから放っておく」ような対応がないよう、十分に注意してください。

4-2-2 こども家庭センター

生徒への支援は学校だけで行うものではありません。たとえば福祉分野における「子ども家庭総合支援拠点」があります。これは「児童等を対象として、地域の実情の把握、相談対応、調査、継続的支援等を行うもの」で、2024年4月から、子ども家庭総合支援拠点（児童福祉）と子育て世代包括支援センター（母子保健）の設立の意義や機能は維持した上で組織を見直し、全ての妊産婦、子育て世帯、子どもへ一体的に相談支援を行う機能を有する機関（こども家庭センター）の設置に努めることとなっています。

 自分の住んでいる地域の「こども家庭センター」をネットで検索して調べてみましょう。

4-2-3 特に行政が積極的に支援を行うもの

児童福祉法には、行政が積極的に介入することが求められる児童等の区分に、

> 要保護児童：保護者のない児童又は保護者に監護させることが不適当であると認められる児童
> 要支援児童：保護者の養育を支援することが特に必要と認められる児童
> 特定妊婦：　出産後の養育について出産前において支援を行うことが特に必要と認められる妊婦

が定められています。

地方公共団体は、要保護児童の適切な保護を図るため、関係機関等により構成され、要保護児童及びその保護者に関する情報の交換や支援内容の協議を行う要保護児童対策地域協議会を置くことができます。児童虐待を含む要保護児童や要支援児童及び特定妊婦については、通告などの後に、自治体が要保護児童対策地域協議会の対象ケースとすることが通例であり、協議会を通じた関係機関間の連携の下で支援を行うこととなっています。

4-2-4 経済的困難を抱える場合

2013年に「子どもの貧困対策の推進に関する法律」が成立し、それに基づいた「子供の貧困対策に関する大綱〜日本の将来を担う子供たちを誰一人取り残すことがない社会に向けて〜」が閣議決定されました。この大綱は「子育てや貧困を家庭のみの責任とするのではなく、地域や社会全体で課題を解決するという意識を強く持ち、子供のことを第一に考えた適切な支援を包括的かつ早期に講じていく」ために作られたものです。大綱が設定された前後でのスクールソーシャルワーカー（以下SSW）活用の割合については図表4のとおりです。

図表4　ソーシャルワーカー活用の割合

指標	現大綱策定時 （2018年度）	直近値 （2020年度）
スクールソーシャルワーカーによる対応実績のある小学校の割合 （文部科学省初等中等教育局児童生徒課調べ）	50.9%	56.9%
スクールソーシャルワーカーによる対応実績のある中学校の割合 （文部科学省初等中等教育局児童生徒課調べ）	58.4%	61.7%

（内閣府「子供の貧困の状況及び子供の貧困対策の実施の状況の公表」から抜粋（こども家庭庁設立前））

SSWは、現段階では学校に常駐しているわけではありません。勤務日数は、週に1日から月に1日など、自治体によって様々です。しかし、SSWは外部機関との連携に関するスペシャリストであり、制度にも精通しています。教師は教育の専門家でありますが、社会保障制度に熟達しているわけではありません。ぜひ、教師が積極的に生徒の状況についてSSWに相談するなど、制度を活用するための最初のきっかけを作ってください。それは、毎日生徒と接する教師にできる、最善のことかもしれません。「チーム学校」は、そのような日頃のやり取りから育まれて行きます。

たとえば、文部科学省「令和2年度スクールソーシャルワーカー実践活動事例集」におけるSSW活用事例の中には、以下のようなものが記されています。

> 【中学校生徒A、経済的困窮のケース】
> 　保護者の精神疾患から就労・育児が不安定となり、生徒Aは不登校となっている。SSWとの面談により、地域の生活保護課の案内を行った。生活保護受給によって家庭の経済的な最低基準が整い、保護者の状態を安定させる一助となった。また、ヤングケアラー的な役割を負っていた生徒Aにとって、県SSWとの面談は安全な空間で支持的な大人との一対一関係が保証される機会となり、心理面の賦活に寄与し、別室登校できるようになってきた。

　SSWとの連携は、貧困対策だけではなく、要保護児童、要支援児童、特定妊婦、ひとり親家庭支援、就労支援、ヤングケアラー、保険料滞納世帯の子どもに対する短期被保険者証の交付など、社会保障制度が必要な場合全てに当てはまります。

Q インターネットで「スクールソーシャルワーカー実践活動事例集」＊3と検索し、自分の住んでいる自治体の部分を読んでみましょう。

＊3 「令和4年度スクールソーシャルワーカー実践活動事例集」へのQRコード
（https://www.mext.go.jp/a_menu/shotou/seitoshidou/mext_00006.html）（2024.08.31取得）

4-2-5　外国人児童生徒等

　2021年に公開された「日本語指導が必要な児童生徒の受入状況等に関する調査」では、公立学校における日本語指導が必要な児童生徒の推移が掲載されています（**図表5**）。外国籍の児童生徒で4万7627人、日本国籍の児童生徒で1万726人、合計5万8353人が日本語指導が必要であるという結果です。おそらくこの傾向は今後も続き、より増加して行くことが予測されます。

　文部科学省は「外国人児童生徒受入れの手引き」＊4を公開していますので、ダウンロードして読んでみましょう。手引きの中では、学級担任は以下の2点が重要であることが記されています。

図表5　公立学校における日本語指導が必要な児童生徒の推移

```
(人)
50000
40000
30000
20000
10000
    0
      2008年 2010年 2012年 2014年 2016年 2018年 2021年
            □外国籍  ■日本国籍
```

(「日本語指導が必要な児童生徒の受入状況等に関する調査」から)

(1) グローバル化が進展する中、世界中で多くの人々が国境を越えて移動しており、日本の児童生徒を含め、子供たちはすべていずれの国においても、地域や学校にしっかりと受け入れられることが重要です。これは、世界の動向をしっかりと把握し、国籍にかかわりなくすべての児童生徒を大切にする視点です。
(2) 異文化の中で育っていく児童生徒は、言葉の問題や異文化間での価値観、習慣の違いなどについて、一人一人が課題を抱えているため、きめ細やかなケアが必要です。これは、個に応じた指導が必要であるという視点です。

また、「外国人児童生徒等教育に関する動画コンテンツ」なども参考になります。

＊4　「外国人児童生徒受入れの手引き」へのQRコード
(https://www.mext.go.jp/a_menu/shotou/clarinet/002/1304668.htm)(2024.08.31取得)

【文献】

稲垣智則(2014)「教師が児童生徒を理解するために有用な発達障害に関する説明概念の構築」『日本教師教育学会年報』第23号, pp. 160-170.

井上令一監修・四宮滋子・田宮聡訳(2016)『カプラン 臨床精神医学テキスト 第3版―DSM-5診断基準の臨床への展開』メディカル・サイエンス・インターナショナル.

文部科学省(2019)「不登校児童生徒への支援の在り方について(通知)」.
　　https://www.mext.go.jp/a_menu/shotou/seitoshidou/1422155.htm　(2024.08.31取得)

文部科学省(2020)「令和2年度スクールソーシャルワーカー実践活動事例集」.
　　https://www.mext.go.jp/a_menu/shotou/seitoshidou/mext_00002.html　(2024.08.31取得)

文部科学省(2021)「障害のある子供の教育支援の手引～子供たち一人一人の教育的ニーズを踏まえた学びの充実に向けて～」.
　　https://www.mext.go.jp/a_menu/shotou/tokubetu/material/1340250_00001.htm (2024.08.31取得)

文部科学省(2022)「令和4年度スクールソーシャルワーカー実践活動事例集」.
　　https://www.mext.go.jp/a_menu/shotou/seitoshidou/mext_00006.html　(2024.08.31取得)

文部科学省(2022)「通常の学級に在籍する特別な教育的支援を必要とする児童生徒に関する調査結果(令和4年)について」.
　　https://www.mext.go.jp/b_menu/houdou/2022/ 1421569_00005.htm　(2024.08.31取得)

内閣府(2021)「令和3年度子供の貧困の状況と子供の貧困対策の実施の状況」.
　　https://warp.da.ndl.go.jp/info:ndljp/pid/12927443/www8.cao.go.jp/kodomonohinkon/taikou/index.html　(2024.08.31取得)

日本精神神経学会・髙橋三郎・大野裕監修(2023)『DSM-5-TR 精神疾患の診断・統計マニュアル』医学書院.

第14章
進路指導とキャリア教育

第1節　キャリアと教育の語源

1-1　キャリアの語源

　学校教育でキャリア教育という言葉を聞き、何を思い浮かべるでしょうか。華々しい経歴や国家公務員試験一種に合格するエリートの姿を想像されましたか。ここでは、キャリア教育をキャリア(career)と教育(education)に分け、辞書で調べてみました。キャリア(career)は「(一生の)経歴」「生涯」「履歴」「個人の職業的経歴(職歴)」「(生涯の、または専門的な)職業」「(職業での)成功、出世」を意味する言葉だと分かりました[1)2)]。次に、キャリア(career)の語源は、荷車(ラテン語のcarrus)が通った後にできる「運搬のための道」(フランス語の「carraria」)、すなわち轍を意味する言葉でした[3)]。

　なぜ、轍から現在の意味するキャリアとなるのかを想像してみましょう。馬車や人間の通った後には轍や足跡が残り、再び多くの馬車や人が通ることでだんだん道はできてきます。やがて、そうした道は競馬場におけるコース(course)や競走場におけるトラック(track)といった「競争するための道」に変化し、さらにそれらを比喩的に発展させ「その道に沿って人が進むこと」という意味になります[4)]。このようにして、キャリア(career)とは人生行路の意味をもつ言葉になったことが分かります。

　なお、キャリア(career)は人がこれまでの過去を振り返るだけではありません。現在及びこれからの未来を方向付けて考える言葉としてキャリアが用いられています。例えば、「人生100年時代のキャリア」[5)]を意識した就職活動や働き方、「個人のQOLを大切にしたキャリア」[6)]として個人の生き方や家族の在り方が挙げられます。キャリア(career)の意味は、人の役割や立場、状況に応じながら時代とともに多種多様であることも分かります。

　このことから、キャリア(career)の捉え方は過去と現在及びこれからの未来をそれぞれ点で捉えるのではなく、それらの点と点を線で繋げたもの(図表1)であることが浮かび上がってきます。

図表1　キャリア

(『ベーシックジーニアス英和辞典』[4]を参考に筆者作成)

1-2　教育の語源

　教育(education)は、狭義には「一定の目的ないし志向のもとに、対象に対する意図的な働きかけ」、広義には「人間形成全体」を意味する言葉だと分かりました[7]。次に、教育(education)の語源は諸説があって解釈が定まってはいませんが、通説によれば、それはラテン語の「educare」という言葉だとされています[8]。「educare」は、「『外へ』という意味をもつ接頭語e-と、『引く』という意味をもつ動詞ducareとの合成語で、『(子供の内側にある)能力を外に引き出す』という意味をもつ」言葉でした。「引き出す」とは、「本人が既に持ってはいるが気づいていないものを引き出す」ための手立てを考えることであり、「能力であれ、考え方であれ、資質であれ、潜在能力であれ、それを本人が自覚し、自分のものにする」まで支え育てることだと考えられます[9]。このように、教育(education)とは生徒の内面や行動を観察し、興味・関心や資質・能力を引き出して育てる意味を持つことが分かります。

1-3　キャリアと教育

　ここでは、筆者が辞書で調べたキャリア(career)と教育(education)の語源から、本章のテーマの1つであるキャリア教育の姿を整理しました。教師は日頃から生徒の内面を観察して、生徒の発達段階に必要なキャリアを歩むことができるように手立てを考え、生徒が自身の経験(下線は筆者)から興味・関心や資質・能力を引き出せるように支え育てること。下線部の経験は、生徒が教育活動において何らかの成果を得ること、そして、それを積み重ねて振り返れるようにしたものを指すと考えています。すなわち、キャリア教育は特定の高い能力を持つ人を育てる教育ではなく、全ての生徒を対象にした教育であることをここでみなさんに明言しておきます。

第2節　進路指導

2-1　職業指導から進路指導への変遷

　キャリア教育と混同しやすい言葉として職業指導や進路指導があります。結論を先に言えば、日本の学校現場ではもともと職業指導が行われていました。やがて、職業指導から進路指導へ、そして、進路指導の課題を解決する形でキャリア教育が生まれてきました。これらの用語の違いや変遷を歴史的な側面から見ていきましょう。

　ここでは、1950年代から1990年代における時代背景とともに中学校から高等学校の進学率と就職率の経年変化（図表2）を確認しましょう。1945年に第二次世界大戦の終戦を迎え、1955年頃までに「わが国経済の復興と再建が進み、その後の経済の高度成長に伴って国民の所得水準も上昇し」[11]、中学校から高等学校の進学率は1950年から1975年にかけて42.5%から91.9%に激増しました。高等教育への進学率は著しく高くなったことが分かります。また、中学校を卒業した生徒の就職率は1950年から1975年にかけて、45.2%から5.9%に激減しました。現在の進路指導は1955年代前半まで職業指導と呼ばれていました[12]。しかし、職業指導という就職を主とした活動は生徒の実態に合わなくなっていることが分かります。職業指導という言葉が「就職を希望する生徒のみを対象とするものであるとの誤解を助長する要因」や「職業教育との混同も招きがち」でした[13]。こうした時代背景を踏まえ、文

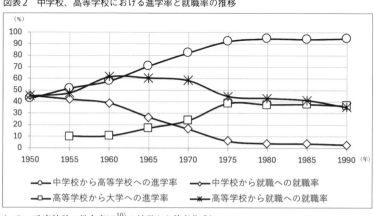

図表2　中学校、高等学校における進学率と就職率の推移

（e-Stat政府統計の総合窓口[10]の結果から筆者作成）

部省＊は1961年に職業指導から進路指導へ呼称変更を行いました[14)15)]。

＊2001年、文部省と科学技術庁が統合して文部科学省が発足した。

2-2　黎明期の進路指導

　先述のとおり、1975年以降になると、中学校から高等学校への進学率が90％を超える状況になりました。この時期の中学校から高等学校への進学指導は「生徒の合格可能性を重視した指導となる傾向が見られた。このため業者テストによる偏差値に過度に依存する傾向や、生徒の進路選択能力が十分育成されないこと、進路指導が生徒の多面的な能力・適性、進路希望等を軽視していることなど」が分かっています[16)]。

　また、高等学校から大学への進学率は1950年代から1975年にかけて約10％から38.4％となり、大学受験の競争が激化しました。このように、「中学校や高等学校では卒業直後の進学・就職のみに焦点を絞り、入学試験・就職試験に合格させるための支援や指導に終始する実践が見られた。特に高等学校普通科のうち一般に『進学校』と呼ばれる学校では、社会的評価の高い大学への合格を目指す指導が顕著となり、このようないわゆる『出口指導』をもって進路指導と呼ぶ傾向」でした[17)]。

　こうした背景を踏まえ、1989年に改訂された中学校学習指導要領解説や高等学校学習指導要領解説では「生徒が自らの生き方（在り方生き方）を考え、主体的に進路を選択することができるよう、学校の教育活動全体を通じ、計画的、組織的な進路指導を行うこと」（文中の（　）は高等学校）のように方針を示しました[18)19)]。さらに、業者テスト及び偏差値に過度に依存した進路指導を抜本的に見直すため、文部省は1993年の2月に文部事務次官通知を発出しました[20)]。さらに、同年の5月に中学校の教員を対象とした研修会を実施し、進路指導の改善に向けた視点として「①学校選択の指導から生き方の指導への転換、②進学可能な学校の選択から進学したい学校の選択への指導の転換、③一〇〇％合格可能性に基づく指導から生徒の意欲や努力を重視する指導への転換、④教師の選択決定から生徒の選択決定への指導の転換」を示しました[21)]。

　このことから、1950年代から1990年代の中学校や高等学校における進路指導は「偏差値を重視した指導」であったことが分かります。そして、本来の進路指導への回帰に向け、中学校の進路指導の在り方を抜本的に改善するための視点が示されました。本来の進路指導である「どういう人間になり、

どう生きていくことが望ましいのか」という「生き方の指導」への転換が提唱されました[22]。本来の進路指導が目指していた姿は、入学から卒業までを見通した長期的展望に立った進路活動であることが浮かび上がってきます。

2-3　進路指導の定義

　ここでは、本来の進路指導が目指していた姿に迫るため、進路指導の定義を文部省が1961年に作成した『進路指導の手引き―中学校学級担任編』を見ていきましょう[23]。

> 　　生徒の①<u>個人資料</u>、②<u>進路情報</u>、③<u>啓発的経験</u>および④<u>相談</u>を通じて、生徒みずから、将来の進路の選択、計画をし、⑤<u>就職または進学</u>して、⑥<u>さらにその後の生活</u>によりよく適応し、進歩する能力を伸長するように、教員が組織的、継続的に援助する過程である。（下線と番号は筆者）

　これまでの進路指導における実践が出口指導と批判を浴びてきたのは、これらの諸活動のうち事実上、就職または進学に焦点が絞られ過ぎていたからでした。本来の進路指導の姿とは、教師は生徒に目先の就職や進学のことだけを考えさせることではなく、生徒が長期的な展望に立ちながら主体的に進路を選択できるように支援することです。

　では、進路指導の具体的な活動を『中学校・高等学校指導の手引き―進路指導主事編』から「進路指導の諸活動」を紹介します[24]。進路活動の名称は進路指導の定義に付した①～⑥に対応しています。さらに、中学校や高等学校で実践されている具体的な例を提示します。具体的な例は筆者の経験などを参考に作成しました[25,26,27,28]。なお、進路活動は必ずしも一方向の流れではなく、時には立ち止まって戻ることも必要です。教師は、生徒がそれぞれの活動に納得し、主体的に進路を選択できるように支援することが大切です。

① <u>個人資料</u>に基づいて生徒理解を深める活動と、正しい<u>自己理解</u>を生徒に得させる活動

　生徒個人に関する諸資料を豊富に収集し、一人一人の生徒の能力・適性等を把握して、進路指導に役立てるとともに、生徒にも将来の進路との関連において自分自身を正しく理解させる活動である。

　　例　・職業レディネステスト等を活用して、自分の個性や適性を知る
　　　　・各行事、小学校や中学校の学びをキャリア・パスポートで振り返る

・自己理解及び他者理解（ジョハリの窓）　・勤労とは何かを考える
　　・30歳までの人生グラフ（ライフ・キャリア・レインボー）を作成する
　　・各教科　・総合的な探究の時間　・特別活動　等

② 進路に関する情報を生徒に得させる活動
　職業や上級学校等に関する新しい情報を生徒に与えて理解させ、それを各自の進路選択に活用させる活動である。
　　例　・ホームルーム　・学年集会　・進路の手引き
　　　・上級学校の調べ活動　・高等学校訪問
　　　・オープンキャンパスや個別相談　・企業の調べ学習
　　　・卒業生講話　・社会人講話　・業者による分野別ガイダンス　等

③ 啓発的な経験を生徒に得させる活動
　生徒に経験を通じて、自己の能力・適性等を吟味させたり、具体的に進路に関する情報を得させたりする活動である。
　　例　・職場体験　・職場見学　・ジョブシャドウイング
　　　・インターンシップ　・学校見学会　・学校説明会
　　　・オープンキャンパス　・体験入学　・国際交流や留学
　　　・研究発表会　・大学訪問　・ボランティア活動
　　　・アントレプレナーシップにかかわる体験　・金銭教育
　　　・農業体験　・総合的な探究の時間　・特別活動など　・各教科　等

④ 進路に関する相談の機会を生徒に与える活動
　個別あるいはグループで、進路に関する悩みや問題を教師に相談して解決を図ったり、望ましい進路の選択や適応・進歩に必要な能力や態度を発達させたりする活動である。
　　例　・担任との個人面談（キャリア・カウンセリング）
　　　・学年や教科担当との二者面談　・保護者を含めた三者面談
　　　・進路指導室での個別相談　・スクールカウンセラーとの相談
　　　・先輩や卒業生との交流　・オープンキャンパスによる個別相談　等

⑤ 就職や進学等に関する指導・援助の活動
　就職、進学、家業、家事従事など生徒の進路選択の時点における援助や斡旋などの活動である。
　　例　・入学者選抜制度（学校推薦型選抜、総合型選抜、一般選抜等）の解説
　　　・進路希望調査の実施　・学費や出願要件（履修科目や資格等）の確認
　　　・求人票（基本給、ボーナスの有無、年間休日等）の見方の解説

- 会社見学の報告書の確認　・自由選択科目や夏期講習等で受験対策
- 志望理由書の添削　・面接のマナー指導
- 調査書や推薦文の作成　等

⑥ 卒業生の追指導に関する指導

　生徒が卒業後それぞれの進路先においてよりよく適応し、進歩・向上していくように援助する。

　　例　・卒業生の実態をアンケートやレポート、電話等で調査する　等

第3節　キャリア教育

3-1　キャリア教育の登場

　日本の経済は、1986年から1991年までバブル景気と言われ、過剰な投資によって資産価値が異常に高騰する経済状況でした。しかし、1991年にはバブル崩壊が起こり、1990年代から2000年代の雇用環境が厳しい時期に就職活動を行う就職氷河期に突入しました。そこで、高等学校や大学を卒業した生徒や学生たちのうち、進学も就職もしていない者の推移(**図表3**)を見ていきましょう。

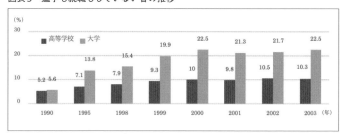

図表3　進学も就職もしていない者の推移

(e-Stat 政府統計の総合窓口[29])から筆者作成)

　まず、「新規高等学校卒業者」では「進学も就職もしていないことが明らかな者」が1990年代には約5%から約9%まで増加しています。また、大学を卒業した「新規大学卒業者」は約5%から約20%に達しています。このことから、卒業した学生の無業、あるいは非正規での雇用状況の高さが伺えます。

　さらに、就職後3年以内における離職の推移(**図表4、図表5**)を見ていきま

しょう。「新規高等学校卒業者」では3年以内の離職率が1990年代後半にかけて約45％以上まで上昇しました。特に、就職してから1年目には約4人に1人が離職していることが分かります。また、「新規大学卒業者」では3年以内の離職率が1990年代後半にかけて約30％まで上昇しており、約3人に1人が離職していることも分かります。

図表4　高等学校卒業者の離職率の推移

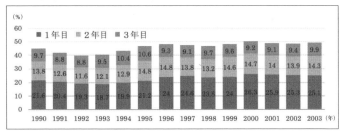

（「学歴別就職後3年以内離職率の推移」[30]から筆者作成）

図表5　新規大学卒業者の離職率の推移

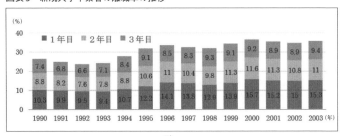

（「学歴別就職後3年以内離職率の推移」[30]から筆者作成）

　このことから、若者は学校から社会や職業への移行を円滑に進められていないことが推測できます。働くことに対して不安を抱えたまま、職業に就く若者は増加していることが考えられます。よって、従来の高等学校や大学への進学を重視した進路指導から、卒業後すなわち就職後も見据えた指導への転換は必要であることが浮かび上がってきます。
　こうした背景を受け、1999年に文部省の中央教育審議会「初等中等教育と高等教育の接続の改善について（答申）」では「学校と社会及び学校間の円滑な接続を図るためのキャリア教育（望ましい職業観・勤労観及び職業に関する知識や技能を身に付けさせるとともに、自己の個性を理解し、主体的に進路を選択する能力・態

度を育てる教育)を小学校段階から発達段階に応じて実施する必要がある」ことを示しました[31]。このように、キャリア教育は若者の就業にかかわる学校から社会への移行の問題を解決するために登場しました。最初の政策は省庁間の連携で「若者自立・挑戦戦略会議」を発足させ、2003年に「若者自立・挑戦プラン」を策定したことです[32)33)]。各学校段階を通じた体系的なキャリア教育等の推進とともに、中学校では生徒が勤労観・職業観を身につけられるよう、5日間以上の職場体験の実施(キャリア・スタート・ウィーク)を導入しました。読者の中にも、経験者は多いのではないでしょうか。その経験は学校から社会への移行の問題に取り組んだ歴史の結果と言えます。

　さて、学校現場では1950年代後半から約半世紀を経た今日でもなお継続して進路指導という定着した用語が用いられています。なぜ、キャリア教育という新たな用語を用いる必要があったのでしょうか。

　これまでの進路指導における実践が「子どもたちの変容や能力・態度の育成に十分結びついていなかったり、『進路決定の指導』や『出口指導』、生徒一人一人の適性と進路や職業・職種との適合を主眼とした指導が中心となりがち」でした[34]。このように、学校現場では「一人一人の発達を組織的・体系的に支援するといった意識や姿勢、指導計画における各活動の関連性や系統性等が希薄であり、子どもたちの意識の変容や能力や態度の育成に十分に結び付いていないといった状況は、あまり改善されていない」といった課題がありました[34]。こうした学校現場が抱えていた進路指導の取り組みにおける課題の解決に向けて、キャリア教育が導入されたと言えます。

　また、進路指導とキャリア教育の両者の違いについては「定義・概念としては、キャリア教育との間に大きな差異は見られず、進路指導の取組は、キャリア教育の中核をなすということができる」[34]や、「進路指導のねらいは、キャリア教育の目指すところとほぼ同じである」と言われています[35]。このことから、キャリア教育は従来の中学校や高等学校における進路指導を包含しており、なおかつ人の生涯を対象として範囲の拡張をしたことが分かります(図表6)。

図表6　進路指導とキャリア教育の差異[36]

第14章　進路指導とキャリア教育

3-2　キャリアの捉え方

　2004年、文部科学省は「キャリア教育の推進に関する総合的調査研究協力者会議報告書～児童生徒一人一人の勤労観、職業観を育てるために～」ではキャリアを「個々人が生涯にわたって遂行する様々な立場や役割の連鎖及びその過程における自己と働くこととの関係付けや価値付けの累積」と捉えました[37]。こうした背景には、D・E・スーパーの「ライフ・キャリア・レインボー」[38]があると言われています(図表7)。

　「ライフ・キャリア・レインボー」は、第一に子ども、学生、余暇人、市民、働く人、家庭人、その他の役割を重複した形でキャリアが形成されるイメージ、第二にそれぞれの役割の円弧が示す黒い帯がその役割に使用する時間やエネルギー、第三にどの時期にどのような役割を重要視するかという生き方や、役割や職業における価値観を表現しています[40]。

　例えば、中学校3年生の15歳時点では、子ども、学生、余暇人の役割に使用する時間やエネルギーは学生が最も大きく、次に子ども、余暇人の順に小さくなると自分自身が認識しています。この時期は、学生として学校で過ごすことが多いため、学校が社会の存在になっていると考えられます。よって、中学校3年生の発達段階で期待される学生、子ども、余暇人としての活動を通じて、自分自身が本来持っている性格や考え方、感情などの個性を大切に

図表7　ライフ・キャリア・レインボー [39]

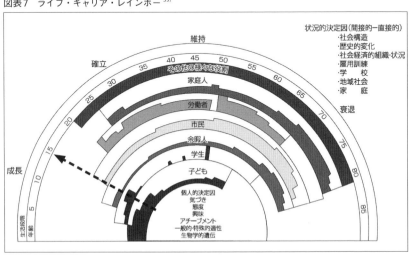

(点線の←は筆者作成)

しながらありのままの自分でいる自分らしさに気づくことが重要となります。

このように、生徒一人一人が生涯を見通して、どの時期にどんな役割を重要視するかという生き方を選択する機会は、「学業生活と職業生活を交互にまたは同時に営むことができる生涯学習社会」[41]の実現に必要不可欠と言えます。

3-3 キャリア教育の定義

2011年、文部科学省の中央教育審議会の「今後の学校におけるキャリア教育・職業教育の在り方について(答申)」(以下、キャリア答申)では、2000年代のキャリア教育は学校現場で中学校の職場体験による体験活動を通じて、「勤労観・職業観の育成のみに焦点が絞られてしまい、現時点においては社会的・職業的自立のために必要な能力の育成がやや軽視されてしまっていることが課題」であることを示しました[42]。

そこで、キャリア教育を以下のように定義しました(**図表8**)。

図表8　キャリア教育の図解

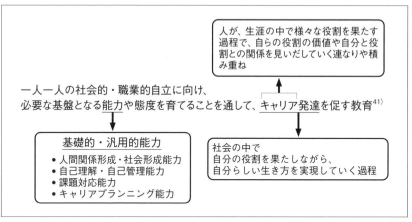

(筆者作成)

まず、「キャリア発達」から見ていきましょう。小学校、中学校、高等学校では子どもの「発達段階」に対応させた「時期」が設けられています。それぞれの「時期」には、子どもたちの発達を促すために必要な項目が「発達課題」としてまとめられています(**図表9**)。このように、「キャリア」は「あ

第14章　進路指導とキャリア教育　251

図表9　キャリア発達の発達段階と発達課題

小学校	中学校	高等学校
進路の探索・選択にかかる基盤形成の時期	現実的探索と暫定的選択の時期	現実的探索・試行と社会的移行準備の時期
・自己及び他者への積極的関心の形成・発展 ・身のまわりの仕事や環境への関心・意欲の向上 ・夢や希望、憧れる自己イメージの獲得 ・勤労を重んじ目標に向かって努力する態度の形成	・肯定的自己理解と自己有用感の獲得 ・興味・関心等に基づく職業観・勤労観の形成 ・進路計画の立案と暫定的選択 ・生き方や進路に関する現実的探索	・自己理解の深化と自己受容 ・選択基準としての職業観・勤労観の確立 ・将来設計の立案と社会的移行の準備 ・進路の現実吟味と試行的参加

(「児童生徒の職業観・勤労観を育む教育の推進について」[43]を参考に筆者作成)

る年齢に達すると自然に獲得されるものではなく、(中略)その発達を促すには、外部からの組織的・体系的な働きかけが不可欠」であることが分かります[42]。

　次に、「能力」を見ていきましょう。キャリア答申の中では「社会的・職業的自立、社会・職業への円滑な移行に必要な力の要素」も具体的に挙げられました(**図表10**)。社会に出てから生活して仕事をする上で必要な専門的な知識・技能を身に付けるためには、小学校、中学校、高等学校で学習する基礎的・基本的な知識・技能が基盤として位置付けられました。そうした基盤の上に様々な教育活動で育成する基礎的・汎用的能力、論理的思考力、創造力、意欲・態度、勤労観・職業観等の価値観が柱になることを示しました。

　このうち、キャリア教育で育成を目指す「基礎的・汎用的能力」とは「分野や職種にかかわらず、社会的・職業的自立

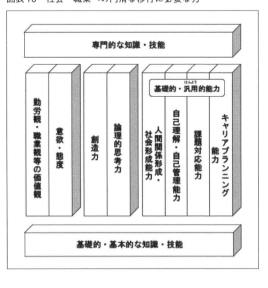

図表10　社会・職業への円滑な移行に必要な力[44]

図表11　基礎的・汎用的能力[44]

能力	説明
人間関係形成・社会形成	多様な他者の考えや立場を理解し、相手の意見を聞いて自分の考えを正確に伝えることができるとともに、自分の置かれている状況を受け止め、役割を果たしつつ他者と協力・協働して社会に参画し、今後の社会を積極的に形成することができる力
自己理解・自己管理	自分が「できること」「意義を感じること」「したいこと」について、社会との相互関係を保ちつつ、今後の自分自身の可能性を含めた肯定的な理解に基づき主体的に行動すると同時に、自らの思考や感情を律し、かつ、今後の成長のために進んで学ぼうとする力
課題対応	仕事をする上での様々な課題を発見・分析し、適切な計画を立ててその課題を処理し、解決することができる力
キャリアプランニング	「働くこと」の意義を理解し、自らが果たすべき様々な立場や役割との関連を踏まえて「働くこと」を位置付け、多様な生き方に関する様々な情報を適切に取捨選択・活用しながら、自ら主体的に判断してキャリアを形成していく力

に向けて必要な基盤となる能力」(図表11)です。基礎的・汎用的能力をどの程度身に付けさせるかは、学校や地域の特色、生徒の発達段階や実態によって異なります。このことから、キャリア教育ではそれぞれの「発達段階」で達成が必要な「発達課題」を参考にしつつ、教育課程全体を通じて、社会的・職業的自立、社会・職業への円滑な移行に必要な力の育成が求められていると分かります。

第4節　学習指導要領におけるキャリア教育

中学校では2021年に、高等学校では2022年から新学習指導要領が全面実施されています。新学習指導要領ではキャリア教育を効果的に展開していくために、特別活動のホームルーム活動を要としながら、学校の教育活動全体を通じて、必要な資質・能力の育成とともに「キャリア形成」につなげていくことが明示されました。なお、「キャリア形成」とは「社会の中で自分の役割を果たしながら、自分らしい生き方を実現していくための働きかけ、その連なりや積み重ね」のことです[45]。ここでは、特別活動におけるキャリア教育で育成すべき資質・能力や内容、具体的な活動例を見ていきましょう。

【資質・能力】[45)46)]

社会の中で自分の役割を果たしながら、自分らしい生き方を実現していくことの意義や、現在の学習と将来の社会・職業生活とのつながりを考えるために、必要な知識及び技能を身に付けるようにする。		中学校 高等学校
現在の自己の学習と将来の生き方や進路についての課題を見いだし、主体的に学習に取り組み、働くことや社会に貢献することについて、	適切な情報を得ながら考え、自己の将来像を描くことができるようにする。	中学校
	適切な情報を得ながら考え、自己の将来像を描くとともに自らの意思と責任で進路の選択決定ができるようにする。	高等学校
将来の生き方を描き、現在の生活や学習の在り方を振り返るとともに、働くことと学ぶことの意義を意識し、社会的・職業的自立に向けて自己実現を図ろうとする態度を養う。		中学校 高等学校

【内容】[45)46)]

(3) 一人一人のキャリア形成と自己実現	
中学校	高等学校
ア 社会生活、職業生活との接続を踏まえた主体的な学習態度の形成と学習図書館等の活用	ア 学校生活と社会的・職業的自立の意義の理解 イ 主体的な学習態度の確立と学習図書館等の活用
現在及び将来の学習と自己実現とのつながりを考えたり、自主的に学習する場としての学校図書館等を活用したりしながら、学ぶことと働くことの意義を意識して学習の見通しを立て、振り返ること。	現在及び将来の生活や学習と自己実現とのつながりを考えたり、社会的・職業的自立の意義を意識したりしながら、学習の見通しを立て、振り返ること。 自主的に学習する場としての学校図書館等を活用したりし、自分にふさわしい学習方法や学習習慣を身に付けること。
イ 社会参画意識の醸成や勤労観・職業観の形成	ウ 社会参画意識の醸成や勤労観・職業観の形成
社会の一員としての自覚や責任をもち、社会生活を営む上で必要なマナーやルール、働くことや社会に貢献することについて考えて行動すること。	
ウ 主体的な進路の選択と将来設計	エ 主体的な進路の選択決定と将来設計
(適性やキャリア形成などを踏まえた教科・科目を選択することなどについて、) 目標をもって (持って)、生き方 (在り方生き方) や進路に関する適切な情報を収集・整理し、自己の個性や興味・関心と照らして考えること。	

(　) は高等学校の文言

【具体的な活動例】[45) 46)]

中学校	高等学校
ア 社会生活、職業生活との接続を踏まえた主体的な学習態度の形成と学校図書館等の活用	ア 学校生活と社会的・職業的自立の意義の理解 イ 主体的な学習態度の確立と学習図書館等の活用
・充実した人生と学習、学ぶことや働くことの楽しさと価値、学ぶことと職業などについての題材を設定し、保護者や卒業生など自分の身の回りの人、地域の職業人などの体験談などを取り入れながら、自分なりの考えをまとめ、発表したり、互いに話し合ったりすること ・学習意欲と学習習慣、自ら学ぶ意義や方法などについて題材を設定するとともに、小学校から現在までのキャリア教育に関わる諸活動について、学びの過程を記述し振り返ることができるポートフォリオの作成と活用を通して、自身の成長や変容を自己評価したり、将来の社会生活や職業生活を展望したりする活動	・充実した人生と学習、学ぶことと職業などについての題材を設定し、保護者や卒業生など自分の身の回りの人、実社会で活躍する職業人などの体験談などを取り入れながら、自分自身の将来像の実現や、理想と現実などの課題解決に関わって自分なりの考えをまとめ、発表したり、互いに話し合ったりすること ・小学校から中学校、現在までのキャリア教育に関わる諸活動について、学びの過程を記述し振り返ることができるポートフォリオの作成と活用を通して、自身の成長や変容を自己評価したり、将来の社会生活や職業生活を展望したりする活動 ・学習意欲と学習習慣、自ら学ぶ意義や方法などについて題材を設定し、教科担任の教師との連携の下で、生徒が主体的、意欲的に取り組むことができた教科・科目等の学習などについて、学習過程を振り返りながら、できた理由などについて話し合う活動
イ 社会参画意識の醸成や勤労観・職業観の形成	ウ 社会参画意識の醸成や勤労観・職業観の形成
・自分の役割と生きがい、働く目的と意義、身近な職業と職業選択などの題材を設定し、調査やインタビューを基に話し合ったり、発表やディベートを行ったりなどの活動 ・学校行事として実施する職場体験活動、介護体験、あるいは職業人や福祉団体関係者を招いての講話等との関連を図りながら、それらの事前、事後の指導として、調査や体験の振り返りをもとに話し合い、感想文の作成、発表などの活動	・職業と仕事、働くことの意義と目的、職業生活、働くことと生きがいなどについて題材を設定し、調査やインタビューを基に話し合ったり、発表や討議・ディベートを行ったりするなどの活動 ・家庭や地域との連携を深めながら、保護者や地域の職業人の職業や勤労にかかわる体験を聞いたり、学校行事などでの事業者や福祉施設等における就業体験活動やボランティア体験などの事前、事後の指導として、調査、話合い、感想文の作成、発表を行ったりといった活動

第14章 進路指導とキャリア教育

ウ　主体的な進路選択と将来設計	エ　主体的な進路の選択決定と将来設計
• 高等学校などの進路に関する情報だけでなく、職業や働き方、生き方に関する情報などを活用する活動や、自分の夢や希望、人生と生きがい、将来設計などについての題材を設定し、自分の将来を見通すことが考えられる。夢や希望を描くことが難しい生徒への配慮も求められる。また、地域の職業人や福祉団体関係者の講話や感想文等を活用した展開や、体験に基づく発表、話合いなど	• 就職や進学などに関する情報だけでなく、人生と生きがい、30年後の私など、人生100年時代における学び直しを含めた自己の将来について題材を設定し、地域の職業人や福祉団体関係者等の講話とその感想文の作成、発表、話合いといった活動の展開、ライフプランの作成や進路計画の立案を行い、発表する活動
	• 志望校や志望職業の選択、進路の選択と私の悩みなどについて題材を設定し、志望校や希望職業の選択について、進路目的の明確化、目的実現のための選択肢（各学部・学科各企業の特色など）の理解、各選択肢で求められる選択の条件や必要な努力についての理解、選択理由の明確化、選択の結果とその受け止め方など、選択のためのスキルを学ぶ学習
	• 選択教科・科目の理解と私の選択、先輩に学ぶ類型やコースの選択、などについて題材を設定し、選択教科・科目をどのような視点で選択したらよいかを話し合ったり、どのような理由で、どのような類型、コースを選択しようとしているかを互いに発表し合ったりする活動

（筆者が下線を加筆し、前田・関口（2020）[47]を参考に作成）
～～～：主題、━━：活動1（中心的な活動）、──：活動2（生徒の活動）を示す。

【引用文献】
1) 小西友七・南出康生（2007）『ジーニアス英和辞典 第4版』p. 300.
2) 下中直人（2007）『世界大百科事典7』p. 165.
3) 吉沢典男・石綿敏雄（1979）『外来語の語源』pp. 125-126, p. 151.
4) 小西友七・原川博善（2002）『ベーシックジーニアス英和辞典』p. 210.
5) NHK（2022）「就活ニュース人生100年時代のキャリア（1）わたしたちが意識すべきことって何？」.
https://www3.nhk.or.jp/news/special/news_seminar/syukatsu/syukatsu949/
（2024.08.10取得）
6) 畑野宏（2023）「人生100年時代、何を大切にして生きるか」『第一生命経済研レポート』
pp. 14-15.　https://www.dlri.co.jp/files/dlri/290298.pdf　（2024.08.10取得）
7) 前掲（2）p. 240.
8) 『日本大百科全書（ニッポニカ）』ジャパンナレッジ．

https://japanknowledge.com/psnl/display/?lid=1001000063767 （2024.08.10参照）.
9) 奥貞二 (2022)『ラテン語・ギリシア語由来の言葉』三重大学出版会, p. 7.
10) e-Stat政府統計の総合窓口.
11) 文部科学省 (1992)「五 高等教育の量的拡大」『学制百年史』.
https://www.mext.go.jp/b_menu/hakusho/html/others/detail/1317824.htm （2024.08.10取得）
12) 文部科学省 (2011)「第1章キャリア教育とは何か 第3節 キャリア教育と進路指導」『高等学校キャリア教育の手引き』p. 39.
13) 前掲 (12) p. 40.
14) 文部省 (1955)『職業指導の手引き―管理・運営編』日本職業指導協会.
15) 文部省 (1961)『進路指導の手引き―中学校学級担任編』日本職業指導協会.
16) 文部科学省 (1992)「第四節 生徒指導・進路指導の充実 二 進路指導の充実」『学制百二十年史』.
https://www.mext.go.jp/b_menu/hakusho/html/others/detail/1318324.htm （2024.08.10取得）
17) 前掲 (12) p. 39.
18) 文部省 (1989)「中学校学習指導要領」「第1章 総則 第6款 指導計画の作成等に当たって配慮すべき事項」.
https://erid.nier.go.jp/files/COFS/h01j/chap1.htm （2024.08.10取得）
19) 文部省 (1989)「高等学校学習指導要領」「第1章 総則 第6款 指導計画の作成等に当たって配慮すべき事項」.
https://erid.nier.go.jp/files/COFS/h01h/chap1.htm （2024.08.10取得）
20) 文部省 (1993)「高等学校入学者選抜について（通知）」.
https://www.mext.go.jp/a_menu/shotou/kaikaku/04120702/001.htm （2024.08.10取得）
21) 初等中等教育局職業教育課 (1993)「中学校の進路指導の現状と課題」『文部時報』No. 1402, pp. 57. https://dl.ndl.go.jp/pid/2227872/1/30 （2024.08.10取得）
22) (前掲12) p. 40.
23) 文部省 (1961)『進路指導の手引き―中学校学級担任編』日本職業指導協会.
24) 文部省 (1994)『中学校・高等学校指導の手引き―進路指導主事編』.
25) 黒川雅幸 (2019)「進路指導における6つの活動の現状と課題」『愛知教育大学研究報告 教育科学編 68』pp. 59-64.
26) 文部科学省 (2011)「第3章 中学校におけるキャリア教育の実践」『中学校キャリア教育の手引き』pp. 115-191.
27) 前掲 (12)「第3章 高等学校におけるキャリア教育の実践」pp. 128-233.
28) 文部科学省 (2023)「第5章 キャリア教育の実践」『中学校・高等学校キャリア教育の手引き』pp. 115-198.
29) e-Stat政府統計の総合窓口.
30) 厚生労働省 (2023)「新規学卒就職者の在職期間別離職率の推移」「［グラフ］学歴別就職後3年以内離職率の推移」.
https://www.mhlw.go.jp/content/11800000/001318986.pdf （2024.08.10取得）
31) 文部省 (1999)「初等中等教育と高等教育の接続の改善について（答申）」「第6章 学校教育と職業生活との接続」.
https://www.mext.go.jp/b_menu/shingi/chuuou/toushin/991201g.htm （2024.08.10取得）
32) 前掲 (12) pp. 11-12.
33) 文部科学省 (2003)「教育・雇用・産業政策の連携強化等による総合的な人材対策とし

て『若者自立・挑戦プラン』」.
https://www.mext.go.jp/component/a_menu/education/detail/__icsFiles/afieldfile/2015/04/03/1234098_001.pdf （2024.08.10取得）
34）文部科学省（2004）「キャリア教育の推進に関する総合的調査研究協力者会議報告書〜児童生徒一人一人の勤労観・職業観を育てるために〜」pp. 14-15.
https://www.mext.go.jp/b_menu/shingi/chousa/shotou/023/toushin/04012801/002/010.pdf （2024.0810取得）
35）中央教育審議会（2011）「今後の学校におけるキャリア教育・職業教育の在り方について（答申）」「第3章 後期中等教育におけるキャリア教育・職業教育の充実方策」p. 54.
https://warp.ndl.go.jp/info:ndljp/pid/11402417/www.mext.go.jp/component/b_menu/shingi/toushin/__icsFiles/afieldfile/2011/02/01/1301878_1_1.pdf （2024.08.10取得）
36）前掲（12）p. 44.
37）前掲（34）p. 7.
38）Nevill, D. D. & Super, D. E.（1986）*The Values Scale: Theory, Application. and Reserch, Manual,* Consulting Psychologists Press.
39）前掲（12）p. 35.
40）三村隆男（2008）『キャリア教育入門』実業之日本社，pp. 40-41.
41）前掲（35）「はじめに」p. 1.
42）前掲（35）「第1章 キャリア教育・職業教育の課題と基本的方向性」pp. 16-18.
43）国立政策研究所（2002）「児童生徒の職業観・勤労観を育む教育の推進について（調査研究報告書）」pp. 47-48.
https://www.nier.go.jp/shido/centerhp/22career_shiryoushu/2-08.pdf （2024.08.10取得）
44）前掲（35）pp. 22-27.
45）文部科学省（2018）「高等学校学習指導要領（平成30年告示）解説 特別活動編」pp. 52-58.
46）文部科学省（2018）「中学校学習指導要領（平成29年告示）解説 特別活動編」pp. 57-62.
47）前田善仁・関口洋美（2020）『中学生・高校生のこころと特別活動』p. 83.

【参考文献】
藤田晃之（2014）『キャリア教育基礎論―正しい理解と実践のために』実業之日本社.
藤田晃之（2018）『MINERVA はじめて学ぶ教職⑲キャリア教育』ミネルヴァ書房.
藤田晃之・森田愛子（2021）『新・教職課程演習第8巻 特別活動・生徒指導・キャリア教育』協同出版.
望月由起（2021）『学生・教員・研究者に役立つ 進路指導・キャリア教育論―教育社会学の観点を交えて』学事出版.
吉田浩之（2021）『学習指導要領対応（令和版）生徒指導・キャリア教育』北樹出版.

【キャリア・カウンセリングを学びたい人へ】
国立政策研究所（2016）『「語る」「語らせる」「語り合わせる」で変える！キャリア教育：個々のキャリア発達を踏まえた"教師"の働きかけ―』，https://www.nier.go.jp/shido/centerhp/career_jittaityousa/career-report_pamphlet3.htm （2024.0810取得）
三村隆男（2024）『生徒の心に寄り添う進路指導の言葉かけ―キャリア・カウンセリングの視点を生かして―』，東洋館出版.

終章

地域と一体となって解決する

第1節　「チーム学校」

1-1　「チーム学校」の定義

　2015年12月、中央教育審議会答申「チームとしての学校の在り方と今後の改善方策」が出され、「チーム学校（チームとしての学校）」をめぐる議論が活発化し、「アクティブ・ラーニング」とともに、文部科学省の教育政策用語として一般の学校に浸透するようになりました。2017年3月、「義務教育諸学校等の体制の充実及び運営の改善を図るための公立義務教育諸学校の学級編制及び教職員定数の標準に関する法律等の一部を改正する法律案」が国会で可決・成立しましたが、これは「チーム学校（チームとしての学校）」を推進するための立法措置の一環です。

　なお、「チーム学校」という教育政策用語ですが、中央教育審議会答申の文書のタイトルでは「チームとしての学校」となっています。しかし、国会会議録を見ると、「チーム学校」と表現する場合も見られ、文部科学省の各種公式文書でも「チーム学校」という表記も見られるなど、混在しています。同省による統一表記は存在していないと考えることが妥当なようです。本稿では、「チームとしての学校」は「チーム学校」の同義語として解釈し、どちらも「チーム学校」として表記していきたいと思います。

　「チーム学校」の実現や義務教育標準定数法改正は、アクティブ・ラーニングを実践するための国による公教育の条件整備です。さらに、いじめ・不登校など、複雑化する諸問題を組織的に対応できる学校経営が求められています。

　さらに、年々複雑化・増大化する業務に対応できる人材・人員の確保が不可欠となっています。具体的な施策としては、教員以外の専門職、例えば、スクールカウンセラー、スクールソーシャルワーカー、学校司書、特別支援教育支援員、部活動指導員などを公費雇用によって積極的に配置し、教員の業務負担軽減を図ることがあげられます。

2015年12月に中央教育審議会答申『チームとしての学校の在り方と今後の改善方策について』が出されました。同答申の12頁に、「チームとしての学校」像として、以下のように述べられています。「校長のリーダーシップの下、カリキュラム、日々の教育活動、学校の資源が一体的にマネジメントされ、教職員や学校内の多様な人材が、それぞれの専門性を生かして能力を発揮し、子供たちに必要な資質・能力を確実に身に付けさせることができる学校」。つまり、「チーム学校」の定義ともいえる解釈文が示されています。

1-2 「チーム学校」と関連法規

2017年3月、義務教育標準定数法改正の法案が国会で可決され、同年4月、改正学校教育法が施行されました。学校教育法第37条14項「事務職員は、事務に従事する」という規定が、「事務職員は、事務をつかさどる」となりました。これは、専門職としての事務職員の位置づけを意図した法改正です。日本の初等・中等教育の学校現場では、教員が事務労働を担うことが多く、教材研究(授業準備)などに専念できない状況があります。事務職員の増員とともに、法における職務規定の見直しにより、教員の労働環境の改善を図ることが意図されていることがわかります。

また、2017年4月、学校教育法施行規則第65条の改正により、スクールカウンセラーやスクールソーシャルワーカーの職務が省令で規定されました。前者は「学校における児童の心理に関する支援に従事する」、後者は「児童の福祉に関する支援に従事する」となり、学校司書と同じく、「従事する」職員としての位置づけです(法令用語の「従事する」ですが、「掌る」と規定される「職員よりも下級の職員の職務内容を表す」という意味で使い分けられています)。

このような関連法規の下に、少しずつ「チーム学校」の体制づくりが進んできました。その一方で、その組織の運用はどうなっているのでしょうか。

1-3 運用の現状(問題)

大澤(2016)は、スクールカウンセラーやスクールソーシャルワーカーとの連携について次のようなヒアリングを現場教員から得ています。

> 連携・協力の相手として各種の専門家が教員の意識にのぼりにくい理由は、所定の手続きを踏まないと相談ができないことや、すでに学校に入っている場合でも不定期であるということであった。それとは反対に定期的なので相談の内容や時期が限定され、関わりも限定された

形になるという話も聞かれた。制度不備などの問題はあるものの相談の機会を十分に活用できず、専門家が未だ遠い存在である理由の1つは、教員の養成・研修の過程でスクールカウンセラーなどの仕事や役割を理解する機会が少なく、連携・協力の意味や有効性を実感した経験がないことにある。

このようなヒアリングの結果、スクールカウンセラーやスクールソーシャルワーカーは、常駐の学校もあれば、不定期訪問の学校もあって、すぐに相談ができない状態にあることや、教員がどんな時にどのように活用すればいいのかの研修が十分に行われていないため、連携・協力が取りにくいという課題が浮き彫りになっているようです。

そのような中で、地域との連携を行い、課題解決をした事例から、「チーム学校」の姿を別の角度から考えてみたいと思います。

第2節　地域との連携による「チーム学校」

この節では、A中学校の校長先生が、地域の協力を得て、生徒が引き起こしていた問題を解決した事例をとおして学んでいきたいと思います。以下、「事件の詳細」に紹介する事例は、第4章の執筆者である山川氏から紹介いただいたものです。

【事件の詳細】
　A中学校では、夕方以降にほぼ毎日のように近くの団地から匿名の苦情の電話が入る。「中学生10人位が、団地内のエレベーターを使って鬼ごっこをしていて迷惑している」「今、中学生らしい3人組が原付バイク2台で走り回っている」、「団地の公園で食べたもののゴミを散らかしている」「タバコを吸っている中学生がいる」「団地内で花火をしていて、何かを燃やしている中学生がいる」等々である。そのたびに複数の教員が団地に出向き、対応し、生徒たちに注意や指導を繰り返している。
　また、違法行為については、地域の交番にも通報し、警察官から直接注意してもらったり、夜間のパトロール等も要請したりしているが、職員や警察官が駆けつけた時は、その行為を直接目撃できず、タバコの吸い殻やゴミなどは、通報の通り散らかっている状態であった。通報した

と思われる住民は、仕返し等を恐れて、決して外へは出てこないし、目の前で証言してくれることは望めない状態である。

職員は、そのつどタバコの吸い殻や、ゴミ・花火の燃えかす等の後片付けをしながら、周囲に留まっている生徒たちへ、注意をするとともに最寄りの警察署へ通報したことを伝えている。通報されたことを聞くと、生徒たちは一旦解散するが、しばらくするとまた集まる。そのため、なかなか効果は見られない。

さらに、教職員はもちろん、PTA校外指導委員会の保護者の方々の協力も得て深夜のパトロールを実施したが、なかなか非行の現場を押さえることはできない状態が続いている。また、日によっては、夜の10時近くに学校に苦情電話がかかってくることもあり、学校職員も進路事務はもちろん、授業の準備、また大切な成績処理等、様々な学年・学級の事務処理も落ち着いてできない状況となっている。

各担任も関係する生徒の保護者に来校してもらい、住民に迷惑をかけるので、なるべく団地周辺には行かないよう家庭での注意や指導をお願いしたが、保護者は、自分の息子を問い詰めると、「俺は、ただ友達と団地に遊びに行っているだけ。自分は悪いことはしていない」と答え、ほとんどの保護者も手を焼いている状態である。

保護者の中には、自分の子どもの前で「団地には商店もあるし、友達も住んでいるし、公園もある。子どもが団地に行って何が悪いのですか？」と反論する人もいて、なかなか指導が通らず、沈静化できない。

さらに、困ったことに最近では、他校の生徒と思われる者も5～6人見かけるようになった。自治会長さんの話では、「団地の住民の中には、病気で寝たきりのお年寄りがいて、夜は怖くて寝られなかったり、すでに引っ越したりする世帯も数件出ている」。また、「自治会で100万円かけて若い人が嫌がるモスキートという超音波装置を設置したが、生徒たちも違和感があったのか場所を少し移動して相変わらず騒いでいる状態になった」。

このように事件は校外の住民を巻き込んだ事例です。A中学校の校長先生は、苦情の電話があるたびに、現場に先生方を出向かせ、ゴミ拾いとともに、現場に残っている生徒へ、指導を行っていますが、なかなか問題解決には向かって行きませんでした。

そこで、校長先生は合計66回の現場への出動回数のたびに、その日時と細かな状況記録(散乱するごみの状況を示す写真撮影を指示する)とともに、その現場に居た生徒の人数と名前も記録してもらいました。また、他校生徒についても、生徒同士の何気ない会話を記録し、他校の生徒指導担当と連携し学年や名前を特定していきました。その結果、A中学校の生徒で該当する行為を行った生徒は18名、他校の生徒は四つの中学校の生徒で合計7名だと判明しました。

校長先生は、解決に向けて関係する生徒への個別指導の継続と
- 地域の派出所の警察官にパトロールの依頼
- 団地の自治会長には、被害や困りごとの集約
- 団地の自治会役員さんたちとの会議
- 関係する生徒の保護者との対話と協力依頼(他の中学校にも依頼)

を重点的に実施しました。解決に向けて決定的だったのは、被害を受けている住民の方々、該当する生徒とその保護者、関係する中学校の校長先生はじめ多くの先生方が一堂に会し、「地域の方の切実な声を聴く会」でどれだけ団地の住民が困っているのかを直接訴えたことだったそうです。

この文面から想像すると、加害者側の生徒と保護者を責める会が想像されますが、そうならないように、配慮されたそうです。例えば、提示した現場の写真の顔にはすべてモザイクをかけたそうです。また、今回はあえて警察関係者には出席を依頼せず、住民が本当に困っている現状だけを伝えて、生徒や保護者には注意や文句は言わないように心がけ、一緒に考えてもらうような会にしたそうです。その結果、保護者もこれまで我が子から聞いていた話と異なり、深刻な迷惑行為を行っていた事実を理解されたそうです。この会を境に、団地における非行行為はなくなったそうです。

このように、実際の事例から「チーム学校」を当てはめてみると、
- 学校……学校長、教頭、生徒支援部メンバー、学年主任、担任教員
- 警察……少年係や地域の派出所の警察官
- 自治会……団地の自治会長、副会長、役員、住民代表
- 地域の諸団体……地域教育力ネットワーク協議会、少年補導員連絡協議会
- 他校……4校の学校長や生徒指導担当教員、関係生徒の担任教員

のように、関係者は20名以上に及んでいることがわかります。さらには、仕返しを恐れて、名前や姿を現しにくい被害を受けた地域住民の協力もあっ

たことが理解できると思います。

　思春期、反抗期を迎えなかなか指導が行き届かない年齢の生徒たちに、じっくりと時間をかけて、地域の苦情を受けとめ、解決に向けて動いたA中学校とその校長先生の行動には、感動すら覚えます。

　第1節では、学校職員の他に、スクールカウンセラーやスクールソーシャルワーカーを加えたり、事務手続きや部活動指導の工夫をしたりする、チーム学校を見てきましたが、第2節では、教職員や学校内の多様な人材で結成されたチームと、団地の自治体役員さんとの連携によるチームとが一体となって、学校・地域の人材や関係諸機関を巻き込んだ、チームを結成し、解決に向かっていったことが理解できると思います。文科省が述べる「教職員や学校内の多様な人材で結成されたチーム」を狭義の「チーム学校」と位置付けるならば、「学校職員と、地域の人材や資源を活用したチーム」を広義の「チーム学校」と位置付けてもいいのではないでしょうか。
　その流れが、「コミュニティスクール」の拡大へとつながっているように考えます。

　最後に、本書は教員を志望する学生、学校現場の若い教師、ベテランの教師の新しい知見となることを念頭に、豊富な事例とともに書かれています。読書の皆さまへの一助となることを祈念いたします。

【参考/引用文献】
中央教育審議会答申「チームとしての学校の在り方と今後の改善方策」2015年12月．https://www.mext.go.jp/b_menu/shingi/chukyo/chukyo0/toushin/__icsFiles/afieldfile/2016/02/05/1365657_00.pdf （2024.08.31検索）
角田禮次郎ほか編『法令用語辞典 第10次改訂版』学陽書房，2016年，p. 562．
大澤克美「第4章 チームアプローチの可能性を切り拓く教育の意識転換」松田恵示ほか編『教育支援とチームアプローチ：社会と協働する学校と子ども支援』書肆クラルテ，2016年，p. 51．

──索引──

【あ】

ICTコーディネーター ─── 20
ICTツール ─── 141
アウトリーチ型支援 ─── 169, 175, 176, 179, 180
アクティブ・ラーニング ─── 259
アセスメント ─── 88, 215, 218
あへん法 ─── 102, 103
いじめ ─── 15, 17, 18, 63-78, 87, 92, 124, 126, 161, 167, 170, 210, 234, 259
いじめの構図 ─── 70-72, 76
いじめの定義 ─── 63, 64, 65, 69, 73, 74
いじめ防止基本方針・学校いじめ防止基本方針・横浜いじめ防止基本方針 ─── 17, 18, 77
いじめ防止対策委員会・学校いじめ防止対策委員会 ─── 15, 17, 18
いじめ防止対策推進法 ─── 17, 65, 67, 74, 210
異食症 ─── 232
生命(いのち)の安全教育 ─── 203, 212
医薬品医療機器等法 ─── 103, 104
インターネット ─── 65, 75, 98, 105, 183-203, 208, 238
インターネット環境整備法 ─── 187, 201
うつのサイン ─── 138
うつ病 ─── 136, 200, 230-232
ADHD(注意欠如多動症) ─── 91, 93, 219, 220-225
エコーチェンバー現象 ─── 195
SNS ─── 59, 98, 184, 187, 191, 194-196, 199, 200, 204, 207, 212, 213

MDMA ─── 97, 100, 106
LSD ─── 97, 106
LGBTQ ─── 57, 209, 210
オーバードーズ(OD) ─── 104-107

【か】

外国人児童生徒受入れの手引き ─── 238, 239
回避・制限性食物摂取症 ─── 232
覚醒剤 ─── 95-98, 100, 102
覚醒剤取締法 ─── 95, 102
学習指導要領 ─── 32, 33, 35, 141, 160, 203, 212, 244, 253
学習障害(LD) ─── 219, 221, 222
学年別加害児童生徒数 ─── 82
課題未然防止教育 ─── 86, 88
課題予防的生徒指導 ─── 86-88
学級担任の役割 ─── 36
学校いじめ防止基本方針 ─── 18, 77
学校インターンシップ ─── 10, 11
学校運営組織 ─── 15
学校教育法 ─── 32, 59, 150-155, 228, 260
学校教育法施行規則 ─── 32, 151-155, 260
学校組織体制 ─── 77
学級経営 ─── 8, 9, 13, 31, 33, 34, 36, 38, 40, 76, 77
家庭訪問 ─── 18, 27, 28, 78, 93, 127, 160, 169, 176, 180, 234, 235
『カプラン 臨床精神医学テキスト』 ─── 220-222, 231, 232
GIGAスクール ─── 177, 186
危機管理体制 ─── 55
危険ドラッグ ─── 97, 103, 104

索引 265

希死念慮（きしねんりょ）　134, 142
義務教育諸学校　151, 259
キャリア教育　33, 34, 48, 49, 241-243, 247-258
休学　154, 155, 160
教育機会　172-178
教育基本法　7, 150
教育支援センター　168, 169, 172, 173-177, 179, 180, 182
教育相談　37, 51-53, 62, 76, 80, 91, 141, 146, 172
教育の機会の確保　173, 174
共感的な人間関係　34, 40
教科学習支援員制度　11
「きょうしつ」というキャッチフレーズ　140
限局性恐怖症　232
クイア　209
靴下の色　58, 59
ぐ犯少年　85
訓告　152
ゲイ　209
ゲートキーパー　105, 106, 138, 139
ゲーム依存　185, 197, 198, 201
原級留置　157, 158, 160
向精神薬　96, 97, 100, 101
校則　57, 58
高卒程度認定試験　157, 158, 161, 163
校内教育支援センター　177
「校内ハートフル」事業　18
校内暴力　50, 79, 80
校務分掌　15-17, 20, 47, 48
コカイン　97, 100
国際数学・理科教育動向調査（TIMSS）　42, 43

心アンテナ　223-225
こども家庭センター　236
こども家庭庁　120, 121, 135, 183, 237
子どもに対するしつけのための体罰等の意識・実態調査結果報告書　119
子どもの貧困　73, 237
個別の教育支援計画　229
困難課題対応的生徒指導　86-88
コンピュータシステム・モデル(CSM)　222, 223

【さ】

サイバー犯罪　189
自己決定の場　34
自己肯定感　18, 35
自己存在感　34
自殺　64, 66-69, 71, 73, 74, 110, 131-147
自殺企図・自殺念慮　134, 231
自殺総合対策大綱　135
自殺対策基本法　131, 134, 135
自傷行為　134, 137, 146
しつけ　73, 115, 119, 126
児童虐待　73, 87, 113-129
児童虐待防止法　115, 116, 120, 124
児童生徒の問題行動・不登校等生徒指導上の諸課題に関する調査　79, 133, 152, 158, 165
児童相談所　55, 85, 87, 111, 113, 114, 116, 117, 122-125, 127, 128, 144, 145, 208, 229, 235
児童の権利　116, 118, 234, 235
自閉症　219
自閉スペクトラム症(ASD)　219, 222, 223

社交不安症 ―― 232
重層的支援構造 ―― 86, 93
出席停止 ―― 75, 81
守秘義務 ―― 55, 117
障害者差別解消法 ―― 216
障害者の権利に関する条約 ―― 216, 217, 228
小中一貫の日 ―― 48
小中連携教育推進会議 ―― 48
情緒障害 ―― 233
少年事件 ―― 84, 85
情報モラル教育 ―― 187, 190-194, 201, 202
情報リテラシー ―― 191, 201
神経性過食症 ―― 232
神経性やせ症 ―― 232, 233
身体的虐待 ―― 107, 114-117, 119, 123, 126
心理的虐待 ―― 114-117, 126, 128
心理的視野狭窄 ―― 136
進路指導 ―― 34, 241, 243-245, 248-249
スクールカウンセラー（SC）―― 15, 52, 53, 55, 67, 86, 91, 93, 108, 122, 160, 175, 178, 197, 227, 234, 246, 259-261, 264
スクールサポートスタッフ（SSS）―― 49, 86
スクールソーシャルワーカー（SSW） ―― 53, 86, 175, 227, 234, 237, 238, 259-261, 264
「すぐーる」 ―― 20
スマートフォン ―― 20, 89, 183, 187, 190, 191, 193, 194, 196, 201, 207, 208, 225
精神疾患 ―― 118, 141, 219, 230, 232, 233, 238
生成AI ―― 189, 190

性的虐待 ―― 114-116, 123
性的マイノリティ ―― 210, 211
性同一性障害 ―― 209-211
生徒間暴力 ―― 55, 80, 81, 91-93
生徒指導提要 ―― 14, 43, 47, 57, 85, 86, 88, 208, 215
生徒指導の4層構造 ―― 86
性犯罪 ―― 203, 204, 206, 208, 212
性暴力 ―― 101, 203, 204-208, 212
セクシュアルハラスメント（セクハラ）―― 204, 207, 213
摂食障害 ―― 232
総合的な学習（探究）の時間 ―― 44
SOGI（性的指向と性自認）―― 209, 210

【た】

対教師暴力 ―― 80, 81, 89, 93
体罰 ―― 59-61, 62, 65, 115, 117, 119, 120, 126, 151
大麻（マリファナ）―― 95-98, 100, 101, 106-108, 111, 112
大麻取締法 ―― 95, 96, 101
ダルク ―― 107, 108
チーム学校・チームとしての学校 ―― 47-62, 88, 178, 204, 216, 237, 259-264
チャレンジクラス ―― 177
注意欠如多動症（ADHD）―― 91, 93, 219, 220-225
中途退学 ―― 40, 149-163, 174
懲戒 ―― 59, 60, 75, 151-153, 155, 156
出会い系サイト ―― 188, 201
DSM-5-TR ―― 219-222, 230-232
ティーチング・アシスタント（TA）―― 229
停学 ―― 81, 152, 153

索引　267

デジタル機器依存症 196
デジタル社会 190, 191, 194, 202
デジタルタトゥー 194
デジタル・デトックスタイム 193
デートDV 207
転入学 154, 155, 160
登校拒否 167, 171
統合失調症 231, 232, 234
登校渋り 167, 168, 179
道徳教育 44, 75, 76
毒劇法 103
特別活動 20, 32, 33, 36, 43, 45, 48, 51, 58, 59, 73, 76, 203, 246, 253
特別支援学校 66, 150-152
特別支援教育 15, 20, 39, 216, 227, 228, 259
TALKの原則 139
トー横 105
トランスジェンダー 209

【な】

ニート 162
2軸3類4層 43
日本型学校教育 31, 175
ネグレクト 114-116, 120, 123
ネットいじめ 73, 196, 198, 199, 201

【は】

バイセクシャル 209
ハインリッヒの法則 21
ハッキング 190
発達支持的生徒指導 40, 44, 85, 86, 87
発達障害 38, 39, 216-219, 227, 233

発達障害者支援法 219
パニック症 232, 233
場面緘黙 232
反芻症 232
BPSモデル 215, 218
誹謗中傷 66, 191, 194, 200, 204
広場恐怖症 232
不安症群 232
フィッシング 190
フィルターバブル現象 195
フェイクニュース 196
物理アンテナ 223-225
不登校 15, 18, 40, 45, 47, 52, 53, 63, 71, 79, 87, 122, 133, 146, 152, 157-161, 165-182, 215, 232, 238, 259
不登校SSR（スペシャルサポートルーム） 177
不登校支援ルーム(STEPルーム) 53
不登校児童生徒の実態把握に関する調査 170
不登校児童生徒・不登校生徒 15, 18, 52, 160, 165, 166, 169, 170-178, 233, 235
不登校特例校・チャレンジクラス 173, 175-177
プライバシー（侵害） 196, 201, 235
フリースクール 168, 169, 173, 175, 176
プロバイダ 187, 189, 201
分離不安症 232
別室登校 168, 238
編入学 155, 160, 161
暴力行為 21, 25, 28, 34, 79-94
暴力行為の未然防止 82, 88
ボリューム調整つまみ 224, 225

【ま】

学びの多様化学校 ―――――― 176
麻薬 ――――――― 95, 96, 100–103, 105
麻薬取締法・麻薬及び向精神薬取締法
　　　　　　　　―――――― 96, 102
むちゃ食い症 ――――――― 232

【や】

薬物・違法薬物 ――――――― 95–112
薬物事犯 ―――――――――――― 96
薬物使用と生活に関する全国高校生調査
　　　　　　　　―――――― 105, 106
有機溶剤 ――――――――― 97, 106
要支援児童 ―――――――― 236, 238
要保護児童 ―――――――― 236, 238
「横浜市いじめ防止基本方針」――― 17
「横浜St☆dy Navi」――――――― 19

【ら】

ライフ・キャリア・レインボー ― 246, 250
LINE ―――――――――――― 213, 214
リストカット ――― 107, 134, 137, 139, 146
レズビアン ―――――――――――― 209

【わ】

われ窓理論 ―――――――――――― 22
ワンストップ支援センター ― 203, 204, 208
ヤングケアラー ――― 120–122, 128, 238

執筆者一覧

【編者】

前田善仁（東海大学教授）

〈序章、第6章、終章担当〉

専門は、生徒指導・進路指導・理科教育学・理科教材学。秦野市立西中学校コミュニティ・スクール運営協議委員。主な著書に『中学生・高校生のこころと特別活動』（編著：東海大学出版部、2020年）、『哲学する道徳』（共著：東海大学出版部、2017年）、主な論文に「教職科目『生徒指導論』における指導内容の検討——性的マイノリティ者の理解について」（『東海大学課程資格教育センター論集』第13号、2014年）等がある。桐蔭横浜大学非常勤講師。

【執筆者】

稲垣智則（東海大学准教授）

〈第13章担当〉

上智大学文学研究科心理学専攻博士後期課程単位取得後退学。臨床心理士・公認心理師・博士（心理学）。スクールカウンセラーや教育相談所相談員などを経て現職。著書に『狂気へのグラデーション』（東海大学出版部、2016年）、『「ニセの自分」で生きています——心理学から考える虚栄心』（明石書店、2023年）。

奥村 仁（東海大学教授）

〈第2章担当〉

相模原市教育委員会学校教育部長、相模原市立中学校長を経て現職。専門は教職論全般。主な著書に『中学生・高校生のこころと特別活動』（共著：東海大学出版部、2020年）、主な論文に「教員の仕事と働き方改革」（『東海大学課程資格教育センター論集』第19号、2021年）がある。

吉田浩二（東海大学教授）

〈第7章、第8章担当〉

神奈川県教育委員会中教育事務所長、平塚市立小中学校長を経て現職。学校心理士、専門は教職論全般。主な論文に「『生徒指導の重層的支援構造とは』生徒指導の実践から重層的支援構造を探る」（『東海大学資格教育研究』第2号、2023年）がある。

中野真理（東海大学教授）

〈第12章担当〉

神奈川県教育委員会人権教育担当、同指導主事、神奈川県立白山高等学校長、神奈川県立新城高等学校長を経て、現職。専門は教職論全般。主な論文に「『地域貢献活動』を学習指導要領改訂の視点から考える」（『東海大学資格教育研究』第3号、2024年）がある。

今井良男（東海大学非常勤講師）

〈第11章担当〉

神奈川県教育委員会中教育事務所指導課長、神奈川県内の中学校長、東海大学教授を経て現職。専門は、教師教育学。主な論文に「自己指導能力を育てる生徒指導」（『東海大学課程資格教育センター論集』第17号、2018年）、主な著書に『中学生・高校生のこころと特別活動』（共著：東海大学出版部、2020年）がある。

反町聡之（東海大学非常勤講師）

〈第9章担当〉

神奈川県立茅ヶ崎高等学校長、神奈川県立平塚工科高等学校長、神奈川県立小田原高等学校長、東海大学教授を経て、現職。専門は教職論全般。主な著書に『中学生・高校生のこころと特別活動』（共著：東海大学出版部、2020年）がある。

高木俊樹（東海大学非常勤講師）

〈第10章担当〉

秦野市教育委員会教育指導課長兼教育研究所長、秦野市立小中学校長、秦野市教育支援機関「つばさ」室長、同専門相談員を経て現職。専門は教職論全般。主な著書に『小1プロブレムを克服する！ 幼小連携活動プラン』（共著：明治図書、2009年）、主な論文に「登校に悩む児童生徒への訪問型支援の取組」（『東海大学資格教育センター論集』第18号、2019年）がある。

山川勝久（平塚市立山城中学校非常勤講師）

〈第4章担当〉

神奈川県教育委員会中教育事務所長、平塚市立中学校長、東海大学教授、東海大学非常勤講師を経て現職。法務省人権擁護委員、伊勢原市いじめ問題専門調査会委員、専門は中学校理科、教職論全般。主な著書に『中学生・高校生のこころと特別活動』（共著：東海大学出版部、2020年）、主な論文に「体罰防止をめざした教員養成とその課題」（『東海大学課程資格教育センター論集』第15号、2017年）がある。

小林研一（相模原市立大沢中学校校長）

〈第3章担当〉

相模原市教育委員会指導主事、同野外体験教室担当課長、相模原市立鵜野森中学校長等を経て、現職。保護者、地域との連携による開かれた学校づくりに努めるとともに、教職員一丸となった学校経営をすすめ、教育目標である「心豊かな人・自律できる人・進んで学ぶ人」の育成に尽力している。

前田 遼（泉南市立信達中学校教諭）

〈第5章担当〉

中学校教諭として10年目を経験。校務分掌としては特別支援教育部に所属。特別支援教育コーディネーターを担った経験を活かし、生徒一人ひとりの表現・発信する力を育む授業づくりの実践に取り組んでいる。

平山 祥（横浜市立すすき野中学校教諭）

〈第1章の第1節・第2節担当〉

中学校教諭として9年目を経験。校務分掌として特活指導部長の他にICTコーディネーターとして校内DX推進を担当。3学年担任と副主任を兼務し、学校教育目標である「自立と共生」に向けた教育実践に取り組んでいる。

折霜文男（東京都立竹台高等学校教諭）

〈第14章担当〉

東京都立山崎高等学校教諭を経て、現職。早稲田大学大学院教職研究科（教職修士）。専門は化学教育、進路指導、キャリア教育。校務分掌は教務部に所属し、3学年の担任を担当。東京都理化研究会事務局（化学講演担当）として、化学の観察・実験教材の研究や授業力の向上に努めている。主な論文に「高等学校選択化学における探究的な学習の授業開発」（『早稲田大学教職大学院紀要』第14号、2022年）がある。

中島圭介（横浜市立樽町中学校教諭）

〈第1章の第3節〜第5節担当〉

中学校教諭として7年目を経験。校務分掌として特活指導部に所属し、2学年の学級担任を担当。"何気ない瞬間に生徒指導"をモットーに、日々生徒との関わりを大切に活動している。

わかる！生徒のこころと生徒指導

2025年3月30日　第1版第1刷発行

編著者　前田善仁
発行者　村田信一
発行所　東海大学出版部
　　　　〒259-1292 神奈川県平塚市北金目4-1-1
　　　　TEL：(0463)58-7811
　　　　URL：https://www.u-tokai.ac.jp/network/publishing-department/

印刷所　港北メディアサービス株式会社
製本所　誠製本株式会社

ⓒ Yoshihito Maeda 2025　ISBN978-4-486-02207-7

・JCOPY〈出版者著作権管理機構 委託出版物〉
本書(誌)の無断複製は著作権法上での例外を除き禁じられています。
複製される場合は、そのつど事前に、出版者著作権管理機構(電話03-5244-5088、
FAX03-5244-5089、e-mail：info@jcopy.or.jp)の許諾を得てください。